内陆加工贸易模式
研究与实践

王旭 ◎ 著

中国社会科学出版社

图书在版编目（CIP）数据

内陆加工贸易模式研究与实践/王旭著 . —北京：中国社会
科学出版社，2019.12
ISBN 978 - 7 - 5203 - 2185 - 3

Ⅰ.①内… Ⅱ.①王… Ⅲ.①加工贸易—经济模式—研究—
中国 Ⅳ.①F752.68

中国版本图书馆 CIP 数据核字（2018）第 048049 号

出 版 人	赵剑英	
责任编辑	王　曦	
责任校对	周晓东	
责任印制	戴　宽	

出　　　版	中国社会科学出版社	
社　　　址	北京鼓楼西大街甲 158 号	
邮　　　编	100720	
网　　　址	http：//www.csspw.cn	
发 行 部	010 - 84083685	
门 市 部	010 - 84029450	
经　　　销	新华书店及其他书店	

印刷装订	北京君升印刷有限公司	
版　　　次	2019 年 12 月第 1 版	
印　　　次	2019 年 12 月第 1 次印刷	

开　　　本	710×1000　1/16	
印　　　张	17	
插　　　页	2	
字　　　数	245 千字	
定　　　价	86.00 元	

凡购买中国社会科学出版社图书，如有质量问题请与本社营销中心联系调换
电话：010 - 84083683

前　言

　　加工贸易是社会化大生产的表现形式，是经济全球化、生产专业化和分工精细化的必然产物，是经济发展效率最优化、效益最大化的组织形式。

　　随着全球产业结构的调整和转移，加工贸易已经成为世界各国参与国际分工的重要方式。中国的加工贸易在对外贸易及国际分工中发挥着至关重要的作用。据国家统计局的数据显示，改革开放初期，来料加工、进料加工等贸易方式极大地促进了对外贸易的发展，我国加工贸易占进出口总值的比重由 1981 年的 6% 增长到 1998 年的 53.4%。然而，过去 30 多年，由于沿海地区明显的区位优势、交通优势和政策优势，中国大陆的加工贸易形成区域发展不平衡的格局。近年来，随着东部沿海地区经济的不断发展，其综合成本特别是劳动力成本和土地成本不断上升，加工贸易向我国内陆地区转移趋势明显。随着我国经济结构优化调整，传统产业转型升级，我国加工贸易占比开始缓慢下降（由 2012 年的 34.8% 下降至 2017 年的 29%），逐渐由沿海转移到内陆，但加工贸易产业更加优化，创造的附加值日益提升。因此，探索我国内陆地区加工贸易新模式，大力发展内陆地区加工贸易，拓展加工贸易产业链和价值链，使加工贸易成为促进内陆地区经济社会发展新增长方式，是实现国家经济社会发展战略目标的重要任务。①

　　本书在总结凝练国内外加工贸易发展实践的基础上，创新性地提出基于产品内分工的内陆开放型加工贸易模式，并阐述了该模式的内

---

　　① 数据来源：国家统计局。

涵、特征、要素和发展阶段。产品内分工的内陆开放型加工贸易，有两个理论要点：一是产品内分工，二是内陆开放型。前者属于产业经济理论范畴，后者属于区域经济理论范畴。

本书基于"产品内分工理论"研究了内陆加工贸易模式，将加工贸易产业的布局结构从传统的"水平整合"转变为"垂直整合"，从"多头在外、一头在内、大进大出"转变为"多头在内、一头在外、小进大出"。实现工业化和信息化与现代服务业深度融合，产业链"微笑曲线"全流程协调发展；实现研发设计、零部件加工、整机组装、产品销售和贸易结算"五位一体"，使成本最低化、效益最大化和风险最小化。

本书运用产品内分工理论、产业集群理论、价值链理论、比较优势理论和福利经济学理论等，从理论上论证了"内陆开放型"加工贸易模式的关键在于保税体系、现代物流、产业集群、产业工人和创新能力。理论研究表明：第一，内陆保税政策能够引导加工贸易产业向中西部转移，建立和完善保税体系是推动内陆开放型加工贸易产业形成的必要因素。第二，物流时间和成本是制约内陆加工贸易产业发展的主要因素，需要构建国际贸易大通道，打造物流基础设施平台，完善现代物流体系，提升内陆区位优势。第三，产业集群能够促进内陆融入产品内分工的模式，产生交易成本下降效应、风险降低效应、区域竞争优势提升效应。第四，研究发现，产业工人跨区域流动的原始动力为区域间名义工资的差别；内陆地区目前属于吸引劳动力回流的初期阶段，仍然需要加强职业物品的供给；随着时间的推移，产业工人对职业物品的期望呈现下降趋势，对社会物品的需求显著增大，成为吸引并留住产业工人就业的主要因素。第五，调查研究表明，内陆地区加工贸易已在东亚生产网络中占有一席之地，而改变内陆地区在产品内分工价值链中地位的关键因素是技术水平。

本书设计了调查问卷，对内陆加工贸易企业负责人、相关专家和产业工人进行调研和访谈，对前述理论问题进行了实证研究。实证研究部分围绕建设内陆保税港区、完善物流服务体系、打造产业集群、集聚产业工人和增强创新能力五个方面，探讨内陆地区发展加工贸易存在的问题及其原因。实证研究结果表明：第一，保税方面：保税监管服务体系尚不完善，信息化集成服务系统建设滞后等。第二，物流方面：由于返程空载率高，导致国际物流运输成本高；由于部门条块分割，多式联运尚未实现。第三，产业集群方面：发现产业工人供给、上下游合作企业落户情况、当地工资水平、企业综合经营成本四个因素是影响内陆地区实现产业集群的关键因素。第四，产业工人方面：发现内陆地区能够基本满足产业工人生存需求，而职业发展需求和社会需求是目前内陆地区吸引并留住产业工人的"瓶颈"。第五，创新能力方面：发现科研人才、科研成果培育转化机制、企业信誉和品牌影响力、风险补贴政策、成果交易市场完善程度等因素是影响创新能力的关键因素。

在对典型模式的发展共性及规律深入研究的基础上，我们提出基于产品内分工的内陆开放型加工贸易新模式，并运用这一模式引导、推动、促进加工贸易产业发展。该模式的发展需要经历培育期（政府主导）、成长期（政府推动和产业发展融合）和成熟期（产业自主发展）三个阶段。这三个阶段，是一个主要推动力量、重点任务有所不同，逐步持续发展的过程，是一个必然的不可错位、不可超越的发展过程。我们划分这样三个阶段，在揭示政府力量与市场力量交互融合推动加工贸易产业发展过程的同时，也揭示或者提醒政府、企业明确自身职能作用，明确各自在不同阶段的重点任务。

最后，本书给出具体的对策建议，包括完善保税监管服务及提高保税港区信息化管理水平；加大区域物流基础设施建设力度，降低国际物流运输成本及完善国际物流通道；提高工业园区建设水平，发展加工贸易配套生产性服务业，提高产业配套能力；积极推动户籍改革，完善产业工人社会保障制度；引进国际知名研发机构和科研人才，提升产业创新能力，完善科研成果交易市场重视知识产权保护等，并分别阐述了落实政策建议的可能具体举措。

本书试图为内陆地区发展开放型加工贸易提供创新性的思路、理论和模式支持。同时，在分析总结重庆实践的基础上，总结内陆几大城市发展加工贸易的经验教训，为内陆地区发展加工贸易提供普遍性、规律性、具体化的对策建议。

实践表明：基于产品内分工的内陆开放型加工贸易模式，能够充分发挥内陆地区资源、市场、生产要素综合成本、政策等优势，通过完善保税体系，加强国内、国际物流能力建设，凝聚加工贸易产业集群，形成宏大可持续的产业工人队伍，建设先进的技术创新体系，垂直整合加工贸易全产业链，提升加工贸易产业价值链；以加工贸易的发展促进经济转型和产业结构优化，增强产业核心竞争力，促进国家和地区的经济社会发展。

基于产品内分工的内陆开放型加工贸易模式，是内陆地区跨越式发展加工贸易的最优模式和正确途径，值得在广大内陆地区推广实验实施。

目　录

第一章 绪论

第一节 背景概述

过去50多年中，全球一体化浪潮不断推进世界经济格局发生变化，并形成发展的主流和趋势，在要素流动、分工深度、价值链环节等不同方面超越以往国际贸易态势，体现出迥然不同的时代特征。其中，分工是经济全球化的基础，经济全球一体化反过来也必然促进国际分工深化。经济发展史表明，科技进步和制度演变拓展了全球各个国家或地区之间分工联系的空间；分工深化伴随贸易不断扩张，成为席卷全球经济一体化的根本原因。

当前的国际分工形态和以往相比，具有崭新的特征。由于交通运输、信息传送等技术进步和贸易模式的变革，降低了经济活动的交易成本，深化了全球范围内的专业化分工，将一体化的生产过程逐渐解构成若干工序或区段。原本一体化生产过程中的不同工序或区段，在全球范围内配置至低成本国家或区域进行生产，使国际贸易由产业间贸易逐渐向产业内甚至产品内贸易形态演化，形成新的分工体系——可以称为产品内分工。过去几十年间，这类以工序、区段为对象的产品内分工现象，在诸如汽车、计算机、玩具、家用电器、服装、机械产品等制造业中相当普遍。

在此背景下，产品内分工作为目前国际加工贸易的发展趋势，对我国内陆地区①的意义在于：总结产品内分工加工贸易国家或地区的成功经验，探索适合我国内陆地区发展加工贸易的模式和路径，实现我国中西部内陆地区与东部沿海地区的协调发展。

中国的加工贸易自 20 世纪 80 年代初起步之后迅速发展。根据海关总署数据，从 1981 年到 2018 年，我国加工贸易进出口总额从 24.85 亿美元增长到 12655 亿美元，增长了约 506 倍，在对外贸易中的比重从 5.9% 提高到 27.5%。但是，我国加工贸易的发展格局与区域经济发展格局一致，呈现出明显的区域性。从地域分布上看，加工贸易主要集中在沿海地区，如珠江三角洲、长江三角洲和环渤海等地区。

加工贸易传统的"多头在外，一头在内"的特点决定了沿海地区发展加工贸易具有更显著的区位优势和政策优势，而内陆地区的自然条件、政策环境与沿海地区相比有较大差距，加工贸易发展缓慢。近十多年来，随着全球范围内产业转移步伐加快，我国东部沿海地区劳动力、自然资源等成本的不断上升，使内陆地区交通设施逐步建立健全，加工贸易向我国内陆地区转移的趋势日渐明显。

2008 年国际金融危机冲击之后，我国经济的体制性、结构性矛盾逐渐凸显出来。在外贸领域方面，经济增长对外部需求依赖度过高、质量效益较低、发展方式粗放等因素导致我国外贸发展"大而不强"。同时，我国产业转移和贸易格局加快调整，出现向内陆地区梯度转移速度加快的趋势。至今，中西部地区已经建立 44 个重点加工贸易转移承接地，加工贸易梯度转移已经取得明显成绩，2016 年中西部地区加工贸易进出口同比增长 3.2%，占我国外贸总值的比重较 2015 年提升 1.3 个百分点。

2014 年，中西部地区的进出口增速远远高于东部地区，中西部地区进出口增量合计对全国进出口增量贡献 60.3%，贡献率首次超过东

① 本书的内陆地区指我国远离海岸线的中西部地区，包括山西、河南、湖北、安徽、湖南、江西、内蒙古、新疆、宁夏、陕西、甘肃、青海、重庆、四川、西藏、广西、贵州、云南。

部，重庆、广西和湖南出口增速均超过20%，四川、江西等地区出口增速明显高于我国同期总体出口增速。中西部内陆地区依托劳动力资源充足、土地资源丰富等比较优势，积极承接沿海转移的加工贸易产业，在全球化生产和产品内分工背景下探索内陆地区加工贸易模式。

深入剖析国内外的典型加工贸易模式，吸取经验教训，打造内陆加工贸易模式，将有助于实现中西部地区的经济发展、优化国内外贸易和区域发展结构。基于此，本书从基于产品内分工的内陆开放型加工贸易模式的概念界定、理论验证、实证分析及案例介绍等方面阐述内陆地区发展加工贸易的路径和模式。

第二节 加工贸易相关理论基础

一 加工贸易理论概述

1. 加工贸易的含义和度量

目前，不同文献对加工贸易有不同的定义。中国加工贸易课题组对几种不同的"加工贸易"概念进行了综合研究，认为加工贸易这一概念从不同角度体现出三个不同的层面：首先，在宏观意义上，加工贸易作为一种贸易方式，在国际贸易中是国际分工的一种表现。进行加工贸易的国家在国际分工中从国外进口原材料和中间产品，并出口加工后的半成品或最终产品。其次，在微观意义上，加工贸易是对外贸易企业的一种业务形式。进行对外贸易的企业从国外进口原材料和中间部件，并出口加工后的产品。最后，在政策意义上，加工贸易是一个国家对加工贸易业务形式在政策上给予的特殊待遇，是政策意义上的加工贸易。[1]

邵祥林等认为，加工贸易的含义有广义与狭义之分。在广义上，加工贸易是指国外企业（通常是工业发达和新兴的工业化国家或地区）将某些生产能力投资到东道国，或者利用东道国已有的生产能力加工或装配自己的产品，然后销售到东道国以外的国家和地区。其显著特征是跨越国界的生产加工和销售，是商品和资本国际化的体现，并与国际贸易和国际投资相联系。在狭义上，加工贸易是国家海关对来料或进料方式的原材料或者零部件加工实行保税监管的贸易。由于大多数发展中国家的关税或非关税壁垒较高，为了达到吸引外商投资或者扩大对外贸易的目的，采用了海关对来料或进料的进口原材料或者零部件加工实施保税监管的方式。[2]

关于加工贸易的概念，还有以下两个方面需要进一步阐释：①加工贸易并不局限于原材料和最终产品，本国进口的既可以是原材料也可以是中间产品，加工后出口的产品同样既可以是最终产品也可以是中间产品。②加工贸易的最终目的是用于出口，而不是进入本国市场，这也是加工贸易与一般贸易的区别之一。

2. 国外加工贸易理论研究概况

（1）基于加工贸易的福利效应视角。亚当·斯密在《国富论》中提出了绝对成本理论，认为要使贸易双方实现获利，一国应生产且出口那些具有绝对优势的产品，同时进口劣势产品。[3]随后，大卫·李嘉图在绝对成本理论基础上提出了影响深远的比较成本理论，该理论认为一国应生产具有相对优势的产品并进行交换，这样就可以在国际分工和贸易中受益。[4]Rybczynski、Samuelson[66]、Stolper 和 Samuelson[67]等完善和补充"H-O模型"，以"H-O-S模型"提出并验证了加工贸易可以逐渐使各国要素价格比率均等化。另外，Ponser 提出的技术差距理论，说明加工贸易能促进生产国生产技术在模仿基础上的额外进步，激励出口国为保持垄断地位进行研发创新。[68]Jones 和 Kierzkowski 则认为，要素禀赋相似国家之间的加工贸易及产业内贸易，可以满足消费者对不同商品的偏好并降低单位成本和价格。[69]

（2）基于加工贸易的影响因素视角。依照大卫·李嘉图的比较优势论，即使一国要生产的两种商品都处于劣势，但只要劣势水平不同，总有一种商品不利程度较小，即认为对于该国，该商品具有相对优势。由此可知，李嘉图认为影响加工贸易的主要因素是比较优势。Heckscher[70]、Ohlin[71]、Rybczynski、Stolper 和 Samuelson[67]等以"H-O模型""H-O-S模型"说明国家间贸易的影响因素是资源禀赋。Ponser 认为，技术差距与技术进步对加工贸易非常重要，其中创新是影响加工贸易发展的核心因素。[68]波特提出生产力发展水平对一国在国际贸易中的竞争力具有决定性意义，但最终取决于国家创新机制的适宜性和研发能力的充分性。另外，新贸易理论中包含的规模经济理论认为，收益递增和产品的差异性是决定贸易以及贸易模式的独立因素。

（3）基于加工贸易的投资动因视角。加工贸易的主导权通常掌握在投资国的手中，因此，对加工贸易投资方的投资动因的研究一直也为学者们所关注。其中，Vernon提出了产品生命周期理论，即将市场学中的产品生命周期概念与比较成本理论结合起来，以垄断优势论为基础，以美国为例提出了产品生命周期的四阶段模型，阐述了跨国公司对外直接投资的动因。[73]而Dunning和Buckley提出了国际生产折中理论，认为投资方可利用自身优势通过与被投资方的劳动力、自然资源等相结合，在当地生产来满足被投资方市场或其他国家市场的需求。[74]Buckley和Casson[75]、Rugman[76,77]为内部化理论的代表人物，该理论认为加工贸易投资的根源在于公司内部化，公司愿意进行贸易、投资的目的在于形成公司内部化优势，从而优化企业自身结构，带来垄断技术优势并节约交易成本。

3. 国内加工贸易理论研究概况

随着我国加工贸易的迅速发展，我国学者引入并借鉴国外已有理论，逐步开展起国内加工贸易理论的研究。

（1）我国加工贸易在国际分工中的地位视角。潘永源的研究表明，国际贸易方式随着经济全球化、一体化的发展，由原来的以要素资源直接出口为主的方式向加工贸易方式转变，指出了加工贸易方式对于产业内贸易发展的不可或缺性。江小娟和王子先通过指出水平分工的实质，肯定了加工贸易方式是国际水平分工得以实现的重要手段。[6]而目前，我国的加工贸易仍是一种接受发达国家产业转移的初级水平分工模式，这与现代新技术加工贸易存在一定距离。何正全指出，我国要紧抓国际产业转移的契机，改变当前低水平的加工贸易模式，推进产业结构的转移和升级。[7]

（2）加工贸易对国民经济的总体作用视角。在加工贸易对国民经济的总体作用方面，我国学者，如王子先[8]、隆国强[9]、潘悦[10,11]、孙楚仁[12]等人肯定了其积极作用，认为加工贸易的发展在吸引外资、提高技术、产业升级等方面的发展起到了不可或缺的作用，且这些作用在东部地区已体现得十分明显。开展加工贸易有利于实现国内产业"走出去"战略，融入国际市场，促进商品结构优化，带动我国相关产业的发展，同时对于我国的就业问题也起到了一定的缓解作用。但也有部分学者从不同角度重点研究我国加工贸易发展中存在的问题。比如，张海梅认为，我国加工贸易发展中存在的非均衡结构，是造成我国产业结构升级缓慢、地区经济发展差距扩大等问题的重要原因。[13]徐剑明认为当前我国加工贸易国内价值链较短是诸多问题的主要成因。[14]袁欣则警惕切勿过度依赖劳动力成本优势，否则易陷入"比较优势陷阱"。[15]

（3）我国加工贸易进一步发展的战略视角。袁伟峰和余思琴认为，我国要不断提高加工贸易的质量和水平，就必须加强产业政策对加工贸易的引导。[16]张旭宏则基于政策监管和引导角度，在对我国加工贸易发展存在的挑战进行分析后，提出了相应政策建议。[17]何正全则综合了企业和政府的角度，对我国加工贸易的发展战略进行了探讨。[7]

二 产品内分工理论概述

1. 产品内分工的含义和度量

20世纪70年代后期，基于产品内分工的大规模发展而导致的产品内国际加工贸易现象的激增（Kei - Mu Yi and Hummels et al., 1998[78]; Arndt and Kierzkowski, 2001[79]）引起了相关学者的关注，产品内分工的出现推动了传统的国际分工和贸易理论的发展，并实现了对相关理论的补充。由于产品内分工直接涉及的领域广泛，因此，来自不同领域的学者从经济、管理等角度对这种现象进行了阐述和研究。比较有代表性的概念包括：Arndt于1997年首次提出的产品内分工；Hummels在1998年提出并沿用的垂直专业化[78]; Jones和Kierzkowski提出的片段化生产[81]; 由Gereffi提出的全球商品链/价值链[82]; 等等。由于概念提出的出发点和侧重点不同，直至现在学术界对于产品内分工也没有一个普遍认同的概念。

在国内，卢锋首先引进了产品内分工和产品内贸易的概念，引发了国内学者对产品内分工的研究热潮。卢锋认为，"产品内分工（Intra-product specialization）是一种特殊的经济国际化过程或展开结构，其核心内涵是特定产品生产过程不同工序或区段通过空间分散化展开成跨区域或跨国性的生产链条或体系，因而有越来越多国家参与特定产品生产过程不同环节或区段的生产或供应活动"。[①]他以产品内分工的概念为中心初步构建了一个相关分析框架，通过对所观察的若干行业中产品内分工的产生、发展概况以及分工体系结构的总结，得出了当代产品内分工的特点，同时基于比较优势和规模经济视角分析了产品内分工的决定因素，并详细分析了导致当代产品内分工发展的成本、技术、政策等各项原因。卢锋在《产品内分工：一个分析框架》一文中还谈到了"产业间—产业内—产品内"分工的演进历程，并比较了产品内分工与产业内、产业间分工，企业内、企业间分工等其他常用分工概念的联系和区别。因国内的相关研究多采用卢锋的分析框架，本书同样沿用其对"产品内分工"的定义。

2. 产品内分工和传统国际加工贸易分工的区别

（1）理论内涵不同。产品内分工是旧加工贸易模式中的产业分工方式的升级。传统的国际加工贸易分工，可以分解为产业间分工和产业内分工，这是两种按照生产企业所处产业空间经济形式的分类；而产品内分工是按照生产对象所处的不同环节和区段进行的分工。这几者在理论基础上有所不同：新古典比较优势理论提出的产业间分工的驱动力在于比较优势的存在；新贸易理论提出的产业内分工的驱动力在于规模经济的效果；而本书运用的产品内分工理论则是技术分工基础上比较优势和规模经济因素的综合。正如卢锋指出的，产品内分工的核心内涵在于产品生产过程中不同工序、区段的技术可分性以及生产区域的可跨越性，最后基于各个分散的工序形成一个完整的价值链体系。产业内分工的发展趋势必然是产品内分工，基于同一产业内产

_____

① 卢锋：《产品内分工：一个分析框架》，《经济学》（季刊）2004年第4期。

品的分工，随着技术的进步和对利益的追逐，会逐步深化为对同一产品生产过程中不同工序或环节的分工，全球化进程、良好的现代物流手段使分工的区位范围可以是国内或国际。

（2）现实解释力不同。深入对比这几个概念，产品内分工作为近年来出现的一种新的分工概念，不仅解释了由于要素禀赋和技术差异带来的区域之间比较优势的分工问题，而且解释了原来分工概念中没有同时解释的技术进步带来的生产复杂性难题和规模性经济问题，更符合国际和区域间越来越频繁的依据工序或区段进行分工的广泛现实。从加工贸易驱动的产业发展历程来讲，产品内分工作为加工贸易模式驱动产业发展的新兴趋势，对加工贸易近年来的产业发展趋势的阐述更加接近现实，和传统的产业间分工和产业内分工模式已经产生了明显的区别。

（3）更适用于发展中国家或地区。产品内国际分工的产生和发展也为发展中国家在国际市场上占据一席之地提供了机会。由于工序的技术可分性，使生产技术落后的发展中国家和地区有机会参与到国际市场中，摆脱原有国际贸易模式。我国内陆地区要更好地开展加工贸易，就必须基于产品内分工这一大背景下，提出科学合理的、适应内陆地区现状的加工贸易模式。

3. 产业集群理论

产品内分工是产业间分工的延续与深化，其形成的规模经济也促进了产业集群的产生和发展，其中具有里程碑意义的是 Jones 和 Kierzkowski 的一系列"零散化"研究。他们将规模经济递增的特征和新地理经济学的集聚经济两个变量纳入模型，认为一种新的集聚现象——"属于不同产业但功能相同的工序会在地理上集中，从而使集聚活动从产业层面深入到工序层面"可能会在贸易和零散化的不断发展过程中产生。Jones 和 Kierzkowski 提出，基于"垂直分割"背景下，由于不同产业间可能存在的某些工序环节相似性所产生的规模经济会促进技术进步及实现该环节的生产标准化，而这将进一步促进不同生产工序的集聚，同时，这种集聚反过来又会进一步为生产的国际分工提供动力。[94] Athukorala 和 Yamashita 通过实证研究，证明服务联系成本规模收益递增的特性会提高国际生产分工发生的可能性；生产要素移动能力的非对称性、服务联系活动的规模收益递增及后续的溢出效应可以促进产业集聚的发生。[83]

Krugman 从规模经济角度解释产品内分工，考虑到生产一体化以及技术上可分性产生的不同有效规模等因素，他认为大多数生产工序均不能达到最佳生产规模。[85] 所以，参与产品内分工，将不同的生产阶段进行时空分离，即可达到减少成本、优化资源配置的目的。Krugman 通过各种角度解释了产业的集聚现象，并指出产业集聚和规模经济之间存在紧密关系，由于集聚产生的更高要素回报，能够导致收益递增。另一空间经济学专家藤田昌久等除关注经济活动的集群现象外，更进一步指出集群产生的信息效应。产品内分工同样还促进了产业转移的产生和发展。我国学者吴敬琏注意到当代经济全球化不断深化特点之一，是跨国公司把产品不同生产环节集群到全球最适当地区所带来的产业转移。

4. 价值链理论

在技术革命和经济全球化的推动下，产品价值链不断细分，产品内分工即是以全球价值链为基础的国际分工。"价值链"（Value Chain）一词最早来自波特的《竞争优势》，通过价值链模型系统地介绍展示了企业内部的种种价值流，是价值链理论的基础，而后随着国际外包的逐渐发展，波特又进一步提出了价值链系统（Value Chain System）[86]；而 Kogut 在其基础上提出价值增值链（Value Added Chain）来分析国际战略优势，他认为"技术与原料和劳动融合在一起形成各种投入环节的过程即为价值链，然后通过组装不同的环节得到最终商品，最后通过市场交易、消费等完成价值循环过程"[87]，这为全球价值链的形成起到了关键作用，同时扩大了价值链理论应用的范围。在 20 世纪 90 年代中期，Gereffi 和 Korzeniewicz 开创性地提出了"全球商品链"（GCC）的概念，并认为在全球商品链中存在两种驱动类型：购买者驱动型和生产者驱动型，该理论虽然指出了从产业间分工到产业内分工的变化，但并没有清楚地说明全球商品价值链这种体系的运作原理。[88] 为了弥补该理论的缺陷，Gereffi 和 Kaplinsky 提出了"全球价值链"（GVC）的概念，并构建了相关的理论框架，揭示了全球产业价值的动态变化特征。[89]而同年的 Kaplinsky 和 Morris 在研究了 GVC 理论后，敏锐地指出把握战略价值环节对于企业是至关重要的，这一观点对全球价值链的研究具有里程碑的意义。[90]目前，对于全球价值链的研究主要集中在价值链驱动、价值链治理以及价值链创新等方面。

有些学者（Mathews 和 Cho）则从发展中国家的角度出发，关注其在全球价值链参与过程中的变化。[91]他们发现对于发展中国家来说，参与全球价值链并不意味着竞争能力的提高，甚至还会起负面作用，因此发展中国家要克服这些问题，就要获得知识和技术，从而实现向价值链高附加值区段的转变，才能真正提高国家的竞争力。而国内学者刘志彪[21]、刘晓昶[22]、平新乔[23]、卢锋[24]、张辉[25]、田文[26]、高越和高峰[27]等则根据垂直专业化或产品内分工，研究中国如何更好地融入全球价值链并提升其在价值链中所处的位置，为中国加工贸易发展指出了新方向。

5. 比较优势和福利视角理论

国外研究中，关于产品内分工的比较优势理论分析也都是基于李嘉图的比较优势分析框架。Deardorff 分别扩展了李嘉图比较优势分析框架和 H－O 框架来解释产品内分工的影响。他指出在"零散化"分工可行的情况下，若一国具有某方面的比较优势，将会对国际贸易结构产生重要影响。[92]Deardorff 还提出一个重要观点，即认为参与产品内分工可以实现比较优势的"转移"，即可能获得原来没有的比较优势，这对于发展中国家参与产品内分工具有重大意义。[93]Jones 和 Kierzkowski 等也肯定了产品内分工对于发展中国家的积极意义。他们指出，发展中国家在基于产品内分工的条件下，尽管在实现完整制成品生产上缺乏比较优势，但可以通过发挥其自然资源及劳动力比较优势参与劳动力密集型工序的生产获利。[94]Ishii 和 Yi 等学者认为，在产品内分工发展的动因中，比较优势应是最基本原因，因为它决定了国际生产分工与贸易的基本模式，而同时规模经济则起到了强化该模式的作用。[95]

我国学者也通过比较优势和福利的方式来分析产品内分工问题。范爱军和高敬峰等利用垂直专业化的定义和计算方法，对在产品内分工视角下的我国制造业的比较优势进行计算分析，并提出产业结构升级的相关建议。[28] 罗建兵指出，加工贸易产业向我国中西部转移的必然性，并利用贸易和投资的比较优势原理分析了实现东部地区的比较劣势贸易产业向中西部地区转移对我国国民福利的提高作用。[29] 林毅夫和刘培林也明确指出，中国参与国际加工贸易某些劳动密集区段的生产和出口环节符合比较优势原理。[30]

三　内陆加工贸易研究

1. 我国内陆加工贸易的推动力

隆国强认为："加工贸易由沿海地区向中西部内陆转移的规模并不大，说明仅仅依靠市场的力量并不能使企业自觉完成产业转移。加工贸易向中西部内陆地区转移需要政府和市场共同的力量，我国实施西部大开发和中部崛起的战略，促进了欠发达地区经济的发展，同时其与市场的共同作用对加工贸易向中西部内陆地区的转移起到了很好的推动作用。如果'借船出海'，很多城市都有机会，哪怕是原来的三线城市，都可以在国内做加工贸易。"[9] 王东京认为："企业独立核算的利益机制使企业不断地争取自身利益的最大化，因此要使加工贸易向中西部内陆地区转移，政府可以起到引导作用，但市场的推动力应该起主要作用。"[31]

2. 我国内陆加工贸易的可行性

张海梅谈道，尽管我国东南沿海地区经济快速发展，但我国加工贸易发展的重要动力就在于廉价劳动力优势，随着东部劳动力成本不断提高，这一优势不断减弱。[32] 而加工贸易在东南沿海地区集聚，也不能发挥出中西部地区的自然资源和劳动力成本的比较优势。蒲璞也指出了我国中西部内陆地区发展劳动密集型加工贸易与东部沿海地区相比，其优势在于劳动力的成本较低，但强调加工贸易企业从东部沿海向中西部内陆城市转移的过程中，要通过政策引导来调整中西部地区的产业布局，带动中西部的发展，缩小我国区域发展的差距。[33] 王旭通过研究重庆"垂直整合一体化"模式，提出产品内分工背景下的内陆加工贸易，需要走发展高附加值加工贸易模式的道路，才能实现内陆地区跨越式发展。[35]

第三节　研究内容

本书的研究主要分为三个层次：

1. 内陆加工贸易模式研究

在分析对比国内外典型加工贸易的发展历程、成效及经验的基础上，总结概括国内外成功的加工贸易模式，从中提取出适于内陆地区借鉴的发展要素，结合内陆地区独有的特点，基于产品内分工理论，认为保税、物流、产业集群、产业工人、研发能力五个要素是影响内陆地区开放型加工贸易模式的核心要素，并对基于产品内分工的内陆加工贸易模式的内涵、特征、要素、发展阶段及途径进行阐述。

2. 内陆加工贸易模式的要素研究

依据"产品内分工"概念，运用产业集群理论、比较优势理论、价值链理论、福利经济学理论针对以上五个核心要素展开研究，并建立理论模型，分析五个要素作用于内陆地区加工贸易模式的运行机制及影响效果。在理论分析基础上，扩展其内涵和外延，构建围绕五个要素的指标体系，选择并筛选指标，设计并发放问卷，结合实证研究的结果查找五个要素目前存在的问题，并进行原因分析，研究内陆地区发展开放型加工贸易的制约因素。

3. 提出对策和建议

基于理论和实证研究分析结论，结合重庆内陆开放型加工贸易的发展现状和问题，对内陆地区发展开放型加工贸易的不足，有针对性地提出科学有效的应对措施和建议，为内陆地区发展开放型加工贸易提供普遍性、规律性、具体化的对策建议。具体研究技术路线如图1－1所示。

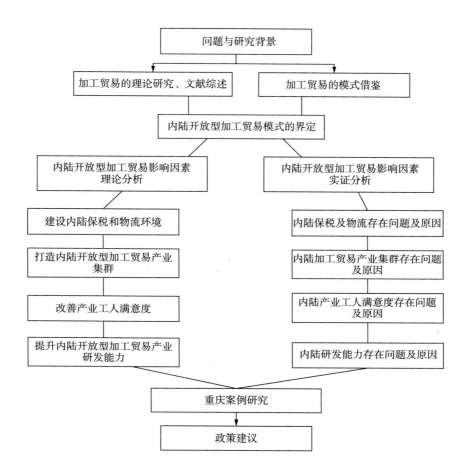

图 1 - 1　研究技术路线

第二章 国内外加工贸易典型模式比较研究

第一节 国内外加工贸易典型模式分析

一 外资主导的墨西哥模式

墨西哥具有毗邻美国以及劳动力丰富而廉价的天然优势，利用这一优势发展起来的加工贸易成为其对外贸易的重要组成部分。自20世纪60年代中期开始，墨西哥通过客户工业企业来推进加工贸易的发展，其发展经历了由点及面、从边境城市到内陆城市以及发展条件越来越宽松的过程。

1. 发展历程

由于墨美《短工计划》的终止及农民离开土地等原因，墨西哥面临严重的就业压力。为解决这个问题，墨西哥于1965年制定了《北部边境工业计划》，以便充分利用美国资本和市场，增加外汇收入，而加工贸易也是由此开始快速发展的。客户工业主要包括免税临时进口设备、相关的原材料、零部件以及包装材料等生产资料，在墨西哥对其进行加工，并全部出口到国外。墨西哥的加工贸易开始仅仅局限在墨西哥北部地区，其中皮革、烟草、食品及饮料等在加工贸易中占据主要地位。然而发展到1982年，从事加工贸易的企业总数达到1200多家，大约为35万人提供了就业岗位。可以说，加工贸易在一定程度上推动了墨西哥北部地区经济的快速发展。

在1983年，墨西哥为发展本国加工贸易产业，颁布了《墨西哥客户工业发展和经营法》，将出口加工区的地域范围扩大到墨西哥全境，在全国范围内推广出口加工贸易。此外，在墨西哥从事加工贸易的国外企业均可享受免税优惠待遇。在此期间，由于加工贸易产业技术水平和管理水平的提高，加工贸易得到了快速发展。在1983—1990年，墨西哥年均出口增长3.1%，然而加工贸易年均增长达27.7%。在1994年，墨西哥和北美签订了《北美自由贸易协定》，墨西哥和北美之间的生产一体化程度加深，投资环境得到了一定改善，外资利用总额也明显增加。到2000年，墨西哥外资利用总额达849亿美元，墨西哥加工贸易产业得到了迅速发展。加工贸易进一步向产业专业化方向发展，集中表现为汽车和电子业的快速发展。1997年，墨西哥有200多家企业从事汽车零部件加工贸易，提供就业岗位19万个。1990年，墨西哥大约33.67%的汽车出口到美国，而在1997年，这一比例增加到了73.6%。2016年墨西哥汽车产业在产量、出口和国内销售量方面创历史新纪录，产业创汇约达520亿美元，产量达345万辆，出口276万辆，国内销售量也创历史新高，达160万辆。

　　进入21世纪后，由于美国经济衰退，墨西哥加工贸易产业也受到了极大影响。直到近两年才逐渐摆脱困境，开始了新的快速发展，加工贸易规模也逐渐超过了新加坡和韩国等国家。

　　2. 成效

　　墨西哥充分依靠发达国家的资本、市场和技术，有力地推动本国加工贸易产业的发展，促进其经济快速增长。在1970年，墨西哥GDP为396亿美元，人均GDP约790美元；到2016年，GDP增加到10446.28亿美元，人均GDP更是增加到8543美元。

　　世界贸易组织于2002年对墨西哥贸易政策进行了分析，对墨西哥经济改革取得的成果进行了肯定，肯定其利用外资、贸易开放、完善制度建设和提高管理水平等手段，并将墨西哥视为发展中国家经济改革的典范。自20世纪80年代中期以来，墨西哥实施经济改革和贸易开放，先后加入世贸组织和北美自由贸易区，与中南美洲、欧盟等国家和地区签署12个双边或多边的自由贸易协定，涉及44个国家，是世界上与别国签订自由贸易协定较多的国家。在墨西哥加工贸易发展过程中，外资企业始终发挥着不可或缺的主力军作用。

二　配套服务完善的新加坡模式

被称为亚洲"四小龙"之一的新加坡是靠加工贸易发展起来的。1965 年，新加坡独立，之后便重视工业的发展，采取多元化的经济发展战略，使新加坡经济快速发展，在许多领域达到世界先进水平。

1. 发展历程

新加坡于 1967 年颁布《经济扩展奖励（豁免所得税）法案》，鼓励吸引外商投资，利用外资发展出口加工业，形成以出口为导向的发展轨道，加工贸易得到了良好的促进与发展。新加坡的加工贸易初期主要集中在电子组装、食品生产、服装加工和玩具生产等劳动密集型产业。外资的大量涌入，不仅缓解了行业发展与资金不足的矛盾，而且相应的先进生产技术逐渐引入也在很大程度上改变了其技术落后的状况。

伴随经济发展走向多元化，新加坡逐渐出现劳动力价格上升、劳动密集型企业竞争力下降等问题。1975—1979 年，政府要求工业企业实现从劳动密集型到资本和技术密集型的转变，并不断出台新政，提高工资水平，促进企业向资本密集型转变，同时引进国外资本密集型企业，鼓励新建工业园区。经过 10 年的发展，新加坡的加工贸易逐步转变为飞机部件、电子仪器及配件、自动化器材、医疗设备和通信设备等资本及技术密集型产业。自 20 世纪 90 年代起，新加坡主要投资新兴产业，积极参与新的国际竞争，使 IT、生物医药等高新科技产业成为其新的经济增长支柱。

2. 成效

依据国家竞争优势和跨国公司理论，新加坡打造了高效廉政的行政环境，同时基础设施环境也达到或接近发达国家水平。面对竞争激烈的国际投资环境，不断优化自身加工贸易产业结构，着手吸引知识密集型、资金密集型和创新型投资项目。尽管新加坡国土面积 704 平方公里，却云集了约 7000 家跨国公司以及 10 万余家中小型企业。新加坡 2010 年 GDP 为 2227.01 亿美元，外贸进出口总额达到 6615.9 亿美元。出口产品 70% 以上为高新技术产品，其中 80% 通过加工贸易方式实现。伴随加工贸易发展，新加坡经济实现高速发展，1967 年人均 GDP 为 626 美元，到 1989 年这一数字便突破 1 万美元，2014 年更是高达 56286.8 美元，2016 年新加坡人均 GDP 为 52962 美元。

三　技术创新引领发展的日本模式

1. 发展历程

在明治初期，"加工型对外贸易"已经开始在日本出现，但是直到第二次世界大战初期，日本仅从事简单的加工装配。第二次世界大战之后，日本抓住有利时机，依靠自身区位优势和原材料价格低廉优势，确立了"以加工贸易立国"的经济发展战略。大力引进欧美资本和技术，尤其是那些需求弹性大，附加值高的重工业，并以此带动相关配套产业的发展，极大地促进了日本经济的快速发展，为日本的工业化道路奠定了基础。到 20 世纪 70 年代，日本制造业中有 62.3% 为重化工业，出口产品中约 77% 为重化工产品，在电视机、人造纤维和造船等产业，日本跃居世界第一，而汽车产业年产量更是达到了 529 万辆，成为日本国内第一大产业。

20 世纪 70 年代以后，由于全球石油危机的爆发，日本政府积极引导企业走创新研发的道路，大力推进高新技术产业的发展，以期能尽量减少能源危机的影响。从 1973 年至 1983 年，日本从事研发的企业增长了 73%，由最初的 10170 家增加到 17631 家，而且设有研究机构的民营企业占到总数的 70% 以上。到 20 世纪 80 年代，日本大力发展计算机技术，并将其视为"通向科技立国之路"，加大力度扶持微电子产业、生物工程产业和新型原材料产业的发展。通过这些举措，日本加工贸易由传统的劳动密集型产业转变为技术密集型产业，加工贸易产业的技术含量和附加值明显提高，日本的加工贸易产业产生了质的突变。

20 世纪 80 年代中期以后，由于国内日元升值，产业结构面临调整，国内市场投资达到饱和等一系列原因，开始实行扩大内需和放宽进口的经济发展方针，资本外移规模和速度明显加快。尤其是中低端加工贸易产业迅速移向国外，通过这种方式，日本的加工贸易顺利实现了转型升级。

2. 成效

随着日本企业海外投资的扩张，日本推动构建以日本企业为区域核心的国际分工体系，形成亚洲加工贸易网络，将加工组装重点转移到中国、马来西亚、泰国等劳动力成本较低的国家。并适应这些国家的国产化政策，提高其零部件本土化率或自给率，形成"以日本的电子厂家为核心，马来西亚和泰国的加工企业提供零部件，新加坡工厂组装"的加工贸易网络。日本加工贸易业的发展带动了日本经济腾飞，促使日本快速实现工业化，成为世界经济大国。日本人均 GDP 实现了从 1963 年的 573 美元到 2016 年的 38898 美元的飞跃。到 2016 年，日本 GDP 达 49398 亿美元，位居世界第三。

四 高新技术产品主导的韩国模式

1. 发展历程

韩国加工贸易的发展服从出口增长的目标，出口目标又服务于经济增长和产业发展战略，因此，韩国加工贸易的发展历程可以按照韩国经济发展五年计划来划分。1962—1971 年的两个五年计划，主要目的是促使国家经济正常运转。韩国政府制定出口导向型经济发展战略，推出改革汇率制度、完善奖励制度等措施，优先发展轻纺工业，引进外国资金、技术和设备，利用本国廉价劳动力的优势，从国外进口原材料和半成品，加工成品销往国外，实现国民收入增长翻番。在第三、四个五年计划期间，韩国政府利用资金和技术基础，充分利用西方国家劳动密集型产业向海外转移的机会，推出融资与赋税优惠等一系列措施，重点发展重化工业，由劳动密集型转型到资本密集型。20 世纪 80 年代，由于受韩国劳动力成本上升的影响，企业趋于向国外输出资本，到中国和东南亚等劳动力成本较低的国家开展委托加工，成品或半成品返销国内或出口其他国家。韩国政府加快发展半导体、计算机、工业机器人等高科技、高附加值产业，实现加工贸易从劳动密集型产业向技术、知识密集型产业转型，外资企业成为韩国加工贸易的主体，加工产品主要是以发达国家为出口对象的高档、高附加值产品。计算机、半导体、彩色电视机、汽车等高科技、高附加值产品在制成品出口中崛起，出口产品结构实现向高附加值转变。20 世

纪 90 年代以来，计算机、半导体、汽车及其零部件等高新技术产品
在韩国加工贸易体系中的主导地位日益巩固。历经几个五年计划的发
展，韩国加工贸易不再是国外加工组装技术和设备与本国廉价劳动力
和优惠政策的简单结合，技术自主开发能力、产品增值程度、产品层
次和结构都有了很大提高。

2. 成效

韩国实行法律保障贸易立国战略，利用一系列的政策来推动加工
贸易的转型升级：根据本国国情制定科学合理的政策，减免原材料和
中间品的进口关税，促进进出口加工区技术外溢，提高加工企业价格
竞争力；开拓发展中国家市场，巩固本国产品比较优势；鼓励本国企
业自主研发，提升加工技术水平；研发新产品和创立自主品牌，提升
传统加工产品档次；扶持关键零部件生产企业，提高加工出口产品国
产化率。韩国完成了从劳动密集型产品起步，向高科技产业转变，再
到以输出资本为主的巨大转变。加工贸易的发展带动出口的快速增
长，出口增长又拉动经济增长。加工贸易的转型升级带动出口结构的
持续改善，出口结构的改善又促进产业结构的升级。

加工贸易推动韩国经济飞速发展，几十年时间韩国由世界最贫穷
落后的国家之一跃成为中等发达国家。1960 年人均 GDP 仅为 82 美
元，2016 年人均 GDP 达到 29891 美元。

五　软件产品及服务出口导向的印度模式

1. 发展历程

印度的软件服务和产品出口始于 20 世纪 70 年代中期，以出口为
导向的发展模式使印度软件公司的产品大多不是最终成品，而是中间
产品。发展初期实施"专业代工"战略，即把软件专业人才输出到国
外，在客户所在地为其提供服务。20 世纪 80 年代印度改革软件业发
展政策，推动出口导向型软件业的发展，开始向海外出口软件和服
务，其中包括企业系统、设计软件和数据库管理软件，但出口收入仍
以专业代工为主。1984 年，印度总理提出通过发展计算机软件把印度
带入 21 世纪的目标，大力扶持计算机软件工业，带动印度软件业迅
速崛起。1986 年，《计算机软件出口、发展和培训政策》的颁布，使

印度公司能够自由获得最新的技术和软件设备，提高它们的国际竞争力和鼓励高附加值产品出口，推动软件业的发展，使软件出口实现跨越式增长。

20 世纪 90 年代以来，印度抓住国际 IT 产业结构由以硬件为主导向以软件为主导过渡的机遇，重点发展软件产业，在国际计算机软件市场上奠定了印度软件业的基础和名誉，成为软件大国之一。印度抓住新经济发展机会，向欧美等发达工业国家输出软件技术人才并参与当地发展，同时也为各国跨国公司提供特殊软件定制服务和问题解决方案。21 世纪之交的"千年虫"危机成为印度软件服务外包快速扩张的重要契机。印度软件公司利用自己的人才优势，为世界各大公司提供"千年虫"问题解决方案，实现产值 200 多亿美元，同时积累了经验和客户渠道，不但赢得国际声誉，而且促使服务外包产业驶入"快车道"。

2. 成效

作为印度外包产业的中心，班加罗尔被誉为"印度硅谷"，其外包产业包括低端信息技术、业务流程，甚至还包括一些研发、业务分析和工程服务等比较专业的知识流程外包，目前班加罗尔的信息技术工程师数量已经超过了美国的硅谷。与此同时，一些新兴的服务外包开始出现，比如金融服务、医疗卫生服务、人力资源外包服务及动漫游戏开发服务等。班加罗尔已经成为印度外包服务的成熟基地。

1990 年，印度软件产业年产值总计只有 1.9 亿美元，然而，印度依靠自身语言优势、人才优势和质量优势等迅速发展本国外贸加工产业。在产业内贸易的指导和政府的大力推动下，印度软件业成为印度经济的支柱产业，在全球软件市场占有重要位置。2013 年印度的软件产业规模已经达到 1090 亿美元。据世界银行调查结果显示，印度计算机软件出口规模、软件产品质量与成本指标均居世界首位，而且在计算机软件出口方面仅次于美国。

六　信息制造业优势明显的台湾模式

我国台湾地区在实现工业化的路径过程中抓住世界产业转移的契机，通过承接、发展加工贸易实现台湾产业升级、促进贸易结构调整。

1. 发展历程

20世纪60年代，我国台湾地区采取出口导向型发展战略，大力发展加工贸易，通过对外贸易带动整个经济的发展。从美国引进机器设备，从日本（部分从美国）进口电子零部件和化学原材料，加工生产成套家用电器、化学纤维和纺织品，再向美国出口。1965年在高雄设立亚洲第一个出口加工区，吸引了大批海内外资本。又先后在高雄楠梓和台中县谭子乡设立出口加工区，鼓励扶持出口加工工业。出口加工区依据劳动力禀赋的优势，发展纺织、成衣、玩具、工艺品等劳动密集型产业，占台湾出口的80%以上。1973年左右，工厂数达到出口加工区历年来最高点。20世纪70年代以后，由于石油危机以及来自东南亚国家对出口加工的竞争，致使台湾当时的劳动密集型加工贸易的国际竞争优势逐渐丧失。对此，台湾对其加工贸易发展战略进行及时调整，发展重点转向收音机、PC主板等技术密集型产业。

从20世纪80年代中期开始，台湾地区出口加工区国际竞争力下降，对出口贸易带来严重影响，虽然出口加工区投资依旧呈上升趋势，但企业数、就业人数不断下降。出口加工区投资向大型化发展，转向集成电路、电脑、光学产品及其周边设备、精密机械等资本密集与技术密集产业，其中科技产业产值大于65%。集成电路和家用计算机逐步发展成为台湾两个规模最大的产业，在代工领域走到世界前沿。

20世纪90年代中期，在主机板生产和IC设计加工产业中，台湾地区由于其技术优势而得以迅速发展，成为拥有自己品牌和核心技术的世界信息产品生产基地。通过制订亚太营运中心计划，从整体上调整出口加工区的功能，以高科技、高附加值产业为发展导向，以优惠的政策吸引高科技跨国公司在台湾地区设立研究及发展中心。高科技及资本密集型产业产值已大于80%，知识服务型产业开始起步，占比近10%。

21世纪以来，台湾地区逐渐推行"知识导向"发展战略，发展方向转向创新研发和产品高附加值化，大力发展知识密集型产业。出口加工区的产品中，物流、研发设计、咨询、贸易服务等服务业贸易大于60%。

2. 成效

我国台湾地区依据产业内和产品内分工贸易理论，将加工贸易的产业链定位于整个产业链中的制造环节。加工贸易的主体为本土企业，以芯片代工和电脑制造代工为主，并向与信息产业相关的服务委托代工发展。许多企业发展成为跨国公司的 OEM 制造商，有些企业向品牌制造商演进。目前在我国台湾地区的出口加工区，服务业务收入（含贸易）占整个企业业务收入的60%以上。

代工模式铸就台湾经济的高速发展，使台湾地区成为亚洲"四小龙"之一，跻身世界发达地区。1960 年台湾人均 GDP 仅为 164 美元，1992 年人均 GDP 突破 1 万美元，2016 年人均 GDP 达到 22530 美元，是 1960 年的 100 多倍。台湾地区在发展加工贸易的过程中，充分发挥集群、学习、创新和服务等机制，通过价值链间纵向跃升、价值链内横向扩展升级和价值链"切片"外移，逐步实现从劳动密集型产业向资本和技术密集型产业转型升级。

七 "大进大出"的中国大陆东部沿海模式[①]

由于历史原因，东部沿海地区的加工贸易在国内开展、发展最好、规模最大。改革开放以来，东部沿海地区的加工贸易实现了零的突破，规模逐步壮大，加工贸易的档次和水平逐步提升，贸易顺差不断扩大。

1. 发展历程

20 世纪 70 年代末，中国东部沿海地区的加工贸易开始起步。1978 年 8 月，第一份来料加工协议在广东签订，第一家加工贸易企业在珠海诞生，这预示着"来料加工"行业在中国大陆东部沿海揭开了序幕。改革开放之初，国家为扶持加工贸易发展，采用试点—推广战略。20 世纪 80 年代，我国在东部沿海地区设立 14 个开放城市，成立

---

① 本部分相关数据来源于新华网《商务部：十年来东部进出口额一直占全国 90% 以上》，http://news.xinhuanet.com/fortune/2012 - 11/06/c_ 123920782.htm，2012 年 11 月。

了 4 个经济特区，并给予其非常优惠的政策，这为东部沿海地区加工贸易发展提供了良好的契机。

党的第十三次全国代表大会后，我国提出了主动参与国际竞争，积极走入国际产业分工体系的目标，以"两头在外"为主要特征的劳动密集型加工贸易得到迅速发展。为充分抓住当时有利形势，积极参与和适应国际加工装配贸易，东部沿海地区在借鉴国外先进经验的基础上，大胆先试先行，将保税仓库、保税工厂和保税集团纳入统一体系，创新建立了保税仓储制度。经过近 10 年的发展，"进料加工"的发展战略得到大力实施与支持，此种形式的加工贸易占据了中国对外贸易发展的主要阵地。这一时期，东部沿海地区充分发挥并利用了劳动力资源充足的优势，以知识密集型和劳动密集型产业为核心，大力支持发展来料加工、来样加工、来件装配和补偿贸易等形式，东部沿海地区的加工贸易获得了迅速发展。

1990 年，《国务院关于进一步改革和完善对外贸易体制若干问题的决定》的出台，标志着我国新一轮贸易体制改革正式拉开帷幕。与此同时，注重"数量控制"为特点的沿海对外贸易发展战略开始实施，以自负盈亏和取消承包经营补贴为主要方式，涉及外贸体制、财务管理等相关体制机制的改革逐渐展开，我国的对外贸易体制与国际接轨的步伐不断加快。"来料加工"和"进料加工"作为国外发达国家的主要贸易形式，在经过了东部沿海地区的学习后，我国加工贸易的发展又迎来了新的春天。

2003 年至今，国家开始实施加工贸易转型升级战略，东部沿海地区的加工贸易也进入调整升级阶段。改革开放 30 多年来，虽然我国东部地区的加工贸易已经形成了一定的规模，并逐步拥有了自身的优势，但其过于依赖价格低廉的劳动力和土地资源的发展方式注定难以为继。随着劳动力和土地等要素价格的提升，以及周边国家成本优势的凸显，我国东部地区的加工贸易发展进入了相对缓慢的时期。

2. 成效

1978 年以来，我国东部沿海地区加工贸易的发展一直维持稳定增长，占据了我国对外贸易的"半壁江山"。我国加工贸易一直处于快速上升的发展状态，东部地区与我国对外贸易的整体发展趋势十分吻合。东部地区较多省市通过不断制定和优化对外贸易发展的各种措施，进一步刺激和提振加工贸易配套产业的发展，使我国加工贸易的层次不断丰富、产业配套体系不断完善、产业链条日益加长，最终促进了加工贸易增值率的不断提升。

东部沿海地区加工贸易的发展对我国对外开放战略的成功实施发挥了不可替代的作用，对促进技术进步、优化产业结构、扩大就业、密切与港澳台经贸关系、推动我国经济社会发展做出了重要贡献。近年来，在加工贸易转型升级方面，我国东部沿海地区已经开始取得了巨大成果。2014年，上海市加工贸易额达1292.1亿美元，浙江省达2849.6亿美元，江苏省达2357亿美元，且额度不断保持上涨。此外，加工贸易不再局限于简单的组装，而是转向研发、设计和核心元器件制造等环节，正在形成新的竞争优势。

八 典型加工贸易模式的共同经验

1. 发挥比较优势，初期参与产品内分工低端环节

在发展初期，一般都是大力引进外部资本和技术，大力发展劳动密集型产业。而且各个国家和地区均面临着同样的问题，即缺少资金、技术水平较低和劳动力不充分等。因此，为了促进加工贸易产业的发展，各个国家和地区纷纷制定了相关的政策和法律法规，墨西哥制定《北部边境工业计划》，新加坡颁布《经济扩展奖励（豁免所得税）法案》，韩国实施"自主经济"的新经济政策，印度颁布《计算机软件出口、发展和培训政策》，中国出台《开展对外加工装配和中小型补偿贸易办法》，确立出口导向型经济发展战略。在这一时期，各国加工贸易都是以劳动密集型产业为主，主要生产产品内分工环节中的利润低端部分。这一时期加工贸易的特点是：技术含量低，对员工素质和受教育程度要求不高，从事加工贸易的企业规模小，配套产业关联性较低，而且附加值不高，利润较低，资源消耗大等。

2. 中后期提升价值链，参与产品内分工高端价值区

经过前期的积累后，各国从事加工贸易的企业规模逐渐扩大，人

才丰富，资金雄厚，各个国家和地区开始根据自身特点调整发展战略，并对本国或本地区加工贸易产业进行转型升级。一般是通过技术进步和设备更新进行转型升级，从而提高加工产品质量和生产率。然后，从前期的贴牌加工发展成为设计制造、自有品牌，再逐渐构建加工组装网络；从生产向研发、营销、物流等方向发展，延长加工贸易产业链，从制造型加工贸易向服务型加工贸易发展，不断向产品内分工高端价值区攀升。

3. 政府有所作为，促进产品产业升级

政府是加工贸易发展和升级的重要推动力量。为了推动加工贸易产业的健康快速发展，各个国家和地区纷纷出台相关法律法规，实施各种金融财税优惠政策，加大对加工贸易的支持。此外，建立各类产业园区，创建产业发展优良环境等举动也促进了加工贸易产业的发展。同时，随着加工贸易的起步与发展，各个国家和地区的经济发展模式也逐渐从封闭内向型向开放外向型转变，从而促进经济的快速发展，逐步实现国家的工业化和现代化。另外，加工贸易在解决就业、提高劳动者素质、增加外汇收入、实现资金积累、通过技术溢出获得技术进步、促进产品及产业结构调整与升级等方面的作用也十分重要。

综合上述成功加工贸易模式经验，不难发现，已有加工贸易模式都经过了以劳动力密集型加工贸易产业的集聚和发展，转向高技术产业、现代服务业、自主研发产业等高附加值加工贸易产业的集群和发展的历程，克服加工贸易产业发展中后期阶段劳动力成本、土地成本、环境污染等共同性的硬约束"瓶颈"，走出了向利润丰厚的加工贸易高端环节延伸的道路，进而带动一国或地区产业升级转型，以技术、管理、服务辐射国内其他产业，增进一国或地区福利，促进一国或地区更加融入国际经济一体化的良性循环。在此过程中，产品内分工使这一切成为可能，加工贸易发展及壮大的每一个转变阶段，比较优势的发挥、价值链的不断攀升、产品产业结构升级，三者相辅相成，共同促进了一国或地区的加工贸易发展，深化了产品内分工，实现了当地经济的腾飞。

第二节　内陆加工贸易模式比较

一　我国内陆加工贸易发展现状

近几年，在国家相关部委和内陆地区的共同努力下，内陆加工贸易产业快速发展，2015 年，我国中西部地区加工贸易进出口总额达2015.7 亿美元，占我国加工贸易总额的 15.1%。内陆地区重庆市、河南省加工贸易进出口总额增长迅速，达到以往的 300% 以上。[①]2016 年 1 月到 11 月，我国加工贸易进出口 12210.5 亿美元，增长2.6%，同期重庆、河南、安徽和四川等省市的出口增速分别为110%、34.8%、58.3% 和 15.6%。[②]本书选择中部地区的郑州和西部地区的西安、成都，对它们的内陆加工贸易模式进行分析。

1. 富士康主导的郑州模式

近几年郑州加工贸易的发展，重大突破在于引进富士康。富士康科技集团在郑州注册富泰华精密电子（郑州）有限公司，兴建拥有十多万名技术工人的富士康科技集团郑州科技园，科技园主要从事智能手机制造产业。目前，富士康郑州科技园正逐步成为全球范围内不可或缺的智能手机代加工中心，随着市场扩张，生产规模的不断扩大，科技园朝着全球最大智能手机制造基地迈进。

郑州依靠其便利的交通优势、土地资源、人力资源、工业园区平台及政策优势，积极筹划、申报新郑综合保税区，并兴建相关配套设施。在当地企业与行业龙头企业耦合方针的引导下，引进富士康科技集团，逐步实现以郑州为核心的河南加工贸易新发展。依托工业园区的智能手机产业链，构建全球范围的物流体系、服务体系作为支撑，兴建智能手机产业相关配套设施，逐步形成了具备良好配套支撑的智

---

① 数据来源于《海关总署：我国加工贸易规模 32 年增长超 5000 倍》，新华网，ht-tp：//news. xinhuanet. com/fortune/2012 - 08/20/c_ 112784439. htm，2012 年 8 月。

② 数据来源于《2012 年中国外贸进出口 38667.6 亿美元》，新华网，http：//news. xinhuanet. com/fortune/2013 - 01/10/c_ 124212689. htm，2013 年 1 月。

能手机生产基地，具备良好综合竞争优势，增强了产业、区域的国际竞争力。另外，依据竞争优势和产业集群理论，按照"两扩一聚"的组织模式（以行业龙头制造商、龙头代工企业为中心向各自区域扩散，以产业链配套和服务支撑为契合点集聚发展），郑州市积极引进其他智能手机品牌商和代工商，意图构建全球智能手机物流中心，打造全球智能手机研发基地，大力发展郑州航空港经济综合试验区。

2. 国际内陆港引领的西安模式①

西安近年来着力打造国际港务区为实践样本，利用国际内陆港模式对内陆型经济开发开放起到巨大推动作用。2011年2月14日，西安综合保税区获得国务院批准设立。2012年9月22日，西安高新综合保税区获国务院批复，主要作为三星电子存储芯片项目及其配套企业项目用地，有力地推动了西安电子信息产业大发展。该综合保税区的三星电子高端存储芯片项目，于2012年4月10日签约，一期投资70亿美元，跟进入区的配套企业超过160家，成为改革开放以来，我国最大的电子类外商投资高新技术项目，也成为韩国最大的海外投资项目。

西安的加工贸易最初就是从事航空工业等技术含量较高、附加值较高的产业。针对中国经济发展存在的区域性阶梯结构，考虑内陆城市在利用外资、对外贸易和对外合作三个方面的国际化诉求，依据国际直接投资、国际贸易、国际物流和资源整合等理论，西安加工贸易在国际内陆港模式的引领下，构建产业转型升级和承接产业转移的平台，在特大型电子信息项目的推动下，呈现出良好的发展态势和发展潜力。

3. 立体构建的成都模式②

成都充分利用独特地域优势、出色的教育体系、便利的交通条

---

① 此部分相关数据来源于《三星电子70亿美元投资西安》，凤凰网，http://news.ifeng.com/gundong/detail_2012_04/11/13788722_0.shtml?from_ralated，2012年4月。

② 此部分相关数据来源于《成都高新区20年，创新发展竞风流》，成都高新技术产业开发区网站，http://www.cdht.gov.cn/cdht/article.do?act=detail&id=00018502，2011年12月。

件、大量成熟的员工、广阔的市场腹地和优质的政府服务，设立成都高新综合保税区，吸引大量世界 500 强企业入驻，在内陆地区较早发展加工贸易，并取得突出的成绩。

2003 年 8 月，英特尔公司在成都高新西区建立半导体芯片封装测试工厂，并三次追加投资，将其打造成英特尔全球最大的芯片封装测试中心之一，承担英特尔全球近一半的移动设备微处理器的生产任务。英特尔成都工厂建成后，辐射效应大为显现，大量国内外芯片上下游企业争相到成都投产建厂，在英特尔和得州仪器的双核驱动下，全球软件企业 20 强中 13 家已落户成都，成为全国第三个、中西部首个 "中国软件名城"；在富士康等企业的带动下，已建成全球最大的平板电脑生产基地，形成了相关产业集群。

依据跨国企业、价值链和产业集群理论，成都发挥原有的产业基础优势，引进企业形成巨大的电子终端制造能力，形成以成都为中心，沿成都经济圈布局的产业发展格局，构筑由数千家规模以上企业组成的产业群，"立体构建" 了完整的 IT 产业链条，成都信息产业向全球产业核心进军的进程进一步加快，通过采取 "联合开发、技术转移、整合并购" 的方式，占据了 IT 高端产业和产业高端。加工贸易稳定快速发展，具有广阔的发展空间。

二　内陆加工贸易的共同经验

1. 政府驱动，发挥内陆传统比较优势，释放政策红利

地方政府是加工贸易的重要推动力量。内陆各地政府高度重视，对重大项目成立专门机构，优化营商环境，发挥内陆大量低廉简单劳动力和土地、能源、原材料等生产要素低成本的优势，提供各种优惠政策，大力推动加工贸易发展。郑州市在引进富士康的过程中，成立专门工作小组推进相关工作；在土地供应、用工服务、保障、税费等各方面给予最大限度的支持。西安市在三星电子存储芯片项目落地后，陕西省和西安市协调动员各方面力量，4 个多月时间完成项目核准、征地拆迁、基础设施配套等前期准备工作。成都在争取 iPad 项目时，成立成都市政府富士康工作组，满足富士康在用地、厂房等方面的严苛条件，要求富士康在当天解决突发问题；成都市在土地、税

收、免费宿舍、免费班车、免费招聘工人等方面有很多优惠政策，来支持加工贸易发展。

2. 重视上下游产业集群化发展，形成基于产品内分工的规模经济

积极争取被认定为加工贸易梯度转移重点承接地。郑州、西安、成都等成为获得国家第二批加工贸易梯度转移政策支持的重点地区。按照《关于支持中西部地区承接加工贸易梯度转移工作的意见》要求，承接加工贸易梯度转移的重点地区享有国家中长期贷款、短期贷款和技术援助贷款等政策支持。对该地区的重点加工贸易企业和项目，可获得国家开发银行 10% 以内利率下浮的政策优惠。这些优惠政策改善了加工贸易环境，有效地促进了加工贸易产业向这些重点承接地转移。通过各项优惠政策，大量引进加工贸易企业，形成产业集群式发展。各内陆地区加工贸易以市场潜力大的电子信息产品为主。由于电子信息产品与其他产品相比，价值较高、体积较小，以航空运输为主，内陆地区与沿海地区物流成本差别不大，同时，内陆地区积极引进以电子信息产业龙头企业为核心，品牌代工商、零部件配套企业等产业链上下游全链条，实现基于产品内分工的产业集群和规模经济，郑州以智能手机 iPhone 为主，西安将以三星电子的存储芯片为主，成都以平板电脑 iPad 为主，均形成了相关产业的集群。

3. 综合保税完善助推产业转移

设立综合保税区，搭建保税平台，旨在控制关税等成本。内陆地区纷纷争取设立保税港区，让加工贸易企业在内陆也能享受与沿海保税区同样便利化的通关服务。[36]2010 年 10 月 18 日，国务院批准设立成都高新综合保税区。2010 年 10 月 24 日，国务院批准设立郑州新郑综合保税区。2011 年 2 月 14 日，西安综合保税区获得国务院批准设立。综合保税区已成为推动各地加工贸易增长的主要力量。同时，各地获得海关总署和各地海关的大力支持，提高内陆加工贸易产品的通关便利性，降低通关费用。海关总署在内陆地区优先考虑并设立了一批出口加工区、综合保税区、保税港区；出台《海关总署关于明确加工贸易企业搬迁业务有关问题的通知》，解决沿海加工贸易企业向内陆地区转移时，不作价设备结转和剩余料件结转的难题。[37]各地海关

积极努力，配合当地政府搭建综合保税区等保税平台，并采取有效措施和个性化服务，提升效率，降低通关成本，推动加工贸易发展，形成了相关产业的集群。[38]

4. 物流体系确保加工贸易发展

完善当地的物流环境，综合利用当地的区位优势，提高交通便利性。过去，内陆地区出口一般都是先运到沿海地区，然后再海运至世界各地，其效率较低，物流周期较长，成本较高。因此，提高物流效率、降低成本是内陆地区发展加工贸易的关键。

5. 高起点规划，直接进入产品内分工价值链高端

发展加工贸易之初，就重视当地技术的协同发展，重视多个层面、技术含量更高的产品生产。如成都地区重视电子信息产业内的软件业的发展，加工贸易不再局限于车间式的产品生产，而是拓展到技术含量更高的领域。

6. 增进内陆劳动力福利，留住产业工人就地就业，充分发挥内陆地区的劳动力成本优势

加工贸易企业盯准内陆地区的廉价劳动力，入驻内地。内陆地区的政府也通过完善产业工人社会保障体系，开办技术培训学校提高工人技术水平，修建公租房、廉租房等一系列措施留住产业工人就地就业。

7. 取得明显的成绩

近几年，郑州、西安、成都等内陆城市加工贸易都快速发展，特别是 2012 年，内陆地区加工贸易增长速度远高于全国增长。2012 年，郑州市加工贸易进出口同比增长 160.7%，成都增长 168.6%，西安增长 15.9%，同期全国加工贸易出口增长仅为 3.3%。2012 年之后全国加工贸易发展放缓，而郑州、西安、成都等城市的加工进出口额仍然保持增长状态。2018 年，郑州市加工贸易出口 321.0 亿美元，同比增长 10.4%，占全市出口总额的 84.2%。其中，富士康旗下企业出口额占郑州市出口总额的 82.5%。2018 年，成都加工贸易进出口额 3351 亿元（约 516 亿美元），同比增长 29.5%，拉动全省外贸增长 16.6%。2018 年，西安加工贸易进出口 2201 亿元（约 338.6 亿美元），同比增长 28.5%。

第三章 基于产品内分工的内陆加工贸易模式

本章结合前述典型地区加工贸易模式的共同经验，根据产品内分工中的产业集群理论、比较优势理论、价值链提升理论等，提出基于产品内分工的内陆加工贸易模式。

第一节 模式内涵

内陆加工贸易模式的基本内涵是：在全球经济一体化格局下，充分整合内陆、沿海、国际等多方资源、多个市场，有效发挥内陆地区资源、生产要素、综合成本、政策等优势，有效整合政府、企业与市场的资源，以构建内陆综合保税港区、现代物流体系、加工贸易产业集群、成熟产业工人队伍和技术创新体系作为其基本支撑要素，以"要素驱动"为基础、以"创新驱动"为引领，通过政府孕育、政企共同培养、企业独立运营三个阶段，高起点打造加工贸易产业发展与技术升级的路径和模式。

内陆加工贸易模式的产业发展思路是：强调"价值链提升"与产业链"垂直整合"。即以"整机＋配套、生产＋研发、加工＋结算、基地＋总部、制造＋服务"为产业体系框架的垂直整合加工贸易模式，将产业链延伸与价值链提升作为内陆地区加工贸易发展的主要目标，将突破以往我国加工贸易模式中的低附加值、低利润率的发展困境，垂直整合相关产业的价值链，打造基于上下游关系的产业集群，从研发、生产、销售到结算，实现在国际产品内分工中的位次提升及价值提升，占据国际产业链利润制高点，增强产业核心竞争力，促进国家和地区的经济社会发展。

　　基于产品内分工的内陆加工贸易模式，将传统加工贸易的产业链"水平整合"格局改变为"垂直整合"的格局，变"多头在外、一头在内、大进大出"的传统模式为"多头在内、一头在外、小进大出"的新模式。传统的水平整合加工贸易模式，只有加工或组装等低附加值的一"头"在发展中国家或地区，而研发设计、零部件加工、销售等高附加值的环节均在加工组装国家或地区外。这种模式必然会造成物流"大进大出"的局面：大量原材料、零部件等由全球流向加工组装所在地，制成成品后又由该地流向全球。而垂直整合模式以品牌商、龙头企业为核心凝聚配套企业，协调产业链"微笑曲线"全流程发展，深度融合工业化、信息化与现代服务业，实现研发设计、零部件加工、整机组装、贸易结算"多头在内"，销售"一头在外"。部分原材料、零部件"小进"，成品"大出"，提高加工贸易及产业链"微笑曲线"全流程的综合效益，使成本最低化、效益最大化、风险最小化。通过实施这一新模式通过实施这种模式，即使不被动承接加工贸易产业的阶梯转移内陆地区发展加工贸易可扬长避短，不仅能够实现产业结构优化调整，而且能够通过创新实现跨越式发展。

　　发展基于产品内分工的内陆加工贸易模式的基本路径分为三个阶段：孕育期、培养期和成熟期，孕育期主要由政府主导，发挥内陆地区的优势，营造优越的环境吸引产业的初步形成；培养期由政府和企业共同作用，各自发挥自身的优势，稳固已有的产业基础，并进一步使其发展壮大；成熟期时，产业的发展已经形成一定的规模，具备自主运行的条件与能力，政府逐渐退出，充当"守夜人"的角色，发挥市场的力量，由企业自身根据市场的规则运行、发展。以下分别对以上所说的模式特征、要素、发展阶段进行详细阐述。

第二节　模式特征

　　基于产品内分工的内陆加工贸易模式的特征，在于"垂直整合"。

主要体现在以下几点：

（1）"整机＋配套"。品牌商必然带动代工商、配件商。品牌商下订单，配套商提供零部件配套，代工商组装生产，进项物流成本大幅度降低。

"整机"是指整机厂商，也就是品牌商。在传统的加工贸易模式中，发展中国家或地区所承接的多数只是组装这一产业链环节，零配件由全球各地的加工商流转到组装工厂所在地，由其组装成为成品后，又流向全球市场。这使传统加工贸易在物流层面形成了"大进大出"的局面，这种加工贸易模式在全球物流成本较低的情况下是可以实现的。但是在当今能源资源日趋紧张的大环境中，物流成本随之水涨船高，这种大流通型的加工贸易模式受到了挑战。对于内陆地区，由于地理因素的限制，在融入全球加工贸易产业链时，在传统的"大进大出"的大物流模式下，其物流成本是明显高于沿海的。鉴于此，内陆地区基于长远考虑，以品牌商（整机商）为首先引进对象，然后利用其凝聚力以及内陆地区的各种政策、资源、要素优势，吸引周边配套商（包括代工商和配件商等）在其周围布局建厂，在当地形成"整机＋配套"的产业格局，提高整机的本地配套率，降低进项物流成本，提升供应链的敏捷程度。

（2）"生产＋研发"。在加工贸易研发、生产、供应、销售、服务全产业链中，研发处于"微笑曲线"的高端，既掌握核心关键技术，又获得商品利益的大部分。

垂直整合的另一大特征是将研发也加入到加工贸易的产业链内，不仅要引进品牌商与配件商、代工商的生产环节，更要引进研发这一高附加值环节。引入这一环节主要有两个目的：一是将内陆加工贸易产业在微笑曲线中的位置向高端移动，增加加工贸易产业在内陆地区创造的价值；二是培养本土化的研发人员，降低对宿主企业的依赖性，增强自主研发能力，保证加工贸易产业的可持续性发展。目前，无论是内陆还是沿海地区所承接的加工贸易大都只是产业链中的加工环节，对宿主企业或品牌商的依赖性过强，而由于近年来经济社会的不断发展，部分发展中国家或地区的要素成本优势逐渐减弱或丧失，这会导致宿主企业或品牌商的撤离，严重破坏产业所在地的经济形势。鉴于此，基于产品内分工的加工贸易在发展加工贸易产业时，实现产业链的垂直整合，不仅要引进生产环节，同时还要引入研发环节，在延伸价值链的同时增强产业发展的可持续性。

（3）"加工＋结算"。加工贸易全流程"微笑曲线"的另一个利润高端是结算，然而以往其重要性在国内没要得到充分认识，加工贸易产业的结算中心都在境外，导致我们在加工贸易产业中应该获得的利益大大流失。加工贸易的结算有其独有的特征：第一，网络化。加工贸易的生产供应体系复杂交错，从而造就了它大规模的结算网络。实物贸易的结算通常是交易主体在所在地之间进行的点对点的结算，这通常会使结算周期长、成本高。第二，离岸性由于加工贸易本身的特点，其产品、原材料、零部件都具有保税性质，一般的品牌商为了结算的便捷性，通常会把结算中心设置在离岸金融政策相对宽松的国家或地区。第三，高附加值。结算是加工贸易中的高附加值环节，具体体现为三点：①每百亿美元的加工贸易进出口额会产生1%左右的结算税收；②每百亿美元的账户能够为主办银行带来0.5%到1%的业务收入；③结算中心可以带来大量的会计师岗位，因为这些岗位大多属于高级白领，所以在就业和消费方面都会产生一定效果。

实现内陆地区贸易离岸结算，不仅降低了企业经营成本，而且对于推动内陆城市离岸金融中心的建设，带动其经济发展，增强其国际竞争力，参与国际产品内分工具有重要的现实意义。

（4）"基地＋总部"。全球范围内生产要素的配置流动是经济全球化大环境下加工贸易的主要特征，且生产要素的全球范围内流动多依附于生产活动在城市间、跨国公司间流动，因此，跨国公司在生产要素的流动和再配置过程中居于关键位置，起到枢纽和桥梁的功用。由于跨国公司的经济枢纽功能，公司总部所在区域、聚集地就形成特殊的总部经济特征，总部经济是高于产业集聚的一种新型的经济聚合模式。总部经济能给所在地带来诸多效应：税收贡献效应、产业乘数效应、消费带动效应、劳动就业效应、社会资本效应，这些效应可从不同方面提升内陆地区在产业内以至全球经济圈内的话语权。但是，这一经济发展的重点在我国乃至全球加工贸易的发展过程中都是被忽略的。在垂直整合加工贸易模式中，应积极创造总部经济发展的条件，引入产业龙头企业的总部，实现企业运作的垂直整合，大力发展总部经济，优化产业结构。

（5）"制造＋服务"。生产性服务业在加工贸易产业全流程中具有非常重要的链接、支撑、扩散和派生作用，形象地说，服务业既是加工贸易的血液、神经和关节，又是加工贸易的孪生兄弟。服务业，尤其是生产性服务业与加工制造业的关系越来越紧密，产品制造的最终目的是销售以获取收益。制造业全球营销网络形成的过程，就是集聚产品研发、运输、储存、广告、会计、保险、营销等服务开拓市场的过程。与此同时，部分服务业，尤其是生产性服务业与制造业之间的界限正在模糊化。由于市场竞争的激烈程度不断增加，以往单靠提供某种产品而占据大部分市场份额并取得高额利润的时代已经不复存在，经济活动的中心已由制造转换到服务。基于产品内分工的内陆加工贸易模式紧紧把握这一趋势，在发展加工贸易产业的同时，做好服务业发展的同步建设，实现产业类型的垂直整合，从传统的单纯加工制造转变为"制造＋服务"的新型加工贸易产业模式。

第三节 模式要素

内陆加工贸易模式主要包括以下五个要素：保税体系、现代物流体系、现代产业集群、产业工人队伍和技术创新体系。

一 保税体系

保税体系作为内陆加工贸易的基础条件和重要保障，是地方政府的首要任务。首先是保税基础设施和基础条件，包括保税港区、保税仓库、保税通道和保税信息化平台等。保税港区作为进出口贸易的关键基础设施，内陆地区对外开放的重要门户，是内陆参与国际加工贸易的基础设施保障。保税港区的建立不仅能降低物流运输风险、运输周期及成本，也有利于形成新的国际物流大通道，提高内陆地区开放程度，推动内陆加工贸易模式形成。其次是保税优惠政策，包括加工贸易优惠、关税优惠、地税优惠、通关服务优惠以及外汇优惠等一系列优惠政策。再次是保税监管环境，包括监管机制、效能、效率、作风等。最后是内陆开放程度，包括对外依存度、外资投资比重、技术、人才引进等。

二　现代物流体系

从全球化贸易的角度来看，物流成本是加工贸易的重要影响因素，对于内陆地区来说，由于地理环境这个因素，对产品内分工的发展起到重要作用的是航空运输、铁路运输以及公路运输的高速发展所带来的内陆交通便利性的提升。国际性运输通道的建立对于内陆地区发展开放型加工贸易来说至关重要，是内陆地区发展外向型经济和响应国际物流需求的关键。从微观上来看，内陆物流成本的进一步改善将有利于产业集群的形成和发展。而产业集群的形成又将缩短集群内企业之间的物流距离，大大降低产品的物流时间，提升物流效率，降低物流费用，从而降低了内陆地区在发展加工贸易过程中的物流成本。

首先是物流基础设施。包括公路、铁路、航空及物流园区建设，内陆物流基础设施关系到城市内部和省际运输和储存的便利性，是内陆加工贸易企业零部件加工运输的基础支撑。其次是物流服务，主要体现在运输成本与运输时间两方面。加工贸易不管是原材料采购还是成品销售都要依靠物流支持，物流服务水平关系到产品的竞争力问题，较低的物流成本在降低产品成本上有着重要作用，较短的运输时间有助于新产品抢占市场。最后是物流环境。物流环境包括物流优惠政策、公共物流信息平台、物流企业发展水平、物流专业人才供给等方面。发展内陆加工贸易离不开良好的物流环境支持，地区的整体物流环境决定了能在多大程度上满足加工贸易企业对物流的要求。

三　现代产业集群

产业集群概念由马歇尔提出，它是指产业发展演化过程中的一种地缘现象，是指由一定数量企业共同组成的产业在一定地域范围内的集中以实现集聚效益的一种现象。在地理经济学被保罗·克鲁格曼首次引入国际贸易理论之后，越来越多的经济学家开始从区位优势出发来探讨产品内分工的成因、流向、结构和决定因素。而产业集群，是同区位因素密切相关的，在各个国家和地区加工贸易的发展，在产品内分工中扮演着重要的角色。

产业集群作为一个重要的区位因素，它的模式对产品内分工的发展和深化程度起到了重要作用。传统的产业集群是为节约成本而形成的集中，是与某个产品有关的，具体的模式是"地区纵向一体化"。随着国际分工的发展和技术的进步，某个产品在生产中的不同工序、环节和区段被拆散，形成新的分工体系，在空间上分布到不同国家或地区去进行，产生新的集聚模式"地区生产横向一体化"，而内陆地区既可以发展纵向产业集群，又可以发展横向产业集群。

产业集群促进规模经济效应，使交易成本下降，市场风险降低，提高区域竞争优势。产业集群，同时也是创新因素的集聚和竞争动力的支撑。它能够提高集群内企业的生产效率，使其获得相对集群外企业更多的竞争优势，能够促进产业集群区域创新的发展，增强产业集群的竞争力，而集群竞争力的提升又会提高区域经济的整体竞争力。

四　产业工人队伍

具有大批成熟的、可持续提供的高素质的产业工人队伍，是加工贸易产业发展和产业结构调整的保障。劳动力资源丰富，这既是内陆地区的传统优势，又是内陆地区发展加工贸易产业的重要基础条件。但是，要将农民工变成现代产业工人，要将人力资源优势变成人才资源优势，是一个长期的浩大的系统工程，需要地方政府坚持不懈地努力。让职业技能人才有社会尊严、有政治地位、有经济保障，形成尊重技术创造、尊重技能人才的良好社会氛围，是内陆开放型加工贸易的重要保证。

五　技术创新体系

市场和科学技术的不断发展使国际分工逐步深化，经历了"产业间—产业内—产品内"三个发展阶段。产品内分工模式将一个完整的商品生产过程划分为若干个具有不同增值能力的生产环节，即产品内分工的价值链，包括研发设计、营销等高附加值环节以及原材料供给、加工等低附加值的生产环节。内陆地区除了资源、成本、政策等优势之外，创新能力差、技术水平低是重要制约因素，因此，目前在加工贸易国际产品分工生产价值链中处于最低端。要延伸价值链，扩大利益分配比例，必须从产业的低端向高端攀升。而且，加工贸易产业要实现产业的自主持续健康发展，必须形成自有技术、自有品牌以及自有市场。从这个意义上说，是否有强大的技术创新能力，是加工贸易产业能否扎根的关键。

第四节　发展阶段及途径

基于产品内分工的内陆加工贸易的发展途径，是政府主导、市场响应——政府推动与产业发展形成合力——市场驱动、产业自主发展，政府逐步弱化、退出，市场逐步强化完善的途径。这一发展途径要经历三个阶段：

一　培育期

第一阶段是培育期。"政府主导、市场响应"是这一阶段的主要特点。比如，保税体系是内陆开放、发展加工贸易的基础、先决条件，只能由政府谋划创立。比如发展产业集群、构建技术创新体系，必须政府以产业规划、产业政策作引导。这一阶段的特点和发展路径是：

1. 必然性

大力引入政府机制作用是突破传统模式的必然选择。由于在传统的加工贸易模式中过于强调市场机制的重要作用，甚至将政府的干预视为对贸易发展的破坏，使得在全球化日益发展和贸易壁垒逐步消除的背景下，掌握核心技术的发达国家在全球价值链和利益链中获得完全主导。而多数发展中国家因此长期陷入停顿境地。例如当时的巴西、阿根廷、墨西哥、智利、马来西亚等发展中国家频频出现产业升级陷阱和中等收入陷阱，这些都对当时发展中国家传统的加工贸易模式提出了警示。面对这种情况，要突破传统完全依赖市场作用的模式就必然要引入政府的力量，因此发展中国家转变加工贸易模式具有必然性。

2. 快速性

政府的扶持是实现加工贸易快速增长的良好途径。韩国经济的崛起使克鲁格曼的"东亚无奇迹"之说受到挑战。所谓的奇迹背后，即是发展中国家发挥了政府的强力推动作用，在筛选性承接和主动性转移加工贸易方面取得了令人瞩目的成就。政府的直接干预，更好地凝聚了力量，同时在各种优惠政策的助推下，使新型的加工贸易模式在这一阶段中体现出快速崛起的特点。

3. 发展路径

保税体系和现代物流作为内陆开放性的重要体现，是影响内陆加工贸易的关键因素。在这一阶段中，内陆地区充分发挥政府机制的扶持力量，通过保税体系的优惠政策吸引国际知名加工贸易企业入驻内陆地区，促进内陆加工贸易竞争力的提升；并通过内陆保税带来的便利化通关及现代物流国际通道的建立，支撑内陆加工贸易企业国际中转、国际配送、国际采购、转口贸易和出口加工等业务的大力开展，满足辐射范围内加工贸易发展的国际物流需求，带动并支撑内陆加工产业集群发展，有利于提高内陆加工企业对国际产品内分工的融入程度。基于内陆地区不具备自主形成产业集群的条件和基础，这一阶段需要政府采取措施来促进产业集群的形成，以适应区域战略性产业集群化发展。通过引进加工贸易产业，以及对相关基础设施的建设、制定各项优惠政策等，来增强内陆的吸引力，降低贸易成本，削弱内陆地区贸易国际化的劣势；随着各项政策的实施，加工贸易产业的发展，出现了产业工人向内陆地区的回流，为新型加工贸易的发展奠定了坚实的基础。总体来讲，属于通过政府机制作用"引进来"。

二　成长期

第二阶段是成长期。在这一阶段中，政府的力量和市场的力量相互融合、相互补充，形成合力，产业逐步成长壮大。与此同时，政府的力量逐渐减弱，市场的、企业的力量逐渐增强。政府作用从第一阶段的提供基础、环境、条件，产业布局，政策引导，逐步向宏观调节，加强服务，做好保障转化。这个阶段是一个关键的过渡期，为真正实现自主发展打下基础。它具有以下特征和发展路径：

1. 双重性

在这一阶段中，过度依赖政府扶持的弊端日益显露。由于在加工贸易中各区域往往很难依靠市场力量使自身迅速地在价值链上攀登，在发展初期以政府力量来弥补发展中区域在国际分工中的劣势地位是有必要的。但随着加工贸易的快速发展，仅仅依靠政策优惠的吸引无法实现长期、可持续的发展。政策优惠只是一种过渡手段，并不能在真正意义上实现产业升级。要想真正在全球价值链中占据有利位置，就必须逐步摆脱政府力量的"拐杖"，让市场和政府各自弥补失灵部分，实现经济和社会发展都可持续的新模式。在这一阶段，出现了双重力量融合作用的特点。

2. 深入性

随着国际加工贸易的不断发展，产品内分工不断深化。发展中国家在产品内分工背景下，要更好地融入全球加工贸易网络中，就必须重视比较优势因素以及规模效应因素。因此，这一阶段更重视物流、保税政策的完善和深入，以及对垂直产业链条的进一步整合，尽可能地发挥产业集群的作用，促进形成内陆地区的比较优势，体现出新型贸易模式发展逐步深入的特点。

3. 发展路径

内陆地区凭借优惠政策的吸引力，顺利实现短期快速的增长。但随着贸易的发展，原有的政策优势以及内陆自身的劳动力和资源等成本优势也会逐渐消失。面对这个问题，内陆地区必须实行转型。这一阶段是新型贸易模式发展的重要磨合期，产业开始努力向"产业自主型"转变。在此阶段，要继续发挥政府作用，不断深化物流和保税政策，利用政府力量弥补成本劣势；发挥产业集群产生的规模效应，整合垂直生产链条，发展适应内陆地区的优势产业，形成内陆地区独特的区位优势。更重要的是，在劳动密集型产业日益丧失优势的背景下，除保留现有优势外，更要注重对技术的提升。要想实现产业的升级，真正在国际加工贸易中获得有利地位，产业工人也必须升级转型。这也为下一个阶段的发展做好了准备。总体来说，这个阶段是一个关键的过渡期，为真正实现自主打下基础。

三　成熟期

第三阶段是成熟期。到这一阶段，"市场驱动、产业自主发展"是主要特点。加工贸易产业集群形成，成熟的产业工人队伍壮大，产业链完善，技术创新能力不断增强、水平不断提高，自有品牌越来越多、影响力越来越大，核心竞争力越来越强，内生发展动力越来越足，加工贸易产业走上持续稳定健康的发展道路。[42]这一阶段的特点和发展路径是：

1. 自主性

要想真正突破传统加工贸易模式，打破发达国家在全球价值链高端的垄断地位，就必须实现自主发展，而不仅仅只是被迫承接。近年来国际上的一系列产业发展的现实和理论研究表明，产业升级和价值链攀升作为目标而言，其核心要素必然依赖于人力资本和技术进步的大幅提升，而不符合这种驱动的特质区域不可能实现产业升级发展。在这一阶段，新型加工贸易模式要充分发挥产业自身力量，实现从政府推动为主到市场机制为主的转变，实现产业自身的升级和发展，体现出自主性的特点。

2. 持续性

经过前两个阶段的转型积淀，这个阶段的产业发展通过各种"技术溢出"和"人力资本"增长路径，积累产业升级要素，实现了产业的自主升级，从而进一步实现了产业升级和价值链的攀升。新型的加工贸易模式实现了质的突破，充分发挥了产业的市场机制作用，同时辅助相应的政府力量，真正地在全球加工贸易网络中占据有利地位，并能持续不断地依靠自身力量进行发展，而不是依靠政策等短期刺激来促进发展，因而展现出发展的持续性。

3. 发展路径

这一阶段，重点和核心就在于技术的提高和高素质人才的培养。因此，研发中心对于内陆地区产业实现自主创新具有重要意义。大力引进和建设研发中心，不仅对于产业技术的升级起到关键作用，更重要的是对于创新型人才的培养和引进影响深远。创新型人才是产业自主可持续发展的基础和根本动力，因此，对于人才的引进、培养以及保留是第三阶段的重中之重，通过以研发中心为主要载体，加强"政、产、学、研"的合作，加快科技成果的转化。大力推出自主品牌，打造内陆地区品牌形象，只有通过这种可持续发展的新型加工贸易模式，内陆地区才能真正实现产业的升级转型，实现从劳动密集型产业为主转变为技术密集型产业为主的目标。

综上所述，本书认为，在内陆加工贸易模式的不同发展阶段，重点侧重打造的关键因素各有不同，分别是：第一阶段"政府主导期"应着力打造适应加工贸易的保税物流体系、引进龙头企业及上下游企业形成产业集群；第二阶段"政府和产业融合期"应主要深化产业集群因素并着力提升产业工人福利和进行产业工人培养，形成加工贸易长远发展的人力资本积累；第三阶段"产业自主期"应重点进行研究能力提升及研发中心培育，以期摆脱对政府依赖，突破传统模式的瓶颈，走提升价值链、产业自主可持续发展的道路。后文的理论及实证分析也按此阶段分析和因素选择顺序依次展开。

第四章 内陆加工贸易模式的基本框架

本章根据前述典型加工贸易模式和中国内陆现有加工贸易模式的共同经验及概念界定，基于产品内分工理论中的产业集群理论、价值链理论、福利经济学等视角，从理论上论证争取内陆保税政策、打造现代物流服务体系、引入产业集群、留住产业工人、培育研发中心五个影响因素对于发展内陆加工贸易模式起到关键性的作用。

第一节 完善的保税体系

一 内陆加工贸易与保税体系

保税体系是发展加工贸易，尤其是内陆加工贸易的必要条件。改革开放以来，我国加工贸易的分布呈现明显的区域特征，以沿海地区为主，2015 年，上海、广东、江苏、浙江、山东、福建、辽宁、天津 8 省市的加工贸易额占全国的 80.45%，而后 10 位的省（市、区）加工贸易出口额占全国的比重不到 3%。由于内陆地区没有获得海关通关服务及监管许可，仅有的不到 6% 的加工贸易额的进出口全部要在沿海甚至我国香港、新加坡转口，产生"境外一日游"的奇特现象，使内陆地区加工贸易成本高、效率低、周期长等，缺乏发展加工贸易的环境条件。随着东部沿海地区的经济发展，其原有的低成本优势逐渐丧失，加工贸易逐渐向中西部地区转移。发展内陆加工贸易，获得国家保税政策的支持成为关键。加快构建完善内陆保税体系，在海关通关服务及监管、税收及融资政策等方面具有更多的优惠条件，既有利于缩小东中西部地区差距，又有利于增强内陆地区参与国际产品内分工的竞争力，实现加工贸易产业由东部向中西部转移，实现产业结构优化调整，促进中西部加工贸易产业快速发展。

二 保税体系理论概述

内陆保税区的相继建立促进了中西部地区加工贸易的发展。保税区的正常运作受到诸多因素的影响，例如通关效率、优惠政策、基础环境等，许多专家学者都对其进行了详细的研究。蔡玉凤和胡华强分析了海关通关与监管中存在的问题，介绍了综合保税区的通关模式和监管模式。[36] 何晓玲分析了我国保税区的现状及优惠政策的发展，并对区内企业税收筹划做出了详细的研究。[37] 与此同时，何晓玲对保税区的基础环境、监管环境以及各个地方保税区的情况进行了研究和说明。刘兴开和周晗从经济总量、进出口贸易、高新技术产业发展和社会效应四个方面，利用2007—2009年各保税区的面板数据就保税区对腹地的拉动效应进行了实证分析。[38]

以上对保税区研究的文献大多从实际问题出发开展定性理论研究，很少建立数学模型，从定量分析的角度讨论保税区对促进加工贸易的影响。本书的研究以跨国公司在保税区区内、区外的加工贸易为背景，建立动态的分析模型，研究保税体系建立对发展加工贸易，促进区域经济发展的关系。

三 动态垄断定价模型的构建

建立保税体系并引入加工贸易产业，可以通过创造就业岗位、增加出口贸易和外汇收入、技术外溢等来推动当地经济的发展。因此，本部分建立动态垄断定价模型，从保税体系对区域经济发展影响的角度，探讨加工贸易通过技术外溢效应促使当地经济发展的机制。

1. 模型假设

（1）设跨国公司在保税区生产产品的单位成本为 C_1，在区外生产产品的成本为 C_2，在不失一般性的情况下，我们假设 $C_1 < C_2$，并且 C_1、C_2 是常值，不随时间而改变。

（2）在任何时间 t，跨国公司在保税区的子公司的产品产量是 $Q_1(t)$，在保税区外其他地方子公司的产品产量是 $Q_2(t)$。为了简化模型，我们假设保税区内该产品都由该跨国公司的子公司来生产。而且区内、区外生产的产品在世界上以跨国公司的定价 $P^*(t)$ 来销售。

（3）跨国公司在保税区内受技术（包括设计、工艺、管理、营销和市场信息）外溢的影响是不可避免的。而这恰恰给了当地企业学习跨国公司的机会，有助于提高公司的生产力和国际竞争力，促进当地出口贸易和经济的增长。我们假设在任何时刻当地企业的产品出口量为 $Q_n(t)$，它是连续的二阶可微函数。

（4）令 $T(t)$ 为技术外溢或学习因子。假设 $T(t)$ 与 $Q_1(t)$ 有关，且可以表示成 $\dot{T}(t) = \alpha Q_1(t)$。$\alpha$ 是一个正常数，上面公式表明，技术外溢与保税区的经济规模有关，保税区的经济规模越大，技术外溢就越强。技术外溢是一个时间积累的过程，它受到很多因素的影响。例如，当地劳动力的受教育水平和他们的学习态度，当地公司的模仿能力和适应能力，以及其他便利的公共政策。

（5）假设 $P(t)$ 为世界价格 $P^*(t)$ 和国内价格 P_0 之差，即 $P(t) = P^*(t) - P_0$。

（6）当 $Q_n(t) > 0$ 时，$P(t)$ 是正数。假设 P_0 不随时间而改变，则 $P(t)$ 和 $P^*(t)$ 随时间相互交替变换。在这些假设条件下，本国出口额 $Q_n(t)$ 可表示为：$Q_n(t) = Q_n[P(t), T(t)]$，其中假设 $Q_n(t)$ 关于 $P(t)$ 和 $T(t)$ 的一阶和二阶偏导数是正数，二阶混合偏导数也是正数。

（7）考虑到当地企业的进入和发展，假设跨国公司的世界市场需求为 Q，表示为：$Q = Q_1(t) + Q_2(t) = a - bP^*(t) - Q_n[P(t), T(t)]$，其中 a 和 b 是正常数。

2. 模型建立

根据价格决定原理，假设跨国公司在市场需求和技术外溢的约束下，用 $P^*(t)$ 来使其全球利润最大化。则跨国公司必须解决以下公式：

$$\text{Max}(P^*(t) \int_0^\infty \{[P^*(t) - c_1]Q_1(t) + [P^*(t) - c_2]Q_2(t)\}e^{-rt}dt)$$

s. t

$$Q_1(t) + Q_2(t) = a - bP^*(t) - Q_n[P(t), T(t)]$$

$$P(t) = P^*(t) - P_0$$

$$\dot{T}(t) = \alpha Q_1(t)$$

$$T(0) = T_0$$
$$a, b, \alpha > 0, 0 < r < 1, c_1 < c_2 \tag{4-1}$$

式中，r 为折现率常量。

由式（4-1）得汉密尔顿式：

$$H = [(P^* - c_1)Q_1 + (P^* - c_2)Q_2 + \lambda\alpha Q_1]e^{-rt}$$
$$= \{(P^* - c_1)(a - bp^* - Q_n) + [(c_2 - c_1) + \lambda\alpha]Q_1\}e^{-rt} \tag{4-2}$$

对于控制变量 P^* 来说，令 $\frac{\partial H}{\partial P^*} = 0$，可得：

$$P^*(t) = \frac{a - Q_n + C_2\left(b + \frac{\partial Q_n}{\partial P^*}\right) + [C_2 - C_2 + \lambda\alpha]\frac{\partial Q_n}{\partial P^*}}{2b + \frac{\partial Q_n}{\partial P^*}} \tag{4-3}$$

为了找出 P^* 的时间路线，对式（4-3）求关于 t 的导数，并将 $\overline{Q_n} = \frac{\partial Q_n}{\partial T}\overline{T} + \frac{\partial Q_n}{\partial P^*}\overline{P^*}$ 代入可得：

$$\overline{P^*} = \frac{\alpha\frac{\partial Q_1}{\partial P^*}\overline{\lambda} - \frac{\partial Q_n}{\partial T}\overline{T}}{2\left(b + \frac{\partial Q_n}{\partial P^*}\right)} \tag{4-4}$$

由式（4-4）可以看出，等式右边的分母是正数，$\overline{P^*}$ 的正负由分子的正负决定。其中，$\frac{\partial Q_n}{\partial T}\overline{T}$ 代表学习因子 T 在关于本国出口额的改变的边际效应。而 $\alpha\frac{\partial Q_1}{\partial P^*}\overline{\lambda}$ 是跨国公司目标函数的价格效应。为了提高贴现利润，跨国公司可能会选择在任何时刻 t 通过限制保税区子公司的生产 Q_1 来提高世界价格 P^*，而由 $T(t) = \alpha Q_1(t)$ 可知，减少 Q_1 会降低学习因子 T 的变化率。在其他条件相同的情况下，只要学习因子 T 关于本国出口额 Q_n 的边际效应充分高，那么以跨国公司的目标函数来评估这个价格政策就会非常有效。

结论 1：考虑技术外溢，如果内陆地区企业对技术外溢的响应足够充分，那么无论世界价格是否增长，保税区东道国非加工贸易产品出口额都会随着时间的积累不断增长。

接着分析 $Q_1(t)$ 的时间路径。在式 $Q = Q_1(t) + Q_2(t) = a - bP^*(t) - Q_n[P(t), T(t)]$ 中求 Q_1 关于 t 的导数，得：$\overline{Q}_1 = -b\overline{p}^* - \overline{Q}_n$。

则正负取决于下式：

$$b \lessgtr -\overline{Q}_n / \overline{p}^* \tag{4-5}$$

因为 b 是一个正常数，只要 $\overline{p}^*$ 和 $\overline{Q}_n$ 同号，等式 $\overline{Q}_1 = -b\overline{p}^* - \overline{Q}_n$ 将会是负值。设存在两种情景：①p^* 随时间增加；②p^* 随时间减小，Q_n 随时间增加。那么不等式（4-5）可以写为：

$$b \lessgtr |\overline{Q}_n / \overline{p}^*| \tag{4-6}$$

这样，无论 Q_1 是否随时间增加取决于需求对于价格反映的相对量和 Q_n 关于 p^* 随时间的比率的变化。如果 b 足够大，即市场需求曲线很陡，Q_1 将会随时间降低。

结论2：随着时间的推移，在技术外溢效应的作用下，当地企业的竞争力不断增强，保税区内的比较优势逐渐丧失，而保税区内经济体将逐渐和区外经济体融合，实现区域经济的发展。

四 模型内涵

本节运用垄断定价模型，考虑保税区内加工贸易企业的技术外溢效应，讨论加工贸易产业对区域经济发展的推动机制，以及保税区发展的最终趋势。得到以下结论：

（1）保税区在引入加工贸易后可以通过技术外溢效应促进区域经济的发展。

近年来，以加工贸易为媒介，发达国家、地区的资本、技术和知识逐渐转移到欠发达的国家、地区。保税区作为引入、发展加工贸易的必要条件，需要给予足够的重视。为发挥保税区的作用，确保当地经济对于技术外溢效应的响应速度和深度，应加强保税区基础设施建设，加强招商引资增加国外资本的定向投资和保税区的出口，为技术外溢提供必要的环境。

（2）加工贸易量的增加，无疑会促进保税体系的完善和基础设施的升级和改造；保税区发展的最终趋势是与当地或本国经济相融合，实现产业结构升级，由加工贸易转变为出口贸易，实现由中国制造走向中国创造。

内陆地区发展加工贸易，不仅仅是对原有沿海地区加工贸易的简单承接，而是需要在承接加工贸易实现产业结构调整的基础上，加强自主创新，产业发展，实现以加工贸易为主逐渐转变为以出口贸易为主的目标。

第二节　现代物流体系

一　内陆加工贸易与现代物流

产品内分工加工贸易物流具有大进大出、物流链长、专业化程度高、受海关监管等特点。相比于沿海地区，首先，内陆地区在地理位置上有先天缺陷，进出货物在到达沿海港口后还有上千公里的距离才能到达内陆主要城市，物流链长；其次，内陆地区的物流基础设施落后于沿海地区，需要建设高效便捷的物流网络；最后，内陆地区物流的专业化程度也不如沿海地区高。基于此，要在内陆地区发展加工贸易，促进产业结构转型，必须克服先天缺陷，弥补后天不足，多管齐下，政企联合，打通内陆加工贸易产业的脉络（见图4-1）。

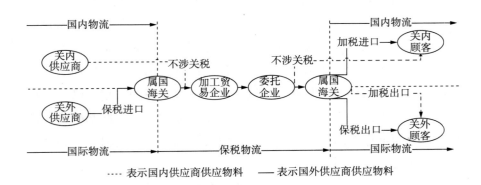

---- 表示国内供应商供应物料　——表示国外供应商供应物料

图4-1　加工贸易物流示意

二　加工贸易物流理论概述

由于加工贸易的主要承接国家是发展中国家，所以目前国外学者关于加工贸易物流方面的高水平研究较少。

李金辉和白雪洁从现代物流对产业结构演变作用的角度进行了分析，认为发展现代物流体系，有助于引进加工贸易优势产业的龙头企业，促进我国产业结构的转型升级。[39]鞠颂东和琚泽钧以 IT 类产品加工贸易为例，对现有该类型企业外部物流成本高、效率低的问题进行了研究，通过系统动力学模型对加工贸易物流中的各个因素对物流绩效的影响进行了分析。[41]王慧珍指出"物流速度和属地配套服务能力已成为经济发展的重要原因之一，加工贸易价值链向下游产业延伸是我国加工贸易发展的重要方向，这对我国的物流配送服务能力提出更高的要求"。[42]施永指出了目前加工贸易企业的物流存在的问题并提出了相应的对策，并总结了加工贸易企业物流的特点。[43]孔原和刘览通过实证分析得出，加快国际物流产业发展可以有效地促进包括加工贸易在内的进出口贸易发展。[44]王爱虎和伍诗莹同样通过实证分析，研究了加工贸易物流的另一个特征——保税。[45]孔芳对加工贸易企业的物流模式选择进行了系统的分析、讨论。[46]

基于此，本书考虑地理因素和宏观规划，对影响物流绩效的因素进行系统动力学模型分析，并在第六章做相应的实证分析。

三　内陆区域经济与物流的系统动力学模型

根据区域经济与区域物流之间的现实关系，建立内陆区域经济与物流的系统动力学模型。该类模型中的因果图是基础与关键，结合经济体系与物流的主要因素，构建如图 4-2 所示的因果反馈关系图。

图 4-2 中有两条因果关系反馈环：

区域经济规模—产业投资—物流需求—物流成本—区域经济规模；

区域经济规模—物流投资—物流供给—物流成本—区域经济规模。

第一个反馈环为负反馈环，第二个反馈环为正反馈环，通过这两个反馈环可以看出该模型的基本内在运作机理。基于该因果关系图，

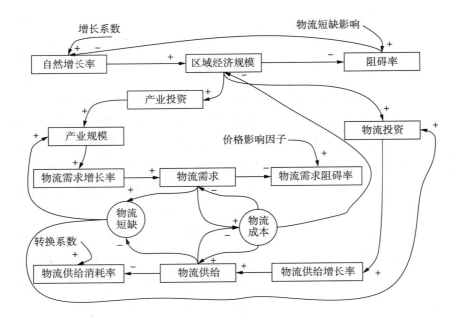

图4-2 内陆区域经济与物流系统动力学模型因果关系

可以得出更为详细的系统流程图（见图4-3）。接下来通过仿真实验，对内陆地区经济规模和物流之间的关系进行预测。

系统模型方程与说明：

（1）区域经济规模＝区域GDP；

（2）经济增长率＝EG，根据国内内陆地区近年经济增长的趋势，将经济增长率设为常数；

（3）物流短缺影响因子＝0.08，由于内陆地区物流欠发达，对经济增长的阻碍较高，所以对它的设定稍高于同类模型；

（4）物流需求＝区域物流需求初始值；

（5）物流需求增长率＝经济增长率×产业规模影响因子；

（6）物流需求阻碍率＝供需比×物流需求增长率；

（7）物流供给＝区域物流供给初始值；

（8）物流供给增长率＝自然增长率×物流投资影响因子；

（9）物流供给消耗率＝物流供给能力×消耗系数；

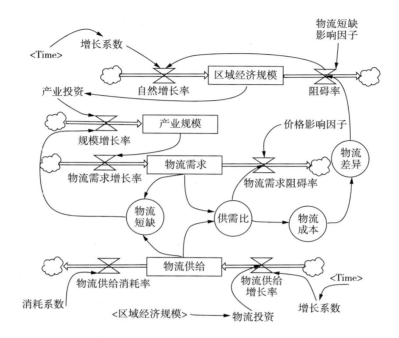

图 4-3　内陆区域经济与物流系统动力学模型流程

（10）消耗系数 = 0.035（基于实际统计数据）；

（11）产业投资 = 区域 GDP × 产业投资比例；

（12）产业投资比例 = 0.08（基于实际统计数据）；

（13）物流投资 = 区域 GDP × 物流投资比例；

（14）物流投资比例 = 0.045（基于实际统计数据）。

依据上述参数，对所建立的系统动力学模型进行仿真分析，主要探讨区域经济规模与物流供需之间的影响。

系统动力模型模拟结果：

1. 物流供给能力对区域经济的影响

在其他参数不变的前提下，改变物流初始供给能力，其中 A、B、C 分别代表初始物流供给高、中、低三种水平，可得如图 4-4 所示的仿真结果，说明物流供给能力对区域经济有促进作用，而且供给能力越大，促进作用越明显。

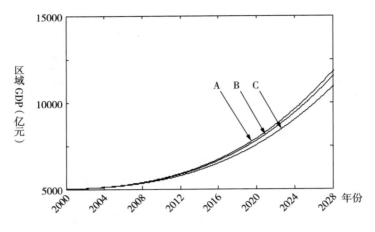

图 4 – 4　物流供给能力对区域经济的影响

2. 物流需求对区域经济的影响

同样，固定其他参数，取 A、B、C 三组物流需求初始值，代表物流需求高、中、低。由图 4 – 5 可得，物流需求对区域经济有促进作用。促进作用的大小不仅与需求本身相关，且与区域物流供给相关。结合图 4 – 6，在物流供需匹配度较高时，物流需求对区域经济的促进作用高于物流供需比较低的情形。

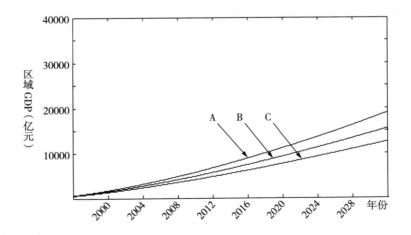

图 4 – 5　物流需求对区域经济的影响

3. 供需比对区域经济的影响

物流供应和需求不仅分别作用于区域经济，而且它们两者之间的匹配关系也对区域经济有一定影响。图4-6中，A、B、C分别代表物流供需匹配程度高、中、低三种情形，显然，物流供需匹配程度越低，对区域经济促进作用越有限，由仿真结果可知，如果物流供需匹配程度过低，甚至会使区域经济出现倒退。

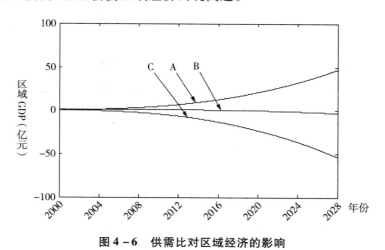

图4-6　供需比对区域经济的影响

结论1：区域物流的供需都对区域经济的发展起到一定的促进作用，促进程度受物流供需比的影响。供需匹配程度较高则相应的促进作用高，匹配程度较低则促进作用较低，甚至会阻碍经济发展。

4. 物流投资对物流供给能力的影响

图4-7中，A、B、C分别代表物流投资比例高、中、低三种情形可以看出，物流投资会促进物流供给能力的提升，提升幅度随投资比例的增加而增加。

5. 区域经济规模对物流需求的影响

图4-8体现了区域经济对物流需求的作用。由图4-8中可以看出，物流需求和区域经济规模正相关，区域经济对物流需求的拉动作用随区域经济规模的扩大而扩大。所以，如果区域经济规模增大，则有必要增加相应的物流供给能力以满足由于区域经济规模增长而产生的物流需求。

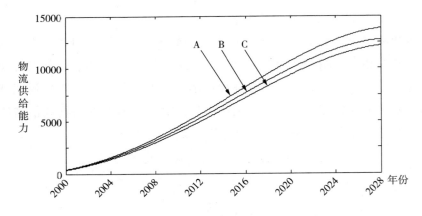

图 4 - 7　物流投资对物流供给能力的影响

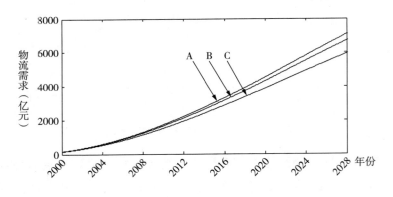

图 4 - 8　区域经济对物流需求的影响

结论 2：增加区域产业的投资会扩大物流需求，为了满足相应的物流需求，发展区域经济，就要加大物流投资，调整区域物流供需比。

四　模型内涵

本节运用系统论的观点，建立了区域经济规模、物流需求和物流供给的系统动力学模型，通过分析可以得到：

（1）内陆地区发展加工贸易必然会带来物流需求，要加大物流建设，增强物流供给能力。内陆地区发展加工贸易产业，必然会增加区域经济规模，从而使物流需求增大。而内陆地区目前的物流建设状况相较于沿海地区不够完善，加上内陆地区地理位置的劣势，内陆地区对物流环境保障具有更高的要求。从仿真结果可得，如果一个地区的物流供应低于其需求时，将会阻碍区域经济的发展，所以内陆地区必须大力开展物流建设，打造现代物流体系。

（2）在物流供给能力建设的过程中要兼顾长期规划和物流供需比。物流基础设施周期较长，在规划和建设过程中，既要注重供需比，也要注重长期规划。

在建设过程中，首先应该完善区域物流，增加物流建设投资，包括由政府投资为主的基础建设和物流企业自身的投资，增强区域物流能力，提升物流效率，降低物流成本。内陆物流成本的进一步改善将有利于产业集群的形成和发展。而产业集群的形成又将缩短集群内企业之间的物流距离，大大降低产品的物流时间，提升物流效率，降低物流费用，从而降低了内陆地区在发展加工贸易过程中产生的物流成本。

其次应该完善内陆地区国际物流通道的建设。国际性运输通道的建立对于内陆地区发展开放型加工贸易来说至关重要，是内陆地区发展外向型经济和满足国际物流需求的关键。内陆"渝新欧"国际铁路大通道的建设，对于"亚欧大陆桥"的运行起到了很大作用，显著提高了集群内的跨国企业同欧洲之间贸易的便利性，而且大幅减少运输在途时间，增强内陆加工贸易产业集聚区的开放程度，这对内陆地区参与产品内分工起到了极大的促进作用，而且还会吸引到更多相关产业的生产制造企业落户内陆地区，强化产业集群，进一步使内陆参与到产品内分工中。

第三节　产业集群

一　内陆加工贸易与产业集群

产业集群通过空间聚集，缩短产业链企业间距离，促进分工专业化，降低物流费用，提升区域产业竞争力。一个国家或者一个地区，如果只拥有一定的产业发展基础与研发配套服务，而没有形成相对完善的产业集群区，产品内分工是不能得到进一步深化和发展的。例如Kimura 和 Ando 所看到的，尽管拉丁美洲享有同美国比邻的区位优势和劳动力成本低廉的比较优势，但是，由于缺少相关产业的聚集和规模经济，产品内分工网络的发展远远不如东亚的情况。[98]内陆加工贸易产业不仅需要建立产业集群，而且需要由传统的"水平整合"模式向"垂直整合"模式转变，即由沿海地区加工贸易"多头在外、一头在内""大进大出"的模式转变为内陆加工贸易"一头在外、多头在内""小进大出"的模式，提高物流效率和产业集聚度。下面进一步探讨产业集群及其组织方式对区域经济的影响。

二　产业集群理论概述

产业集群作为一种新生的、独特的产业组织形式，在区域经济的发展中发挥着越来越重要的作用。魏守华等指出了三种主要区域经济发展理论的不足，并通过新、旧区域经济发展理论的对比及国内外实践，强调产业集群对区域经济增长的促进作用。[47]涂山峰和曹休宁将区域品牌作为一种无形资产，通过索洛模型说明了区域品牌对区域经济的推动作用。[48]惠宁认为，随着产业集群的不断成长，由集群效应带来的收益在区域总资产中的比例不断增长。[49]张涌在新古典经济增长模型的基础上，从定性层面说明了在一定条件下，产业集群中的无形资产会提高区域内的人均资本和人均产出。[50]赵军和时乐乐从区域经济发展的角度，根据九个省份的数据对中国产业集群进行了绩效评价，得出产业集群对区域经济的发展具有明显的推动作用的结论。[51]

本书同时考虑产业集群对区域经济发展推动的有形要素和无形要素，统称为集群效应，通过索洛新古典经济增长模型，分析集群效应与区域经济发展之间的关系。

三　集群效应模型

产业集群对于区域经济的发展促进作用可以分为有形要素和无形要素两类，有形要素主要指集群内企业较低的生产成本以及外部规模经济效应；无形要素主要指由于产业集群的聚集而形成的区域品牌和创新体系等。此处将有形要素和无形要素统称为集群效应，将其加入到索洛新古典经济增长模型中，分析产业集群对区域经济发展的作用。

1. 模型假设

（1）社会生产的规模报酬不变；

（2）各个要素的边际产出均大于零，而且边际生产率是递减的；

（3）产出函数满足稻田条件；

（4）储蓄全部转化为投资，即储蓄—投资转化率假设为 1。

2. 参数选取

∂ 表示资本产出弹性系数，$\partial = \dfrac{\partial Y}{Y} \Big/ \dfrac{\partial K}{K}$，表示资产投入的变化引起产值变化的速率，$\partial \in (0, 1)$；$Y$ 表示一定区域内的社会总产品的产量即总产出，y 表示人均产出；K 表示区域内用于生产经营的资本，k 表示人均资本；L 表示用于生产经营所需要的劳动；A 表示区域内投入生产经营的知识；J 表示产业集群规模；$J_{(t)}$ 和 $W_{(t)}$ 分别表示在索洛中性定义与哈罗德中性定义下某一给定时刻 t 的产业集群规模，其变化率分别为 U 和 V，并且取其初始值 $J_{(0)} = 1$，$W_{(0)} = 1$；h 为人口增长率，$h = \dfrac{\mathrm{d}L}{\mathrm{d}t} \big/ L$；$r_k$ 为人口增长率，$r_k = \dfrac{\mathrm{d}K}{\mathrm{d}t} \big/ K$；$\alpha$ 表示区域内存储率；β 表示区域内有形资产折旧率。

3. 模型构建

索洛经济增长模型属于新古典经济增长模型，主要考虑参量为资本和劳动，基本模型为：

$$Y = A \times F(K, L) \qquad\qquad (4-7)$$

在知识的作用下，当前单位劳动投入带来的贡献相当于过去的 A 倍，即在时间的推移过程中，当用于生产经营的劳动投入量保持稳定不变时，其实际的有效劳动是在不断地增加的。即生产函数可写为：

$$Y(t) = F(K(t), A(t)L(t)) \qquad\qquad (4-8)$$

考虑产业集群对产出的影响，将其与劳动和资本同样作为产出函数变量，此时产出函数为：

$$Y = F(K, L, J) \tag{4-9}$$

其中，式（4-9）满足规模报酬不变和"稻田条件"，考虑产业集群规模，假定：$\dfrac{\partial F(K, L, J)}{\partial J} > 0$，即随着产业集群规模的扩大，集群内总产出也随之增大。

由于产业集群能自发地产生创新模仿效应，从而使集群内单个企业的创新成本得到下降，企业的生产经营技术也相应地得到了提高，结合索洛中性定义和哈罗德中性定义，生产函数可以表述为：

$$Y_{(t)} = F(J_{(t)}K, \ W_{(t)}L) \tag{4-10}$$

因此有：

$$\frac{Y_{(t)}}{K} = e^{vt} f(e^{(h+U-V-r_k)} t) \tag{4-11}$$

由式（4 - 11）得资本存量增长率：$r_k = \alpha Y_{(t)}/K = \alpha e^{vt}$ $(e^{(h+U-V-r_k)})$

当产业集群达到一定规模后，除会降低企业的有形成本外，还会形成无形资产，如区域品牌、创新体系等，统称集群效应。集群效应对区域和集群的发展具有重要意义。假设区域集群效应可以被集群企业共享，集群内单独企业所拥有的集群效应存量为：

$$p_g = \frac{G}{M} \tag{4-12}$$

其中，G 表示产业集群的集群效应；M 表示该产业集群内的企业总数量。

在社会经济自由发展的状态下，一个区域集群效应与区域总资本存量正相关：$G = \lambda K$，其中 λ 表示集群效应转变系数，不同的集群组织形式对应不同的转变系数。

结论1：集群效应的大小与区域资本存量和集群形式相关。一定的区域资本存量是实现集群效应的前提，而集群效应与区域资本存量之间的比例关系由集群方式决定。

当某一区域的经济在 t 时刻达到稳态时，其人均资本存量会保持稳定不变，由此可解得此时的人均资本存量为：

$$k_t = \frac{\alpha}{\beta + h - \lambda}^{\frac{1}{1-\partial}}$$ (4 – 13)

同理，解得该时刻下的人均产出水平为：

$$y_t = \frac{\alpha}{\beta + h - \lambda}^{\frac{1}{1-\partial}}$$ (4 – 14)

如图 4 – 9 所示，在产业集群还没有建立之前，区域内的实际投资就是有效人均产出 y 中存储起来用于投资的资金即 αy_1，此时产出如图 4 – 9 中曲线 1 所示。随着产业集群的发展，集群效应 G 在区域资本存量中所占的比例 λ 就会不断地增大，此时用于投资的资金除上述的有效人均产出中存储的用于投资的资金外，还包括集群效应带来的投资 λk，所以考虑产业集群，用于投资的总资金为 $\alpha y_2 + \lambda k$，此时产出如图 4 – 9 中的曲线 2 所示。

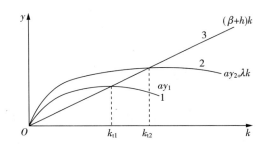

图 4 – 9 稳态时随着产业集群无形资产的增长人均产出和
人均资本存量的关系

由于资本的时间价值，其在使用的过程中会折旧，同时有效劳动的增加使其边际效益减少，为了保持有效人均资本不变就必须进行投资，该投资被称为持平投资，即 $(\beta + h)k$。随着产业集群的发展，集群效应随之增长，导致在时刻 t_1 至 t_2 之间，集群内的人均资本存量和有效人均产出发生明显变化。

结论 2：产业集群可以促进区域人均资本存量的增加，从而促进区域经济的发展。

四 模型内涵

（1）内陆地区要发展加工贸易，打造加工贸易产业集群，首先需要形成一定的区域资本存量。区域资本存量是区域经济发展的必要前提，然而内陆地区经济基础薄弱，要想形成一定的区域资本存量，主要依靠两点：一是加大政府投入，重点放在前期投资量大、回收周期长等基础设施建设方面；二是积极引入产业内的龙头企业，创造加工贸易产业需求，发挥龙头企业的带动效应，依靠市场力量扩大区域经济存量。

（2）注重集群形式构建，更好地发挥集群效应。产业集群效应的发挥不仅依赖于区域经济存量，而且依赖于产业集群的组织形式。如何组织更为有效的产业集群也是内陆地区发展加工贸易产业的重要考量因素。传统的加工贸易产业集群主要是由加工、组装企业和配套供应商组成的"水平整合"产业集群，将整个价值链中"组装"的最低端布局在加工成本最低的地区，虽然对承接加工贸易产业的地区可以形成一定规模经济效应，但是可持续发展集群效应并不明显。所以，内陆加工贸易的产业集群要改变传统加工贸易产业集群的概念，在"水平整合"的基础上，同时考虑"垂直整合"，不仅可以有效降低物流成本，提升承接国际产品内分工加工贸易竞争力，而且可以进一步壮大产业工人队伍，形成产业技术核心竞争力和品牌效应，延长当地加工贸易产业链长度，促进产业向价值链的高端攀升，扩大加工贸易集群效应。

第四节 产业工人队伍

一 内陆加工贸易与产业工人比较优势

近年来，随着中国经济发展、产业结构的逐步升级，制造成本提升，劳动密集型工厂经营难以维系，东部沿海加工贸易逐渐失去了原有的国际国内竞争优势，"民工潮"开始有所平息，甚至出现了"民工荒"的现象。而内陆地区却由于具备劳动力和土地成本及数量的比较优势，在加工贸易的承接中迅速崛起。在内陆大力发展加工贸易的背景下，吸引产业工人从沿海回流到内陆，并持续在内陆加工贸易企业工作。本节根据马斯洛需求层次的理论，假设除传统理论所探讨的工资因素外，还存在包括"职业物品"和"社会物品"的"公共物品"因素对区域劳动力的福利和流动产生影响，并在下文中利用模型来证明其影响机制。

二　产业工人比较优势理论概述

无论是国际还是国内的研究，在试图利用福利理论来解释劳动力流动对于区域的影响时，都将着眼点集中于劳动力工资方面，通过单一因素的分析来阐述劳动力在区域间流动对区域总收入带来的影响。

国外研究中，Lewis 的《无限劳动力供给条件下的经济发展》[99]以及 Todaro 的《欠发达国家的劳动迁移与城市失业模型》[100]虽然就劳动力如何影响区域经济得出了截然相悖的结论，即前者认为应该放任劳动力的流动，而后者认为应该对劳动力流动加以约束，但是其分析因素——劳动力工资却是一致的。保罗等曾提到福利的含义并不局限于要素工资而同时还囊括了城市环境、交通拥堵等相关因素，但却仅仅是一带而过，并未将其在模型中予以证明。[52]

而在国内研究方面，对于福利视角下劳动力流动影响的相关研究纷繁复杂，但是总体上也和国际学界研究相同。

李平[53]、史耀波和刘晓滨[54]明确提到了社会福利对劳动力市场供求的影响。李春林也提到了公共物品和福利经济的融合，但是他们却都没有融入"产品内分工"的大框架之中，缺乏对区域间劳动力流动的探讨。[55]严浩坤认为，劳动力流动在一定程度上扩大了中国地区差距和城乡差距。[56]赵伟和李芬认为，高技能劳动力流动所产生的集聚力量远大于低技能劳动力流动。[57]许召元和李善同认为，单纯的劳动力输出并不能缩小同发达地区人均产出的差距。[58]以上研究都没有涉及对劳动力工资以外的福利影响因素的探讨。沈满洪和谢慧明预测了公共物品和空间经济学、福利经济学的结合将是未来研究的趋势[59]，但却没有进行详细的论述。

本书借助空间经济学假设，构建两区域人口流动模型及相关福利模型，分别选择劳动力实际工资、职业物品和社会物品为研究对象，分析以上三个因素对区域劳动力福利和流动趋势的影响。其中，职业物品是指为了提高加工贸易产业工人业务技能和业务经验，而由加工贸易所在地政府和相关企业提供的服务物品；社会物品指为满足加工贸易产业工人深层次需求的医疗、教育、住房等物品。以上两者都属于公共物品。

三 单区域模型

1. 模型假设

（1）假设系统中存在两个区域（1和2）。两个区域在偏好、贸易开放度和技术以及在初期的要素拥有上是相同的。

（2）假设每个区域中存在两个部门，农业部门 A 和制造业部门 M。农业部门规模收益是不变的而且有完全竞争的出现，生产单一产品；制造业部门规模收益递增而且出现垄断竞争，生产多种产品；两个部门各自使用一种生产要素，即制造业劳动力 L^M 和农业劳动力 L^A，同时假定各自要素供给量不变。两部门的产品都可以贸易，贸易在区内和区际都可以进行。

（3）工业贸易区内无成本，区际成本用"冰山"成本表示，即想要运送 $1/T_n$ 到目的地，则必须发送1单位的工业制成品。其中 A 为农产品，M 为制成品，τ 为运输成本系数。

（4）区域之间户籍限制对劳动力公共物品获取难易程度有影响，当劳动力在户籍所在地就业时，获取公共物品更加容易。

2. 参数选取

γ 代表区域集聚程度，$\gamma \in (0, 1)$。随着 γ 的上升，区域集聚程度不断增加。当 γ 无限趋近于0时，两区域无限趋向于对称；当 γ 无限趋近于1时，1区域聚集程度达到最高，2区域空心化达到最大化。

3. 单区域模型构建

（1）总福利效用：将劳动力总福利函数表述为：

$$U = \omega_m + D + S \qquad\qquad (4-15)$$

其中，U 表示劳动力所获得的总福利，ω_m 表示制造业实际工资，D 表示区域提供的促进职业生涯发展的福利，如职业技能培训、岗位上升空间等，即职业物品，S 表示区域所提供的医疗、教育、养老等促进社会生活保障的福利，即社会物品。

（2）职业物品带来的福利：

$$D_i = (1 - \gamma) L_M^{\frac{1}{1-\gamma}} \qquad (4-16)$$

职业生涯发展仅存在于制造业，而且技能培训等职业物品作为一种公共物品和公共服务的体现，应该平等地提供给所有制造业从业者，所以此处定义职业物品福利仅和制造业劳动力数量有关。

（3）社会物品带来的福利：

$$S = \frac{1}{1-\gamma} N^{1-\gamma} \qquad (4-17)$$

其中，N 表示区域总人口，由于社会保障的提供面向全社会，与所从事行业无关，是全社会所有人口的共同福利，所以此处社会物品的定义仅与人口有关，和其他因素均无关系。

（4）下面修改冯·杜能的单中心经济体模型，来定义单个经济体区域 1（见图 4 - 10）。

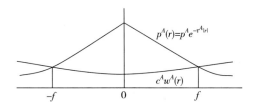

图 4 - 10　冯·杜能的单中心经济体

设 $p^A = p^A(0)$ 为农产品在中心城市的价格。当农业地区每区域生产 1 单位产品，当地消费饱和后运往经济体中心。在冰山成本影响下，农产品价格随着距城市中心距离递减而递减：

$$p^A(r) = p^A e^{-\tau^A|r|} \qquad (4-18)$$

设 $R(r)$ 为地区 r 的地租，$w^A(r)$ 为农业劳动力的工资率：

$$R(r) = p^A(r) - c^A w^A(r) = p^A e^{-\tau^A|r|} - c^A w^A(r) \qquad (4-19)$$

由于租金在城市边界为 0，可得标准化农民工资：

$$w^A(r) = \frac{p^A e^{-\tau^A f}}{c^A} \tag{4-20}$$

中心城市收入来源于制造业，即 $L^M w^M$，其余地方的收入等于农产品价格 $p^A(r)$。我们将城市人口（制造业工人）工资 w^M 标准化为 1，由标准化方程 $p_r^M = w_r^M$ 得：

$$p^M(0) = w^M(0) = 1 \tag{4-21}$$

又价格指数为：

$$G(r) = \left[\frac{1}{(\mu)} \sum_{s=1}^{R} L_s^M (\varpi_s^M T_{sr}^M)^{1-\sigma}\right]^{1/(1-\sigma)} \tag{4-22}$$

所以可以简化为：

$$G(r) = \left(\frac{L^M}{\mu}\right)^{1/1-\sigma} e^{\tau^M |r|} \tag{4-23}$$

定义 $G \equiv G(0)$ 表示中心城市的价格指数。

这样我们就完成了对于区域 1 的定义。同理可以定义区域 2。

首先，我们由农产品供给等于需求以及农民和工人的实际工资相等（$\omega^A(r) = \omega^M(0)$）得出两个均衡方程：

$$p^A = \frac{(1-\mu)(N - 2c^A f)}{2\mu \int_0^f e^{-\tau^A |s|} \mathrm{d}s} \tag{4-24}$$

$$p^A = c^A e^{\mu(\tau^A + \tau^M)f} \tag{4-25}$$

同时可知 $f = (N - L^M)/2c_A$，所以实际工资与边界位置的函数关系即人口与实际工资的关系。

$$\omega \equiv \omega^M(0) = \left[\frac{2(1 - e^{-\tau^A f})}{(1-\mu)\tau^A}\right]^{\mu/(\sigma-1)} \left[c^A e^{\mu(\tau^A + \tau^B)f}\right]^{\mu\sigma/(\sigma-1)-1} \tag{4-26}$$

对 ω^M 求 f 的全微分得：

$$\frac{\mathrm{d}\omega}{\mathrm{d}f} = C_1 \omega \left[\frac{\mu - \rho}{1 - \rho} + \frac{\tau^A}{\tau^A + \tau^M} \frac{e^{-\tau^A f}}{1 - e^{-\tau^A f}}\right] \tag{4-27}$$

1）实际工资随人口的变动趋势

其中，C_1 是大于零的常数。则可以画出图形：

违背非黑洞条件时（保罗等），$\frac{\mathrm{d}w}{\mathrm{d}f} \geqslant 0$，即实际工资随着人口递增。满足非黑洞条件时，二者相对变化分为两个阶段：当 f 较小时，斜率大于零；而当 f 增加到一定程度时，斜率小于零，因此可得图 4-11。

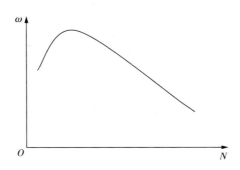

图 4-11　工资人口关系

结论 1：人口与实际工资的变化关系呈倒 U 形，实际工资随人口增加先递增后递减。在人口增长的初期，当地经济迅速发展，所以使得劳动力的工资迅速提高；但是随着人口大量增加，区域经济开始呈现过热的态势，区域内土地、原材料等生产要素价格不断上升，随之带动物价上涨，促使区域内劳动力的实际工资开始下降。

2）职业物品随人口的变动趋势

同理，职业物品和人口之间的关系可以表达为：

$$D_1 = (1-\gamma)(N - 2C^A f)^{\frac{1}{1-\gamma}} \qquad (4-28)$$

其中，C^A 为农业人口密度，f 为区域距离中心经济体距离。所以，根据区域人口在区域内分布规律可将职业物品定义为上式。将职业物品转化为 f 的相关函数。

可得：

$$D = (1-\gamma)\left(\frac{2\mu(1-e^{-\tau^A f})}{(1-\mu)(1-\tau^A)}(c^A e^{\mu(\tau^A + \tau^M)f})^{\frac{1}{1-\gamma}}\right) \qquad (4-29)$$

对 f 进行全微分来刻画函数的主要特征可得：

$$\frac{\mathrm{d}D}{\mathrm{d}f} = C_2 D \left\{ \frac{1}{1-\gamma} \left[\frac{\tau^A e^{-\tau Af}}{1-e^{-\tau Af}} + \mu(\tau^A + \tau^M) \right] \right\} \qquad (4-30)$$

其中，C_2 为大于 0 的常数，所以可得函数图像如图 4 – 12 所示。

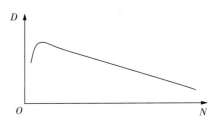

图 4 – 12 职业物品人口关系

由图 4 – 12 可知，当 N 较小时，$\dfrac{\mathrm{d}D}{\mathrm{d}f}$ 会随着 N 的上升而上升，而当 N 增长到一定程度时，$\dfrac{\mathrm{d}D}{\mathrm{d}f}$ 会随着 N 的上升而下降。

结论 2：随着人口的增加，最初职业物品会增加，而当人口上升到一定程度后，职业物品开始随着人口的上升而下降。在区域人口增长的初期，制造业规模小，生产标准化程度低，单个劳动力所要承担的生产工序较多，尚未形成流水作业、规模效应。因此，厂商需要对制造业工人进行大量的培训，以提高单个劳动力的生产能力来开展生产；在人口上升到一定水平以后，制造业劳动力增加，生产标准化、流程化程度提高，形成规模效应，企业产能相对稳定饱和，为减少成本，厂商所提供的职业物品水平不断下降。

3）社会物品随人口的变动趋势

同理，对社会物品分析可得：

$$S = \frac{1}{1-\gamma} N^{1-\gamma} \qquad (4-31)$$

又因为 $0 \leqslant \gamma \leqslant 1$，所以对 N 求导可得：

$$\frac{\mathrm{d}S}{\mathrm{d}N} = N^{-\gamma} \qquad (4-32)$$

可以得出 S 的函数图像如图 4 – 13 所示。

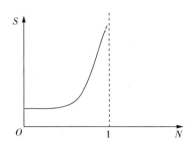

图 4 – 13　社会物品人口关系

由图 4 – 13 可知，S 会随着 N 的增长而增长，其增长速度会随着 N 的扩大而不断扩大。

结论 3：社会物品的供给随人口增长而不断增长。在人口增长的初期，社会财富积累较少，积累周期较长，劳动力公共意识薄弱，因此全社会内部的社会物品供给有限；而当人口增长到一定程度，社会财富的积累达到质变，开始呈现大规模的社会物品供给增长，而劳动力的公共意识也有所觉醒，对社会物品的需求逐渐增加，于是在后期，社会物品增速较快。

4. 两区域人口流动模型

下面我们引入人口向量，设沿海和内陆经济体总人口为 N^*，L_1 为内陆地区制造业人口，L_2 为沿海地区制造业人口，农业人口可以表示为 $L_A = N^* - L_1 - L_2$。所以，为了将独立的单中心经济体联系起来，我们可以引入人口向量：

$\hat{L}_1$、$\hat{L}_2$ 分别表示两区域之间的人口流动。

由于两区域中，劳动力总福利包含实际工资、职业物品和社会物品三个部分，所以，将潜在人口流动根据其动因分为三个部分：

其中，ϖ 表示两地平均工资，所以有：

$$\hat{L}_1^\omega = L_1(\omega_1 - \omega_2)$$
$$\hat{L}_2^\omega = L_2(\omega_2 - \omega_1) \tag{4 – 33}$$

同理可得职业物品引起的人口流动向量：

$$\hat{L}_1^D = L_1(D_1 - D_2)$$

$$\hat{L}_2^D = L_2(D_2 - D_1) \tag{4-34}$$

社会物品引起的人口流动向量：

$$\hat{L}_1^S = L_1(S_1 - S_2)$$

$$\hat{L}_2^S = L_2(S_2 - S_1) \tag{4-35}$$

张敬文（2005）、吕小燕（2006）和张原（2008）都论述了产品内分工在我国现阶段情况下，工资作为福利的一部分对劳动力的吸引力正在逐步下降，我们在此集中于职业物品和社会物品两类公共物品对劳动力流动的影响。

（1）职业物品。选取人口流动向量 $\hat{L}_1^D$ 来表示 1、2 两个区域之间因为职业物品差距引起的人口流动，其绝对值代表人口流动数量。

$$\hat{L}_1^D = L_2(D_1 - D_2) = L_2(1-\gamma)(L_1 - L_2)^{\frac{1}{1-\gamma}} = L_2(1-\gamma)^{\frac{1}{1-\gamma}} \tag{4-36}$$

为表示方便，选取 θ 代表 $L_1 - L_2$。

在本节中，假设人口在两区域之间流动存在两种形式，即人口从区域 1 流动到区域 2 和人口从区域 2 流动到区域 1，由于假设最初两区域为对称区域，所以仅选取其中区域 2 向区域 1 流动的部分来继续研究。

$\hat{L}_1^D$ 的函数图像如图 4-14 所示。

由图 4-14 可知，$\hat{L}_1^D(D_1 - D_2)$ 随 γ 的增加而减少，当 $r=0$ 时人口流动向量为 θ；当 $r=1$ 时，人口流动向量减小为 0。

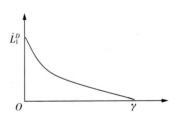

图 4-14　职业物品人口流动

结论 4：随着区域集聚程度的增长，为追求职业物品而从区域 2

向区域 1 流动的劳动力数量不断减少。在集聚程度不断提高的过程中，职业物品对劳动力的吸引能力在不断降低，在集聚程度达到顶峰时，职业物品对劳动力不构成吸引。

之前的单区域模型也证明了整个社会的职业物品供给呈倒 U 形，后期职业物品的供给和劳动力对它的期望会一起减小，但仍在整体福利水平中占据一定比重。

（2）社会物品。选取人口流动向量 $\hat{L}_1^S$ 来表示 1、2 两个区域之间因为社会物品差距引起的人口流动，其绝对值代表人口流动数量，其符号代表人口流动方向。

$$\hat{L}_1^S = L_2 (S_1 - S_2) = L_2 \frac{1}{1-\gamma}(N_1 - N_2)^\gamma = L_2 \frac{1}{1-\gamma}(L_1 - L_2)^\gamma = L_2 \frac{1}{1-\gamma}\theta^\gamma \tag{4-37}$$

$\hat{L}_1^S$ 取值的函数图像如图 4-15 所示。

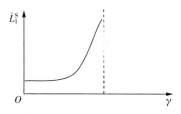

图 4-15　社会物品人口流动

由图 4-15 可知，$\hat{L}_1^S(S_1 - S_2)$ 随 γ 的增加而增加，当 $r = 0$ 时人口流动向量为 θ；当 $r = 1$ 时，人口流动向量无限趋近于 $+\infty$。

结论 5：随着集聚程度的提高，社会物品对劳动力流动的影响越来越大，劳动力开始向社会物品提供更多、更便捷的区域流动。社会物品的供给和劳动力对其的期望均呈现逐渐提升，且增速不断扩大的状态。

四　模型内涵

（1）从上述结论 1 可以看出，劳动力跨区域流动的最初动力为区域间名义工资的差别，为了追逐名义回报的最大化，我国出现内陆地区劳动力向沿海聚集的趋势，即"民工潮"。随着劳动力在沿海地区的高度聚集和长期聚集，集聚所带来的成本增加，主要体现为生活成本的增加，导致实际工资下降，从而削弱了工资对劳动力跨区域流动的影响。而内陆地区的相对廉价的生活成本和加工贸易发展、工资水平上升等优势在这一时期体现，从而吸引劳动力返回内陆地区就业。

（2）由结论 2 和结论 4 可以看出，职业物品的供给先增加后减少，而职业物品的需求呈现单调递减的趋势。职业物品的供给受加工贸易发展阶段的影响，在最初为提供大规模生产所需的技能，对劳动力展开职业培训，在后期由于专业化分工影响力度变大而逐步下降。但职业物品对其需求者劳动力，并不构成其跨区域流动的主要原因，虽然仍然是劳动力总体福利的组成部分，但是模型显示劳动力对职业物品的期望呈现下降趋势，内陆地区属于吸引劳动力回流的初期阶段，仍然需要加强职业物品的供给。

（3）由结论 3 和结论 5 可以看出，社会物品的提供随劳动力的集聚逐步增大，而劳动力对社会物品的需求也随着时间的推移显著增大，成为吸引并留住劳动力就业的主要力量。理论模型说明，在加工贸易发展到后期，要持续留住劳动力在当地就业，就需要着眼长远，集中为劳动力解决医疗、教育、工伤保险和养老问题等，满足其对社会物品的深层次需求和对企业以及当地政府的进一步要求。内陆加工贸易建设的过程中，应该顺应劳动力流动趋势，在保障劳动力基本工资与沿海差距不大、职业物品在初期加大力度建设的同时，建立健全完善的社会物品供给机制，为产业工人提供充足的医疗、教育、养老等方面的保障，全面提升产业工人福利，吸引充足的产业工人，以发挥内陆地区劳动力丰富的比较优势，提升内陆加工贸易模式的竞争力。

第五节 研发能力

一 内陆加工贸易与研发能力

中国内陆地区由于具备低廉的劳动力成本、土地成本、充足的能源和政府的政策支持等优势，具有承接东部加工贸易转移的比较优势，但存在技术水平低、基础设施差等无法忽视的劣势，因此在加工贸易中尚处于国际产品分工生产价值链的最低端，所获利润极其有限。因此，在发展内陆加工贸易、做大规模的同时，必须逐渐掌握核心技术，具有关键零部件的开发能力，打造自主品牌，做大市场，提升产业附加值。基于此，本书将我国内陆地区与东部沿海地区、国外加工贸易地区等东亚国际加工贸易生产网络进行综合研究，探求我国内陆地区在国际产品内分工及价值链中的地位和实现产业向价值链高端攀升的条件。

二　研发能力理论概述

王子先等认为，研发能力是我国加工贸易与日韩和发达国家的主要差别之一。[60]陈莲莹从产品内分工的角度出发，运用统计和比较静态分析方法研究了中国在东亚产品内分工的地位与变迁，认为企业应当不断加强研发能力的提升，实现劳动密集型生产向技术密集型生产的转型，提升中国在东亚产品内分工中的地位。[61]袁畅彦和聂华通过实证分析表明，国内加工贸易的发展应该加强研发和销售能力的提升，向价值链的两端攀升。[62]胡兵和张明通过对加工贸易增长影响因素的实证分析表明，研发能力在我国加工贸易的发展中占有重要地位。[63]丁勇采用 Cobb - Douglas 生产函数从定量的角度分析了研发能力、规模与高新技术企业绩效的关系，认为研发能力是高新技术企业创造价值的主要来源，也是经营之本。[64]但是，目前关于研发能力在加工贸易中的作用，缺乏系统性的理论分析。本书将基于产品内分工和全球价值链等理论，考虑技术和制度两大因素构建出线性的东亚生产结构模型，分析研发能力对加工贸易发展的影响。

三　东亚生产结构模型

（一）内陆地区参与国际加工贸易网络的可能性分析

1. 模型假设

相比我国东部沿海加工贸易地区，内陆地区的特点是土地成本和劳动力成本较低，贸易成本较低，使其在整个东亚网络中占有较为独特的地位。以下我们从几个方面对模型进行假设。

（1）根据张辉（2005）研究，全球价值链背景下各个地方产业集群无论在全球还是在区域内都有严格的等级体系，而该等级体系最终又基本是由各个地方产业集群所占据价值链环节的附加值高低来决定的。一般来讲，全球价值链中高附加值环节都是由发达国家所掌控的。假设加工贸易价值链中附加值高的主体具备转移生产工序的主动权，高层级附加值水平的主体可以划分生产区段，将部分生产区段委托给低附加值水平的主体，而影响承接主体选择的主要因素则是承接方的生产成本。

因此，将东亚国际加工贸易生产网络根据附加值水平进行层级划分，分为三类主体：①欧美、日韩、中国台湾；②东南亚、中国大陆东部沿海；③中国大陆内陆地区。设参与主体为 M_z，Z 表示附加值层级，$Z = 1, 2, 3$，其中欧美、日韩、中国台湾为技术水平最高的地区 $1(M_1)$，东南亚、中国大陆东部沿海为地区 $2(M_2)$，中国大陆内陆地区为地区 $3(M_3)$。

（2）参照 Feenstra 和 Hanson（1995），假设生产一种产品，这种产品是由一些连续的中间投入品生产而成的，将各个不同的生产区段用 j 来表示，j 属于 $[0, 1]$，根据产品内分工原理，阶段 0 表示研发阶段，阶段 1 表示品牌营销阶段。

（3）处于价值链上的三地区（仅考虑地区 2 或地区 3 与地区 1）之间存在贸易成本（关税等），地区 1、地区 2 和地区 3 对于进口产品需要征收的关税为 T_1、T_2、T_3。我们在这里借用新经济地理学广义的"冰山成本"概念，即贸易成本。因为贸易成本的影响，原来生产最终产品 X 需要 1 单位的处于 j 生产环节处的中间产品，现在需要 $t(j)$ 单位的产品（$t(j) > 1$），则 $t_1(j)$，$t_2(j)$，$t_3(j)$ 即为地区 1、地区 2 和地区 3 的贸易成本。

（4）在价值链的生产过程中存在的变量因素有：非研发人员数量为 L_i，研发人员数量为 H_i，每单位非研发人员投入量的报酬为 w_i，每单位研发人员投入量的报酬为 S_i，i 国生产一单位产品 g 所需的 L 投入量为 a_g^i（$i = 1, 2, 3$；$g = X_1$），所需的 H 投入量为 $\hat{a}_g^i$。

（5）地区 1 的变量 T_1，w_1，s_1，a_g^1，$\hat{a}_g^1$ 均为外生变量。

2. 模型构建及结论

在这里先主要考虑地区 1 对下一阶段工序承接对象的选择，即探究地区 2 和地区 3 中哪一主体更有吸引力。

首先，考虑地区 1 选择将位于价值链低端的生产环节 $[j_1, j_2]$ 划分给地区 2 的情况。地区 2 承接相关工序完成加工后，向地区 1 出口处于 j_2 生产环节的中间品 X_1，经过地区 2 的出口税收 T_2 及地区 1 的进口税收 T_1，即中间品的价格可表示为：

$$(1 + T_1)(1 + T_2)t_1(j_2)P_{X_1}^2 = (1 + T_1)(1 + T_2)t_1(j_2)[w_2 a_{X_2}^2 + s_2 \hat{a}_{X_2}^2] \tag{4-38}$$

同理，若地区 1 将生产区段转交给地区 3，地区 3 加工后向地区 1 出口处于 j_2 生产环节的中间品 X_1，经过地区 3 的出口税收 T_3 及地区 1 的进口税收 T_1，则中间品价格为：

$$(1 + T_1)(1 + T_3)t_1(j_2)P_{X_1}^3 = (1 + T_1)(1 + T_3)t_1(j_2)[w_3 a_{X_2}^3 + s_3 \hat{a}_{X_2}^3] \tag{4-39}$$

如要保证地区 1 将生产区段转交至地区 2，就必须保证地区 2 的出口价格要低于地区 1 本国的价格，即可以表示成下式：

$$(1 + T_1)(1 + T_2)t_1(j_2)P_{X_1}^2 = (1 + T_1)(1 + T_2)t_1(j_2)[w_2 a_{X_1}^2 + s_2 \hat{a}_{X_1}^2] < P_{X_1}^1 \tag{4-40}$$

即：

$$(1 + T_1)(1 + T_2)t_1(j_2) < \frac{w_1 a_{X_1}^1 + s_1 \hat{a}_{X_1}^1}{w_2 a_{X_1}^2 + s_2 \hat{a}_{X_1}^2} \tag{4-41}$$

对于地区 3，同理可得：

$$(1 + T_1)(1 + T_3)t_1(j_2) < \frac{w_1 a_{X_1}^1 + s_1 \hat{a}_{X_1}^1}{w_3 a_{X_1}^3 + s_3 \hat{a}_{X_1}^3} \tag{4-42}$$

因此，假设地区 1 的所有变量为外生变量，对于 j_2 区段来说，不等式左端和右端的差距越大，越容易产生生产工序的转移。对于不等式左端，因为 T_1 和 $t_1(j_2)$ 固定不变，所以当 T_2 或 T_3 越小时，它越小；同理对于不等式右端，当 w_2、s_2 或 w_3、s_3 越小时，它越大。又因为 $T_2 > T_3$，w_2，s_2 大于 w_3，s_3，所以地区 3 具有其自身特有的优势和吸引力。

　　结论 1：在价值链最低点至 j_2 区段上，承接转移主体的关税等贸易成本越低时越有吸引力，且该主体的劳动力成本越低也越有吸引力。

　　这解释了内陆地区发展加工贸易在东亚生产网络中占据独特地位的原因。由于内陆地区具有较低的劳动力成本和优惠土地价格和税收政策，有效地降低了加工贸易成本，在产品内分工产业价值链转移中具有较强的吸引力。基于以上因素，中国内陆地区在东亚国际加工贸易分工中得以立足及发展，并逐步提升其影响力。

　　（二）内陆地区在国际产品内分工中的价值链提升模型

　　1. 模型假设

　　（1）假定所有生产阶段的投入要素均包括：非研发人员数量 L，研发人员数量 H，资本 K。生产单位产品 X 所需 L 的投入量为 $b_L(j)$，所需 H 的投入量为 $b_H(j)$，而 K 的投入量为 $b_K(j)$，每单位非研发人员投入量的报酬为 w_i，每单位研发人员投入量的报酬为 s_i，每单位资本投入量的报酬为 r_i。研发人员的技术水平更高，更擅长从事所需技术含量较高的生产活动。

　　（2）假设每一生产阶段的生产函数为柯布—道格拉斯生产函数，同时假设三类主体共处于同一市场制度条件下，M_1、M_2 和 M_3 共同生产产品 X_0。所以表示为：

$$x(j) = A_t \left[\min\left(\frac{L(j)}{b_L(j)}, \frac{H(j)}{b_H(j)} \right) \right]^{\theta} \left[K(j) \right]^{1-\theta} \qquad (4-43)$$

　　其中，A_i 代表一国的技术水平。在经过各个生产阶段和中间投入品生产出的最终产品的数量取决于：$\ln X_0 = \int_0^1 \alpha(j) \ln x(j) \, \mathrm{d}j$，其中 $\alpha(j)$ 代表在 j 区段上的产出占整个产出的比值，所以 $\int_0^1 \alpha(j) \, \mathrm{d}j$。基于以上假设，我们得出在国家 i 中生产一单位 $x(j)$ 所需要的最小成本为：

$$c(w_i, s_i, r_i, j, A_i) = \theta^{-\theta}(1-\theta)^{1-\theta} A_i^{-1} \left[w_i b_L(j) + s_i b_H(j) \right]^{\theta} r_i^{1-\theta}$$

$$(4-44)$$

　　其中，A_i^{-1} 表示技术水平越高，生产成本越低；反之相反。$c(w_i, r_i, s_i, j, A_i)$ 是关于 j 的连续函数，设 j_0 为价值链中成本最低环节，

当 $0 \leqslant j \leqslant j_0$ 时，$\frac{\partial c}{\partial j} \leqslant 0$，$j$ 增大，生产过程由研发等高附加值活动转向加工等低附加值活动，所需的研发人员和资本投入逐渐减少，而非研发人员需求增加，即为 $\frac{\partial b_L(j)}{\partial j} > 0$，$\frac{\partial b_H(j)}{\partial j} < 0$；当 $j_0 \leqslant j \leqslant 1$，$\frac{\partial c}{\partial j} \geqslant 0$，随着 j 的增大，生产活动由低附加值活动逐渐转变为高附加值的品牌营销等活动，这时所需的资本和市场研发人员逐渐增多，而非研发人员减少，即 $\frac{\partial b_L(j)}{\partial j} < 0$，$\frac{\partial b_H(j)}{\partial j} > 0$。

（3）假设国际产品内价值链分工划分结构是线性的。要使内陆地区更好地融入东亚生产网络，就必须改变内陆地区在价值链中所处的位置，即实现从"微笑曲线"中心底端向两侧高端移动。我们常说的"微笑曲线"实质上即为产品内分工价值链曲线。

2. 模型构建

我们假设先由 M_1 将位于价值链较低端的生产阶段 $[j_1, j_2]$ 分割给 M_2，而 M_2 又进一步进行工序分割转移，将更低端的生产阶段 $[j_1', j_2']$ 分割给 M_3，即其中 M_1 承担 $[0, j_1]$、$[j_2, 1]$ 的生产阶段，M_2 承担 $[j_1, j_1']$、$[j_2', j_2]$ 的生产阶段，如图 4-16 所示。

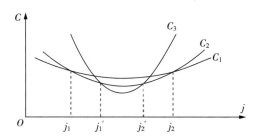

图 4-16　三主体价值链分工曲线

可得出：

$$c_1(w_1, s_1, r_1, j_1, A_1) = c_2(w_2, s_2, r_2, j_1, A_2)$$
$$c_1(w_1, s_1, r_1, j_2, A_1) = c_2(w_2, s_2, r_2, j_2, A_2) \qquad (4-45)$$

$$c_2(w_2, s_2, r_2, j_1', A_2) = c_3(w_3, s_3, r_3, j_1', A_3)$$

$$c_2(w_2, s_2, r_2, j_2', A_2) = c_3(w_3, s_3, r_3, j_2', A_3) \qquad (4-46)$$

设三个地区在该产业中的劳动收入与资本收益之比均为 $\theta'/1 - \theta'$，则对于 M_1、M_2、M_3 可得：

$$\frac{r_1 K_1}{w_1 L_1 + s_1 H_1} = \frac{1 - \theta'}{\theta'}, \quad \frac{r_2 K_2}{w_2 L_2 + s_2 H_2} = \frac{1 - \theta'}{\theta'}, \quad \frac{r_3 K_3}{w_3 L_3 + s_3 H_3} = \frac{1 - \theta'}{\theta'}$$

$$(4-47)$$

设最终产品 X_0 的总成本为 E_x，则中间投入品的产量为：

$$x_i'(j) = \alpha'(j) E_x / c_i'(j) \qquad (4-48)$$

先考虑 M_2 与 M_3 之间的关系，选取价值链左侧部分，右侧同理可证。设在 j_1 临界生产环节处的非研发人员工资占该工序点劳动力总工资的比重为 β_L，即 $\beta_L = \dfrac{w_i b_L(j_1')}{w_i b_L(j_1') + s_i b_H(j_1')}$，而研发人员工资占该工序点劳动力总工资的比重为 β_H，$\beta_H = 1 - \beta_L$。

$\because c(w_i, s_i, r_i, j, A_i) = \theta^{-\theta}(1 - \theta)^{1-\theta} A_i^{-1} [w_i b_L(j) + s_i b_H(j)]^{\theta} r_i^{1-\theta}$

以下对 c 每一变量求全微分：

$$\therefore \mathrm{d}c = \theta A_i^{-1}[w_i b_L(j) + s_i b_H(j)]^{\theta-1} r_i^{1-\theta} b_L(j) \mathrm{d}w_i$$
$$+ \theta A_i^{-1}[w_i b_L(j) + s_i b_H(j)]^{\theta-1} r_i^{1-\theta} b_H(j) \mathrm{d}s_i$$
$$+ (1-\theta) A_i^{-1}[w_i b_L(j) + s_i b_H(j)]^{\theta} r_i^{1-\theta} \mathrm{d}r_i + \frac{\partial c}{\partial j}$$
$$- A_i^{-2}[w_i b_L(j) + s_i b_H(j)]^{\theta} r_i^{1-\theta} \mathrm{d}A_i$$

$$\therefore \frac{\mathrm{d}c}{c} = \frac{\theta b_L(j) \, dw_i}{w_i b_L(j) + s_i b_H(j)} + \frac{\theta b_H(j) \, \mathrm{d}s_i}{w_i b_L(j) + s_i b_H(j)}$$
$$+ \frac{(1-\theta) \, \mathrm{d}r_i}{r_i} + \frac{\partial c}{\partial j} \Big/ c - \frac{\mathrm{d}A_i}{A_i}$$

$$= \frac{\theta b_L(j) \, dw_i}{w_i b_L(j) + s_i b_H(j)} + \frac{\theta b_H(j) \, \mathrm{d}s_i}{w_i b_L(j) + s_i b_H(j)}$$
$$+ \frac{(1-\theta) \, dr_i}{r_i} + \frac{\partial \ln c}{\partial j} - \frac{\mathrm{d}A_i}{A_i}$$

$$= \theta(\beta_L \widetilde{w} + \beta_H \widetilde{s_i}) + (1-\theta) \widetilde{r_i} + \frac{\partial \ln c}{\partial j} - \widetilde{A_i}$$

其中 $\tilde{w}_i = \dfrac{\mathrm{d}w_i}{w_i}$，$\tilde{s}_i = \dfrac{\mathrm{d}s_i}{s_i}$，$\tilde{r}_i = \dfrac{\mathrm{d}r_i}{r_i}$，$\tilde{A}_i = \dfrac{\mathrm{d}A_i}{A_i}$

因为在 j_1 处时，$c_2 = c_3$，所以 $\dfrac{\mathrm{d}c_2}{c_2} = \dfrac{\mathrm{d}c_3}{c_3}$，得出：

$$\theta'(\beta_{L_2}\tilde{w}_2 + \beta_{H_2}\tilde{s}_2) + (1-\theta')\tilde{r}_2 + \frac{\partial \ln c_2}{\partial j_1'} - \tilde{A}_2 = \theta'(\beta_{L_3}\tilde{w}_3 + \beta_{H_3}\tilde{s}_3) +$$

$$(1-\theta')\tilde{r}_3 + \frac{\partial \ln c_2}{\partial j_1'} \tag{4-49}$$

即：

$$\frac{\partial \ln c_2}{\partial j_1'} - \frac{\partial \ln c_3}{\partial j_1'} = \theta'\left[(\beta_{L_2}\tilde{w}_2 + \beta_{H_2}\tilde{s}_2) - (\beta_{L_3}\tilde{w}_3 + \beta_{H_3}\tilde{s}_3)\right] + (1-\theta')$$

$$(\tilde{r}_3 - \tilde{r}_2) + \tilde{A}_2 - \tilde{A}_3 \tag{4-50}$$

同理，在 j_1 处，$c_1 = c_2$ 临界生产环节处的非研发人员工资占整个环节工资的比重为 γ_L，即 $\gamma_L = \dfrac{w_i b_L(j_1)}{w_i b_L(j_1) + s_i b_H(j_1)}$；而研发人员工资占整个环节工资的比重为 γ_H，且 $\gamma_H = 1 - \gamma_L$。

可推得：

$$\frac{\partial \ln c_1}{\partial j_1} - \frac{\partial \ln c_2}{\partial j_1} = \theta'\left[(\gamma_{L_1}\tilde{w}_1 + \gamma_{H_1}\tilde{s}_1) - (\gamma_{L_2}\tilde{w}_2 + \gamma_{H_2}\tilde{s}_2)\right] + (1-\theta')$$

$$(\tilde{r}_2 - \tilde{r}_1) + \tilde{A}_1 - \tilde{A}_2 \tag{4-51}$$

因为至少当 $c_1(j_1) = c_3(j_1)$ 时，生产结构可能会由三个主体变成两个主体，在 j_1 处所需的非研发人员少于 j_1' 处，研发人员多于 j_1'，即 $\gamma_L < \beta_L$，$\gamma_H > \beta_H$，且 $r_1 < r_3$。

在这里我们将 γ_L 和 β_L 的含义引申，即 γ_L 和 β_L 分别为 j_1 处和 j_1' 处的非研发人员存量水平。

设 $\gamma_L = a\beta_L\ (0 < a < 1)$，则 $\gamma_H = 1 - \gamma_L = 1 - a + a\beta_H$

a 即代表 j_1 处和 j_1' 处的非研发人员存量水平的差距，因此 a 显然是关于 j 的函数，令 $a = a(j)$。

$\because c_1(j_1) = c_3(j_1)$　　$\therefore \dfrac{\mathrm{d}c_1}{c_1} = \dfrac{\mathrm{d}c_3}{c_3}$

$$\theta'(\gamma_{L_1}\tilde{w}_1 + \gamma_{H_1}\tilde{s}_1) + (1-\theta')\tilde{r}_1 + \frac{\partial \ln c_1}{\partial j_1} - \tilde{A}_1 = \theta'(\gamma_{L_3}\tilde{w} + \gamma_{H_3}\tilde{s}) +$$

$$(1 - \theta') \tilde{r}_3 + \frac{\partial \ln c_3}{\partial j_1} - \tilde{A}_3$$

即　$\theta' \{ a(j_1) \beta_{L_1} \tilde{w}_1 + [1 - a(j_1) + a(j_1) \beta_{H_1}] \tilde{s}_1 \}$

$$+ (1 - \theta') \tilde{r}_1 + \frac{\partial \ln c_1}{\partial j_1} - \tilde{A}_1$$

$$= \theta' \{ a(j_1) \beta_{L_3} \tilde{w}_3 + [1 - a(j_1) + a(j_1) \beta_{H_3}] \tilde{s}_3 \}$$

$$+ (1 - \theta') \tilde{r}_3 + \frac{\partial \ln c_3}{\partial j_1} - \tilde{A}_3$$

可推导出差距水平 a，表示成下式：

$$a(j_1) = \frac{\theta' (\tilde{s}_3 - \tilde{s}_1) + (1 - \theta') (\tilde{r}_3 - \tilde{r}_1) + \frac{\partial \ln c_3}{\partial j_1} - \frac{\partial \ln c_1}{\partial j_1} + \tilde{A}_1 - \tilde{A}_3}{\theta' [(\beta_{L_1} \tilde{w}_1 + \beta_{H_1} \tilde{s}_1) - (\beta_{L_3} \tilde{w}_3 + \beta_{H_3} \tilde{s}_3) + \tilde{s}_3 - \tilde{s}_1]}$$

$$(4 - 52)$$

已知 θ'、β_{L_i} 为外生变量固定不变，当 a 越小时，两处的差距水平就越小，即越趋近于价值链左侧高附加价值生产阶段（右侧同理）。因此，对于 M_3 主体来说，在 M_1 主体所有生产变量不变的情况下，要实现 j_1' 向 j_1 处拓展，需要降低 $a(j_1)$。我们进一步假设在一定时期内两地区资本回报率差值（$\tilde{r}_3 - \tilde{r}_1$）是不变的，即为常数。因此，要实现 $a(j_1)$ 变小，需要增大 A_3，以及增大 s_3。

结论2：增大低附加值区段的技术水平 A_3 和劳动力要素中的研发人员工资 s_3 可以实现欠发达地区价值链的延伸和地位提升。即提高低附加值区段技术水平及研发人员工资，有利于增强该地区的研发劳动力存量水平，推动技术水平的提高，从而缩小低区段工序和高区段工序之间人力资本的存量差距，促进产业向价值链高端攀升，实现由跟随发展到引领发展的转变。

这意味着对于尚处于 M_3 主体的我国内陆地区，在发展加工贸易过程中，除发挥劳动力资源丰富的优势外，还需要增加研发人员工资从而吸引和留住更多的研发人员，提高技术水平，增加技术回报率，实现欠发达地区在高附加值生产区段的成本降低，这样才能提升自身在产品内分工中获得的价值，增强内陆地区在东亚生产网络中的影响。

四 模型内涵

本节运用产品内分工和全球价值链等理论，基于技术和制度两大因素构建出东亚线性生产结构模型。通过模型可以发现：

（1）内陆地区已在东亚生产网络中占据一席之地。由上述模型可看出，内陆地区因其优惠的政策和廉价的劳动力在东亚生产网络中逐渐站稳脚跟。但随着内陆地区加工贸易的不断发展，劳动力成本会不断提高，可能会导致内陆地区的吸引力逐渐降低，丧失其在生产网络中的独特地位。

（2）改变内陆地区在产品内分工价值链中的地位关键因素是技术水平。如前述分析，技术水平是决定加工贸易地区在全球价值链中地位及主动权的关键因素，通过加强人力资本的投资来弥补内陆地区技术性劳动力缺乏的"短板"，有利于内陆地区的长期持久发展，而研发中心会成为这一路径的载体。在内陆地区进行的技术研究和开发，会带来技术的创新，从而使技术的等级得到提升，缩小内陆地区与其他主体之间的技术差距，逐步实现技术位势上升，最终掌握产品内分工的生产区段转移主动权。而强有力的制度和政策将有助于这一目标的实现。

第五章 完善内陆保税体系

本章以重庆及郑州所代表的内陆地区的保税体系发展为例，通过对两地加工贸易企业负责人或有关专家的问卷调查，分析保税体系中影响企业对内陆地区投资的因素及其重要度和满意度，找出二者主要差距所在，并据此分析存在的主要问题及原因。

第一节 保税体系关键因素

保税体系的完善程度是加工贸易在内地落户的首要考虑因素，也是影响加工贸易产业集群形成的重要因素，这包括因内陆地区独特的区位导致的保税体系方面涉及的保税监管环境、海关通关费用等因素。

一 指标体系构建

根据相关文献研究和实际情况，本书分析提炼出影响内陆保税体系的重要影响因素。本书选用5个二级指标来反映内陆地区的保税体系因素，分别为优惠政策、要素成本、保税基础环境、保税监管环境和内陆开放程度。具体如下：

1. 优惠政策

保税优惠政策是加工贸易企业非常看重的要素之一。保税政策优惠为内陆加工贸易企业提供了加工贸易优惠、关税优惠、地税优惠、通关服务优惠以及外汇优惠等一系列优惠，是吸引加工贸易企业到内陆进行加工贸易的重要因素，同时也是影响加工贸易模式的关键因素。制定类似于或优于东部的优惠政策鼓励加工贸易企业向内陆转移，能够促进加工贸易的落地和发展。

2. 要素成本

要素成本包括劳动力成本、土地成本、原材料成本及能源成本。较低的要素成本为内陆加工贸易产业的发展提供了有力的支持。东部沿海地区发展的势头目前受到抑制，主要原因就是随着经济的持续发展，资本、劳动力等生产要素的成本日渐提升，沿海地区加工贸易的比较优势正在失去。而西部地区的优势却越来越明显，特别是在要素成本上。

3. 保税基础环境

保税港区等基础设施及保税信息化平台作为保税体系的基础环境，能够为保税体系提供基础设施支持和信息化服务，是吸引内陆加工贸易企业入驻的重要基础环境因素。随着内陆地区不断完善的保税基础设施建设及投入使用，相应的信息化建设成为促进内陆参与国际产品内分工的重要因素。

4. 保税监管环境

保税监管环境包括监管工作效率、海关监管机制及监管效能，这些因素都是通关效率的关键影响因素。对于内陆加工贸易来说，通关效率是加工贸易企业比较关注的问题。海关监管机制、监管效率及监管效能是决定通关时间的主要因素，而通关时间的快慢会影响加工贸易产品抢占市场。有效的海关监管机制，高效的监管效率及监管效能能够大幅减少出口通关时间，保税监管环境是目标市场在外的加工贸易企业不得不考虑的因素。

5. 内陆开放程度

内陆开放程度作为衡量经济发展的重要指标，包括对外依赖度、外资投资比重、开放支撑等，能够反映利用外资情况、先进技术引进、合作开发水平及工业水平，直接影响吸引国际加工贸易企业入驻的可能性和可行性。

对各项二级指标进行关键因素选取，得到了影响保税体系的22个三级指标，确定了影响内陆保税体系的指标体系，具体指标体系如图 5-1 所示。

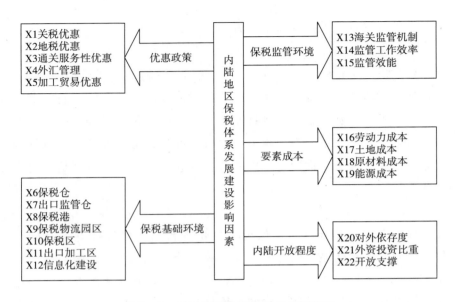

图 5 – 1   影响保税体系发展的指标体系

二   研究方法设计

本章采用的研究方法为问卷调查法。为了保证问卷的价值性和有效性，本次调查的主要对象为重庆市和郑州市所代表加工贸易企业的主要领导或负责人，保证了调查结果的针对性。最后回收访谈问卷 15 份，有效问卷 12 份，问卷的回收率为 100%，有效问卷的回收率为 80%。

根据调查目的和主题，确定了调查项目，经过专家的建议最终定稿调查问卷。问卷包括：机构的基本情况、影响内陆加工贸易保税体系因素的重要度及满意度评价，以及开放性问题三个部分，内容如下（见附录 1）：

1. 企业机构的基本情况

通过此部分对企业及机构的情况做一个大致的了解，主要调查内容包括企业及机构的名称、所在地、性质、规模、在重庆市或郑州市的时间年限等。

2. 影响内陆加工贸易保税体系因素的重要度及满意度评价

本部分借鉴李克特五级量表法对变量进行衡量，分别给予 1 分至

5 分的评价。量表左边为影响因素的重要度评价，右边为满意度评价，设置五个不同强度顺次排列的值，便于问卷作答和分析。

3. 开放性问题

问题主要包括：您觉得除以上这些因素外，在保税体系方面影响内陆加工贸易发展的其他因素有哪些？与东部沿海城市相比，您认为内陆地区的保税体系有哪些优势和劣势？您对完善内陆保税体系以吸引更多企业机构落户重庆或郑州，有什么建议？您对这份调查问卷中相关话题的其他见解。

第二节　影响因素重要度评析

一　重要度评价

根据本章第一节所构建的指标体系，对调查对象进行问卷调查，对调查反馈结果进行统计整理，取平均值得到各个指标的重要性程度评价值，如表 5 - 1 所示。

表 5 - 1　影响内陆发展加工贸易的保税体系的因素重要度评价值

一级指标	二级指标	三级指标	重要度评价值
保税体系			4.352
	优惠政策		4.563
		关税优惠	4.621
		地税优惠	4.384
		通关服务性优惠	4.546
		外汇管理	4.577
		加工贸易优惠	4.692
	要素成本		3.545
		劳动力成本	3.762
		土地成本	3.619
		原材料成本	3.422
		能源成本	3.383

一级指标	二级指标	三级指标	重要度评价值
	保税基础环境		4.746
		保税仓	4.412
		出口监管仓	4.386
		保税港	4.898
		保税物流园区	4.873
		保税区	4.852
		出口加工区	4.893
		信息化建设	4.887
	保税监管环境		4.475
		海关监管机制	4.416
		监管工作效率	4.544
		监管效能	4.462
	内陆开放程度		4.425
		对外依存度	4.416
		外资投资比重	4.381
		开放支撑	4.463

二　重要度比较

调查访谈反馈的数据显示，影响内陆加工贸易重要程度较高的关键因素中，保税体系方面有保税基础环境、优惠政策、保税监管环境、内陆开放程度、要素成本五大因素。

保税体系方面影响内陆加工贸易的五大因素中保税基础环境的重要度最高（4.746）；其余依次为优惠政策（4.563）、保税监管环境（4.475）、内陆开放程度（4.425），以上因素的重要程度均达到比较重要程度以上，重要程度得分最低为要素成本（3.545）。以下分析按此顺序进行。

保税基础环境方面：保税港、出口加工区的重要度得分并列第一，保税港和出口加工区等基础设施作为保税体系的基础支撑，能够为保税体系提供基础设施支持，是吸引加工企业入驻内陆的重要基础环境；其次为信息化建设，信息化作为管理的手段和过程，是衡量服务水平和效率的重要指标，也成为加工贸易企业所关注的重点；之后，依次为保税物流园区、保税区、保税仓、出口监管仓。

优惠政策方面：加工贸易优惠和关税优惠的重要性程度得分相对较高，关税优惠和加工贸易优惠成为涉及频繁通关的加工贸易企业所关注的重点，随后依次是外汇管理、通关服务性优惠、地税优惠。

保税监管环境方面：重要程度得分由高到低分别为监管效能、监管工作效率、海关监管机制，从重要度得分情况看，保税监管环境的这三个指标得分都比较高，这些因素都是通关效率的关键影响因素。

内陆开放程度方面：内陆开放程度作为衡量经济发展的重要指标也直接影响了吸引加工贸易企业入驻的能力，各指标重要程度得分由高到低分别为开放支撑、对外依存度、外资投资比重。

要素成本方面：与其他因素相比，要素成本的重要度得分相对较低，各指标中加工贸易企业最为看重的是劳动力成本，其次为土地成本，而原材料成本、能源成本的重要性程度得分相对较低。

第三节 影响因素满意度评析

一 满意度评价

本节根据问卷调查结果进行统计整理（取平均值），得到影响保税发展因素的满意度评价值如表5-2所示。

表5-2 　　　　　保税体系影响因素的满意度评价值

一级指标	二级指标	三级指标	满意度评价值
保税体系			4.192
	优惠政策		4.493
		关税优惠	4.587
		地税优惠	4.305
		通关服务性优惠	4.473

续表

一级指标	二级指标	三级指标	满意度评价值
		外汇管理	4.517
		加工贸易优惠	4.575
	要素成本		4.074
		劳动力成本	4.237
		土地成本	4.086
		原材料成本	3.973
		能源成本	3.991
	保税基础环境		4.575
		保税仓	4.486
		出口监管仓	4.347
		保税港	4.898
		保税物流园区	4.866
		保税区	4.856
		出口加工区	4.875
		信息化建设	3.712
	保税监管环境		3.782
		海关监管机制	3.694
		监管工作效率	3.775
		监管效能	3.877
	内陆开放程度		4.046
		对外依存度	3.825
		外资投资比重	3.856
		开放支撑	4.445

二 满意度比较

如表 5-2 所示，保税体系方面的五个二级影响因素中优惠政策、保税基础环境、内陆开放程度、要素成本的满意度均在比较满意以上，相对而言，保税监管环境的满意度较低。加工贸易企业对内陆保税体系的总体满意程度为 4.192，显示加工贸易企业对内陆保税体系方面的满意度比较高。

优惠政策方面：关税优惠和加工贸易优惠满意度相对较高，随后依次是外汇管理、通关服务性优惠、地税优惠，且各指标满意度得分都达到比较满意程度。

保税基础环境方面：满意度得分最高的为保税港，其次为出口加工区，之后依次是保税物流园区、保税区、保税仓、出口监管仓，以上指标均达到比较满意程度，而只有信息化建设的满意度得分未达到比较满意程度。

内陆开放程度方面：满意度得分由高到低分别为开放支撑、外资投资比重、对外依存度，其中只有开放支撑满意度得分达到比较满意程度。

要素成本方面：满意度最高的为劳动力成本，其次为土地成本，之后依次为能源成本、原材料成本。其中，劳动力成本和土地成本达到比较满意程度，能源成本及原材料成本也接近比较满意程度。

保税监管环境方面：满意度得分由高到低分别为监管效能、监管工作效率、海关监管机制，以上要素均未达到较为满意的程度。

第四节　亟待突破因素分析

一　因素筛选的标准化

内陆保税体系发展现状或环境的好坏主要是通过各个影响因素的重要度与满意度之间的差距来反映。重要度和满意度之间的差值代表了期望水平和目前现状之间的差距，通过对各个影响因素的重要度与满意度的均值差进行排序，差值越大，代表目前这方面的相对现状水平越低，是急需解决的问题。

在对重要度和满意度的结合分析中，卡诺模型（Kano，1984）的差值比较法为该种研究提供了标准化的方法。每个一级指标变量和每个二级指标变量的重要度和满意度都有对应的打分分值，并且，企业对影响加工贸易发展的保税和物流因素的重要度和满意度评价值之间存在一定的差异，卡诺模型以此差异值为分析对象，而这个差异所体现的正是内陆地区需要对这些因素进行改进的紧迫性。具体分析中，我们将一级指标因素和二级指标因素分开考虑，结合各个因素的重要度，分析各方面的权重。假设影响企业对内陆保税和物流评价的因素有 n 个方面，分别是 1，2，$\cdots$，n，企业对各方面认知的重要程度分值分别为 I_1，I_2，$\cdots$，I_n，企业对各方面的满意度分别为 S_1，S_2，$\cdots$，S_n。全部重要程度分值的总和为：

$$I = I_1 + I_2 + \cdots + I_n$$

影响企业满意度各方面的权重分别为：

$$R_i = I_i / I \quad (i = 1, 2, \cdots, n)$$

企业对内陆地区该因素的总体满意度为：

$$S = \sum R_i \times S_i \quad (i = 1, 2, \cdots, n)$$

各方面的重要程度与满意度的差值 M_i 为：

$$M_i = I_i - S_i \quad (i = 1, 2, \cdots, n)$$

当考虑各方面的重要度对差值的影响时，设 R_i 的最下权重值为 $\min(R)$，以 $\min(R)$ 为基准，其他各个因素的权重比率 k_i 为：

$$k_i = R_i / \min(R) \quad (i = 1, 2, \cdots, n)$$

则考虑了各方面重要性的相对差异值为 N_i：

$$N_i = k_i \times M_i (i = 1, 2, \cdots, n)$$

比较 N_i 的值，由小到大对 N_i 排序，相对差异值越大的，就是需要进行改进紧迫性越强、理论上越应优先改善的方面。

当然这个相对差异值按现实含义分为两类：

第一，相对差异值 >0，指现状需要改善和重视。说明该因素重要度与满意度之间存在差距，差值越大，状况越差，需要改善和重视的程度越大，这种状况是我们要重点研究的。

第二，相对差异值 ≤0，指现状很好。说明该因素重要度与满意度评价是同步的，也可以被称为一种相对优势。比如，5 - 5 = 0，说明该因素非常重要，且其客观上做得也非常好；1 - 2 = - 1，指该因素并不重要，对其评价也不高，但是总体上现状已经很满意了，不需要进一步改善；相对差异值 ≤0 总体上表明了企业对该因素重要性的期望值并没有超过满意度的评价值。这种状况说明该因素已经到了一种比较理想的状况。本书以每一份访谈记录作为独立的研究对象，对每份问卷求重要度和满意度的差，然后再以绝对均值和相对均值来描述某一具体因素的改造紧迫性。

二　亟待突破因素确定

按照上述方法，对问卷反馈回来的调查数据进行处理，得到"重要度评价值－现状满意度评价值＝差异值（因素急需改进的紧迫性）"的均值及根据上述公式计算的相对均值差异值，并进行了排列，如表5－3所示。

表5－3　　　　二级指标重要度均值与现状满意度均值相对差异值

二级指标	重要度均值	满意度均值	均值之差	排序	相对差异值	排序
要素成本	3.545	4.074	－0.529	5	－0.532	1
优惠政策	4.563	4.493	0.070	4	0.095	2
保税基础环境	4.746	4.575	0.171	3	0.231	3
内陆开放程度	4.25	4.046	0.379	2	0.462	4
保税监管环境	4.475	3.782	0.693	1	0.877	5

保税体系二级指标的重要度和满意度均值差所得出的指标现状排序与其考虑权重后的相对均值差在排序上保持一致，进一步验证了两种均值方法的科学性。

保税体系方面急需解决的问题。保税监管环境、内陆开放程度、保税基础环境的重要度与满意度的相对均值差异为正值且相对较大，分别为0.877、0.462、0.231，显示内陆地区在保税监管环境、内陆开放程度及保税基础环境等方面有待改善。优惠政策重要度与满意度的相对均值差仅为0.095，显示优惠政策基本满足内陆加工企业的要求。要素成本则为负值，显示要素成本达到了内陆加工贸易企业的要求。

对于保税体系三级指标而言，根据其重要度均值与现状满意度均值之差的大小（见表5－4），可以将影响内陆加工贸易保税体系方面的影响因素划分为 5 个类别，依次是"很好""较好""一般""较差""很差" 5 个等级，如表 5 - 5 所示。并且按照一般方法和相对差异值法所分析出来的各个因素的等级是几乎没有变化，本章以相对差异值法（卡诺模型）所得到的数据结果为分析依据。

表 5 - 4   三级指标重要度均值与现状满意度均值之相对差异值

三级指标	重要度均值	满意度均值	均值之差	差值排序	相对差异值	相对差值排序
能源成本	3.383	3.991	-0.608	22	-0.613	1
原材料成本	3.422	3.973	-0.551	21	-0.556	2
劳动力成本	3.762	4.237	-0.475	20	-0.522	3
土地成本	3.619	4.086	-0.467	19	-0.501	4
保税仓	4.412	4.486	-0.074	18	-0.091	5
保税区	4.852	4.856	-0.004	17	0.000	6
保税港	4.898	4.898	0	16	0.000	7
保税物流园区	4.873	4.866	0.007	15	0.014	8
开放支撑	4.893	4.875	0.018	14	0.026	9
出口加工区	4.463	4.445	0.018	13	0.028	10
出口监管仓	4.621	4.587	0.034	12	0.051	11
关税优惠	4.386	4.347	0.039	11	0.054	12
外汇管理	4.577	4.517	0.06	10	0.081	13
通关服务性优惠	4.546	4.473	0.073	9	0.094	14
地税优惠	4.384	4.305	0.079	8	0.103	15
加工贸易优惠	4.692	4.575	0.117	7	0.166	16
外资投资比重	4.381	3.856	0.525	6	0.686	17
对外依存度	4.462	3.877	0.585	5	0.769	18
监管效能	4.416	3.825	0.591	4	0.778	19
海关监管机制	4.416	3.694	0.722	3	0.939	20
监管工作效率	4.544	3.775	0.769	2	1.03	21
信息化建设	4.887	3.712	1.175	1	1.689	22

表 5 - 5　　　　　　　　　　各个因素现状等级和分类

Ni	Ni < 0	0 ≤ Ni < 0.05	0.05 ≤ Ni < 0.6	0.6 ≤ Ni < 0.9	0.9 ≤ Ni
等级评价	很好	较好	一般	较差	很差
因素归类及个数	X6、X17、X16、X18、X19（5 个）	X10、X22、X8、X12、X9（5 个）	X5、X2、X3、X4、X1、X7（6 个）	X15、X20、X21（3 个）	X11、X14、X13（3 个）

　　表 5 - 3 和表 5 - 4 直观地反映了内陆加工贸易保税体系的发展现状，并且据此可以发现以下现象：

　　（1）能源成本、原材料成本、劳动力成本、土地成本、保税仓是企业比较认可的指标，满意度大于重要度，相对差异值保持在 0 以下。

　　（2）保税区、保税港、保税物流园区、开放支撑、出口加工区 5 个因素是内陆地区比较吸引企业的地方，满意度水平也比较接近其重要性程度，相对差异值保持在 0—0.05。

　　（3）出口监管仓、关税优惠、外汇管理、通关服务性优惠、地税优惠、加工贸易优惠 6 个因素的相对差异值依次在 0.05—0.6 递增。这些影响因素的现状处于一般状态，属于企业比较重视，但满意度一般的那一类，相关部门要给予一定程度的关注和缓解。

　　（4）外资投资比重、对外依存度、监管效能这 3 个因素的相对差异值依次在 0.6—0.9 递增。这些影响因素的现状处于比较差的状态，属于企业比较重视，但是满意度较差的那一类，相关部门要采取相应的措施，给予一定程度的改善和提高。

　　（5）海关监管机制、监管工作效率、信息化建设这 3 个因素的满意度与重要度水平相差悬殊，相对差异值大于 0.9，说明这是目前内陆地区发展加工贸易急需突破和解决的问题。

第五节 急需解决的问题

综合看来，信息化建设、监管工作效率、海关监管机制 3 个因素评价指数最差，满意度评价值与重要度评价值最为接近的是保税区、保税港、保税物流园区等因素。各种分析所得的关键因素如表 5 - 6 所示。

表 5 - 6　　　　　　　各种分析结果显示的关键因素

最看重的前 10 个因素		综合评价最好的 10 个因素		综合评价最差的 10 个因素	
保税港	X8	能源成本	X19	信息化建设	X12
出口加工区	X11	原材料成本	X18	监管工作效率	X14
信息化建设	X12	劳动力成本	X16	海关监管机制	X13
保税物流园区	X9	土地成本	X17	监管效能	X15
保税区	X10	保税仓	X6	对外依存度	X20
加工贸易优惠	X5	保税区	X10	外资投资比重	X21
关税优惠	X1	保税港	X8	加工贸易优惠	X5
外汇管理	X4	保税物流园区	X9	地税优惠	X2
通关服务性优惠	X3	开放支撑	X22	通关服务性优惠	X3
监管工作效率	X14	出口加工区	X11	外汇管理	X4

在综合评价最差的 10 个因素中，信息化建设、监管工作效率对内陆加工贸易保税体系发展影响较大。监管工作效率、海关监管机制、监管效能、通关服务性优惠可以归结为保税监管环境问题；对外依存度、外资投资比重归结为内陆开放程度问题；信息化建设单独分析。

一　保税监管环境问题

目前，我国保税区主要分布在沿海地区，为了更好地承接沿海加工贸易产业转移，我国内陆地区也逐步建立起各种类型的保税区（见表 5 - 7）。但是，内陆保税监管环境依然不令人满意，其中既有全国保税区都存在的共性问题,又有内陆地区特有的具体问题。而内陆加工贸易带来的巨大物流量,包括原材料、零部件的采购以及产成品的销售,绝大多数都是通过海关,因此保税监管环境对于内陆发展加工贸易至关重要。

表 5 – 7　　　　　　　　　　中国大陆保税区基本情况一览

保税区	设立时间	规划面积	主要功能定位
大连	1992 年 5 月 13 日	1.25 平方千米	出口加工、转口贸易、保税仓储、国际贸易、商品展示以及与之相关的运输、金融、保险、信息咨询及商业服务等业务
天津	1991 年 5 月 12 日	5 平方千米	国际贸易、出口加工、保税仓储及其他与保税区发展相关的业务
青岛	1992 年 11 月 19 日	3.8 平方千米	国际贸易、出口加工、保税仓储、物流分拨
张家港	1992 年 10 月 16 日	4.1 平方千米	主要发展国际贸易、出口加工和保税仓储业务。规划五大区:纺织工业区、机电工业区、粮油加工区、仓储码头区、化学工业园
上海外高桥	1990 年 6 月	10 平方千米	加工贸易、分拨中心、保税仓储、保税商品展示、国际贸易
宁波	1991 年 11 月 19 日	2.3 平方千米	具有进出口加工、国际贸易、保税仓储等功能
福州	1992 年 11 月 19 日	1.8 平方千米	国际贸易、转口贸易、过境贸易、保税仓储、出口加工、金融和运输服务及举办国际商品展示等业务
厦门象屿	1992 年 10 月 15 日	2.36 平方千米	主要发展对外贸易、转口贸易、仓储运输等业务,并允许从事金融、保险、期货、商品展销及其他为企业生产和生活服务的业务
汕头	1993 年 1 月 11 日	2.34 平方千米	出口加工、仓储运输、国际贸易和金融信息业
深圳福田	1991 年 5 月 28 日	1.98 平方千米	致力于发展高科技工业和现代物流业。保税区商品交易市场可协助区内企业开展进出口贸易及与国内企业开展贸易活动
深圳沙头角	1991 年 5 月 28 日	0.2 平方千米	以发展先进的外向型工业为主,适当发展贸易、仓储、运输等产业

保税区	设立时间	规划面积	主要功能定位
盐田港	1996 年 9 月 27 日	0.85 平方千米	重点发展仓储物流和转口贸易，相应发展高科技工业、保税区商品市场、展示、商贸等业务
广州	1992 年 5 月 13 日	1.4 平方千米	以国际转口贸易、出口加工、保税仓储为主，同时发展商品展示、金融保险、运输，信息服务等配套产业
珠海	1993 年 11 月 3 日	3 平方千米	出口加工、保税仓储、国际贸易及其他第三产业
海口	1992 年 10 月 21 日	1.93 平方千米	重点发展国际金融、国际贸易和保税仓储业务，出口加工业则以电子、精细化工、精密机械等技术密集、资金密集型的工业为主

注：深圳三个保税区合并为深圳保税区，由深圳保税区管理局统一管理。

资料来源：http：//www.port.org.cn/info/200802/108213.htm。

如前实证分析结果，目前内陆地区在保税监管上存在的问题表现在海关监管机制不完善、监管效率低、监管效能不高三个方面，其可能原因有三点：第一，机制方面。一方面中国保税监管属于行政式管理体制，另一方面海关监管模式与发展形势不匹配。第二，监管工作效率方面，保税区内多部门多头管理。第三，监管效能方面，保税区监管欠缺统一法律依据。这既是发展保税物流需要解决的主要任务，也是发展内陆加工贸易急需解决的问题。以下具体分析问题原因。

1. 海关监管机制不完善

中国保税监管属于行政式管理体制。我国保税区设管理委员会或管理局，管理委员会为市政府所设，是保税区政府行使管理职能的派出机构，对保税区进行直接管理。在这种体制下存在两个矛盾：一是管委会或管理局的职能与当地政府的管理职能相冲突，多头管理、职权不清、令出多门、手续烦琐，人为地加大了保税区监管的困难，影响到入驻企业的经营效率和经营成本；二是保税区管委会和开发公司相冲突，保税区成立后由开发公司运营，这是我国保税区较多采用的体制，实际上是和管委会"一套人马、两块牌子"，加大了制度成本和政策成本，政企不分、权力涣散。

海关监管模式与形势不匹配。在我国开始实施保税港政策以来，海关为适应国际贸易发展形势，在 2007 年出台了《中华人民共和国海关保税港区管理暂行办法》，规范了海关的自身监管方式，但是缺乏相应的操作细则和前瞻性，致使其难以适应今天基于产品内分工的国际分工格局，在实践中，难以做到"一线放开、二线管住、区内自由"的监管模式，通关效率低下。由于内陆地区加工贸易起步晚，保税港区设立时间短，区内信息化水平、技术水平、运作效率等都还落后于沿海地区，致使内陆保税港区的监管模式与发展产品内分工加工贸易所要求的通关便利性之间差距更为悬殊，导致内陆地区难以发展开放型经济，难以引进新型业务如研发、精密加工等。

2. 监管工作效率低下

保税区内多部门多头管理。保税区内由进出口关境管理、税务管理、工商管理、商检管理、外汇管理、边检管理、公安管理等诸多部门进行管理，以上管理部门主要行使海关、边检、海事、检验检疫、国税、海洋、外汇等各种职能，且上述各部门都是中央垂直领导部门。同时，还包括省以下垂直领导的部门，包括工商、地税、质量技术监督、国土资源、药监等。其都有自己的分支机构进行相关管理，管委会作为地方政府的派出机构，本身并不具备独立的行政主体资格，各部门难以有效协调，造成产品进出口需要多次报关。

3. 监管效能不高

保税区监管欠缺统一法律依据。中国保税区的建立，不同于国外先立法、后设区的模式，国外经济自由区运行过程中出现的问题比我国少，一个原因在于其有丰富的监管经验，另一个重要原因则是它们多数是先立法后设区。然而，我国的各类保税港区采用的都是未立法先设区的模式，并在设区后也没有及时地出台相关配套的基本法律进行规范监管，有的也仅是外汇、税务等一些部委和地方省市级制定的规范性文件，内陆地区在地方性法规上也落后于全国，存在先天不足，详见表 5 - 8。另外，这些规章制度的针对性差，与政策不匹配，且由于法律级别太低，政策各自表述，使法律与法律、法律与政策之间的冲突成为一种常态，导致法律冲突的局面始终存在，国家给予保税港区的优惠政策难以充分应用于实践。

表 5 – 8 我国保税区部分法律法规

地区层面	国家与保税区有关的法律法规			沿海保税区法规（代表性文件）			内陆保税区法规
法规性质	国家法律	行政法规	部门规章	地方性法规	地方性规章	地方性其他规范性文件	各种地区性政策
法律法规	《中华人民共和国海关法》	《中华人民共和国进出口关税条例》《中华人民共和国外汇管理条例》《中华人民共和国海关稽查条例》	《保税区海关监管办法》《中华人民共和国海关法行政处罚实施细则》《中华人民共和国海关关于加工贸易保税货物跨关区结转深加工的管理办法》《中华人民共和国海关关于违法内销加工贸易保税货物处罚办法》《中华人民共和国海关保税港区管理暂行办法》《中华人民共和国海关对保税物流园区的管理办法》	《宁波保税区条例》《上海外高桥保税区条例》《厦门象屿保税区条例》《广东省保税区管理条例》《深圳经济特区福田保税区条例》《山东省青岛保税区管理条例》《天津港保税区条例》	《广州保税区人员车辆进出管理办法》《深圳市政府关于人员和交通工具入出福田保税区管理办法》《大连保税区企业劳动管理办法》《江苏省张家港保税区管理办法》《海口保税区土地管理暂行办法》	《大连市发展和改革委员会关于调整保税区采暖费收费标准和蒸汽价格的复函》《宁波市人民政府办公厅关于成立宁波保税区转型工作领导小组的通知》《福州市人民政府办公厅关于进一步理顺市级工业集中区（投资区）、软件园、保税区环境管理体制的通知》《海口市人民政府关于海口保税区投资建设项目审批管理的通知》	内陆地区由于处于发展初期，很多内陆保税区尚未制定具体而详细的保税区政策或法规，而是援引全国或沿海地区法律法规，目前仅有《重庆两路寸滩保税港区招商引资优惠政策》等

资料来源：根据相关政府文件整理得到。

二　内陆开放程度问题

内陆开放性问题关系到内陆的保税监管体系的完善程度，通关效率以及交通运输的便利性，运输成本、运输时间等多方面因素。本书用于衡量内陆开放程度的相关指标显示，目前内陆地区开放程度的满意度大大低于其重要性程度，内陆开放程度距离我国沿海地区也有很大差距。以内陆的重庆和郑州为例和上海相比，数据如表5-9所示。

表5-9　　　　　重庆、郑州、上海三地开放程度指标数据　　　单位:%

地区	重庆		郑州		上海	
年份	2015	2016	2015	2016	2015	2016
外贸依存度	29.36	31.24	6.90	7.80	112.40	104.36
外资投资比重	9.38	10.21	4.67	6.67	9.28	7.55

资料来源：根据各省市统计年鉴计算所得。

首先，外贸依存度即进出口总额与地区GDP的比值。2016年重庆、郑州的外贸依存度分别为31.24%和7.80%，此数据相比两市2015年的数据（29.36%、6.90%）增长明显，但与上海市2015年的112.40%相比，内陆地区的进出口总额相对量还是很小。

其次，外资投资比重即外商直接投资额与全社会固定资产总投资的比值。重庆、郑州两地的外资投资比重与上海相比也明显偏低，上海的外资投资比重几乎是重庆、郑州两地的2—3倍。外资投资比重涉及吸引外商直接投资，在引资方面，虽然内陆具有劳动力成本低、土地廉价等优势，但外资比例不高的可能原因是，硬件环境方面受区位、交通便利性及基础设施水平的影响，软环境方面，与人才匮乏、市场环境不成熟、市场化程度不发达等因素有关，在引资方面存在很多困难。

三　信息化建设问题

现代信息技术的采用有利于大力提高资源和资金的利用效率，降低成本和费用，增强对市场的应变能力。保税港区将成为内陆地区物流中转、集散中心和内陆地区对外开放的强大平台，迫切需要进行港区软环境的建设，支撑港区内外物流、资金流、信息流三流合一的集成服务信息平台。

通过对重庆、郑州、西安等内陆保税港区的信息化建设现状调研发现，内陆地区信息化建设滞后，主要以硬件基础设施建设为主，以信息平台建设为核心支撑物流、资金流、信息流三流合一的软环境发展比较慢，通过比较分析发现在保税港区，信息化建设跟不上发展的步伐，问题及原因如下：

1. 信息化建设进程缓慢

信息平台是保税地区的监管部门、企业间的信息传输中介，提供着各种增值服务，有着比较重要的作用。能够为企业和政府提供高效的服务和监管，为企业提高管理能力，改善企业形象提供有力的技术支撑。对降低交易成本、增加投资贸易机会、改善保税区物流监管环境有着重要的作用。

但由于我国内陆地区经济发展水平不高，信息化建设起步较晚，政府宣传、政策扶持和资金投入力度较低，多重因素导致内陆地区信息化发展缓慢。我国三大内陆保税港分别位于重庆、郑州和西安等内陆地区，根据国家统计局《2013 年中国信息化发展指数（Ⅱ）研究报告》汇总的 2012 年全国信息化五类地区总指数与分布指数如表 5 - 10 所示。这三地保税区分别属于我国信息化的第二类地区和第四类地区，信息化水平同第一类地区存在较大的差距，尤其是郑州所在的第四类区域，信息化水平只相当于第一类地区信息化平均水平的 70%。就衡量信息化的五个方面而言，基础设施指数差距尤为明显，第二类、第四类地区的基础设施指数分别较第一类地区相差 0.282 和 0.174，郑州所在区域甚至低于全国水平近 0.1，相当于全国平均水平的 80%。

表 5 - 10　　2012 年全国及五个类型地区信息化发展指数比较

	基础设施指数	产业技术指数	应用消费指数	知识支撑指数	发展效果指数	总指数
全国合计	0.479	1.009	0.707	0.840	0.744	0.756

	基础设施指数	产业技术指数	应用消费指数	知识支撑指数	发展效果指数	总指数
第一类地区	0.992	0.709	1.148	0.872	0.972	0.910
第二类地区	0.761	0.500	0.997	0.730	0.887	0.691
第三类地区	0.693	0.431	0.899	0.664	0.847	0.626
第四类地区	0.653	0.384	0.850	0.630	0.811	0.591
第五类地区	0.616	0.333	0.795	0.590	0.752	0.609

资料来源：《2013年中国信息化发展指数（Ⅱ）研究报告》。

受内陆信息化基础建设投资不足的影响，我国内陆保税港信息化建设侧重于港区内部信息系统建设，注重于港区基础信息化以及保障港区管理工作开展的电子政务平台的建设，而针对开展口岸贸易服务的业务系统，如电子商务系统、金融服务系统以及物流服务系统等的建设投入不足，信息化总体建设进程缓慢。

2. 缺乏有效的信息平台运营建设投资模式

保税港区的开发建设大都通过管委会运作管理，其建设水平很大程度上取决于管委会的资金投入，港区在建设初期缺乏稳定的经济收入来源。与此同时，信息化平台建设及运行是一项为港区正常运作提供支撑的服务，高投资、低收益导致缺乏有效的信息平台建设投资模式，信息平台的建设投入受到较大制约，港区在完成基本运行保障信息系统建设的基础上，鲜有能力来进行涉及支撑国际物流、国际金融、电子商务等的集成化信息平台的开发与建设。

以重庆两路寸滩保税港信息平台建设为例，保税港区信息平台一期建设投入6000万元，主要围绕封关和基础办公运行的基本需求展开。后续建设资金除市科委项目拨付扶持资金480万元，余下部分完全依赖两路寸滩保税港区开发管理有限公司自行筹措。以尚无盈利能力的公司一己之力筹措建设款项困难重重，导致港区信息化二期建设迟迟不能开展，软环境打造受到严重制约。

第六节　对策及主要工作

针对第五章实证分析的关于内陆保税体系建设中的保税监管环境问题、内陆开放程度低问题、信息化建设问题及其原因分析，本节提出打造开放性经济环境，完善内陆保税体系相应的政策建议和具体举措。

一　优化保税监管环境

1. 完善保税监管的管理体制，创新内陆地区的保税监管模式

优化保税监管流程，提供高效顺畅的保税通道和保税物流服务，可以很好地降低海关通关费用，在提高企业满意度的同时，也可以改善本地的物流通道、物流服务环境。同时，提高内陆地区的海关通关便利性，可以在很大程度上提高内陆地区的开放程度，打造内陆地区与国际接轨的快捷通道。

具体举措：创新管理模式，以企业单元为管理对象，以电子账册为管理工具；创新通关模式，推行"属地申报、快速验放"，实现"一次申报、一次查验、一次放行"；创新服务模式，提供网上报关、网上支付、提前支付等服务方式，配套担保、上门、一站式等服务模式。

2. 避免保税区内多头管理，提高监管效率

针对海关特殊监管区域和保税监管场所的政策、功能以及通关环境的不足，进行"政策整合"；针对保税物流管理的法规配套不完善，大多属于部门性行政规章，保障层次低，保税港区立法滞后等问题，进行"职能整合"。

具体举措：制定高层次相关的专门性、全国性基本法律法规，采用国家海关统一标准政策，调节地方政府和管委会职责定位和管理的问题，分别对各种海关监管区域进行规范，全面协调管理各类海关特殊监管区域。在相关级别设立统一协调部门或工作组，协调中央与地方法规，协调部门与部门法规，梳理统一关键政策，减少部门冲突，

降低交易成本。

二　提高开放程度

针对内陆地区外贸依存度不高，外商投资比重低的特点，为提高内陆城市开放程度，进而促进内陆保税体系的逐步完善和国际化，提高内陆保税区运作效率，应加强内陆地区市场环境的硬件和软件建设：

1. 加强内陆城市基础设施硬件建设

城市基础设施是其达到经济效益、社会效益、环境效益的必要条件之一。加强内陆地区城市基础设施建设，能够有效提升内陆地区的产业配套能力、经济成长能力和对外开放度，吸引外商投资企业或相关产业落户内陆保税区。为此，应加强内陆城市的交通系统、能源系统、通信系统、给排水系统、环境系统、防灾系统等工程设施。

具体举措：根据城市基础设施具有生产性的特点，应创新基础设施投资补偿机制，完善治理结构，通过市场补偿或市场和财政复合补偿等市场化运转模式，投资建设服务于生产部门的供水、供电、道路和交通设施、邮电通信设施、仓储设备、绿化、排污等环境保护和灾害防治设施。

疏通公路交通网络、铁路交通网络，积极疏通长江流域，以改善内陆地区的水运运输通道，吸引外来投资资金，进一步优化区域交通网络，选用更为完善、便捷的陆、空交通方式，弥补内陆地区在海运方面的劣势，在提高加工贸易企业满意度的同时，带动区域经济腾飞，是未来较长时期内陆地区地方政府政策引导的重点范畴。

2. 提高内陆市场化水平，夯实软环境

内陆加工贸易能够在内陆生根开花，成功从第一阶段的政府主导，逐步过渡到第二、第三阶段的企业自主发展，还需要内陆在提高市场化程度方面有更多的进步，调动各方积极性，让外商及外地企业能够在地区的增长和发展中真正受益，从而从根本上增强内陆保税地区的外资吸引力和市场开放度。

具体举措：内陆政府逐步纠正在政府职能中的"越位"和"缺位"，将更多的资源用于当地教育与医疗公共投入，创造吸引人才和

招商引资的软环境，放手让利于市场。制定优惠政策，大力培育市场中介产业，以及围绕地区龙头产业的配套服务产业和各种交易市场，多方位激活现有要素和资源，优化机制设计。

三　加强信息化建设

1. 整合资源，共享信息

前述实证分析中得出保税基础环境中的信息化建设问题比较突出，信息化管理系统分散，资源难以整合。因此，需要构建海关与保税加工、保税物流企业间的信息共享平台。加强各个保税区的信息共享平台建设，以实现保税区的海关、企业的货物进出口信息共享，提高保税通关物流的信息化程度，促进保税物流"订单电子化、通关快速化、物流即时化"的实现。

具体举措：内陆地区应加快规划建设保税港区云服务平台，通过信息集成，整合国内外、内陆与沿海的加工贸易资源，提高保税服务能力和通关效率，实现保税区信息互联互通。

2. 政府出资，打破信息平台融资僵局

保税港信息平台建设投资回报周期长，民间企业力量难以主导其规划和建设，这一类的产品属于准公共物品，多由政府出资提供。

具体举措：政府主导规划投资建设保税港区信息平台，着力开发与建设能够支撑国际物流、国际金融和电子商务等的集成化信息平台，优化保税港区投资经营环境。

四　加强保税区内外联系

内陆地区发展加工贸易的初级目的是抓住全球产品内分工的大趋势，实现对沿海地区原有加工贸易顺利承接，通过大量投资在短时间内利用外部刺激实现内陆地区区域经济快速发展。然而，正如理论分析中的索洛模型所示，没有技术增长，单靠经济存量的经济是没法长远发展的，内陆地区发展加工贸易不仅要引进产业，更要通过国内和区域内企业在产业内的融入实现产业的扎根发展，而保税区是实现这一目的的重要窗口。

具体举措：在引进加工贸易产业相关企业时，可以将本地化作为给予各种优惠政策的条件之一，比如管理和技术人员的本地化比例、

相关配套企业的本地化比例等，积极响应保税区带来的技术外溢效应；对当地企业进入产业给予相关的优惠和扶持；通过政府的力量积极对其管理水平和生产技术进行提升，使其具有更高的竞争力来参与加工贸易国际分工。

第六章 构建内陆现代物流体系

在前述理论研究的基础上，本章对物流进行分析，通过问卷调查及实证分析工具，了解目前内陆地区物流体系的现状，并找出问题进行原因分析。

现代物流是内陆开放加工贸易的重要保障。鉴于此，本章以重庆及郑州所代表的内陆地区现代物流发展为例，通过对两地加工贸易企业负责人或有关专家的问卷调查，分析物流体系中影响企业对内陆地区投资的因素及其重要度和满意度，找出二者主要差距所在，并据此分析存在的主要问题及原因。

第一节 物流关键影响因素

现代物流发展水平是加工贸易产业发展的重要因素。其中，包括物流通道、物流环境、运输成本等方面的因素。

一 指标体系构建

根据相关文献研究和实际情况，本章分析提炼出影响内陆现代物流的重要影响因素。本章选用4个二级指标来反映内陆地区的现代物流因素，分别为内陆物流基础设施、运输成本与时间、物流环境及国际物流通道完善程度。相应的三级指标及其含义具体如下：

1. 内陆物流基础设施

内陆物流基础设施包括公路、铁路、航空及物流园区建设，内陆物流基础设施关系到城市内部和省际运输和储存的便利性，是内陆加工贸易企业零部件的加工运输的基础支撑。内陆地区多山路，路况较差且曲折路线较多，使运输量受限，运输距离变大，物流成本过高，对加工贸易企业由东部沿海转移到中西部地区产生消极影响。

2. 运输成本与时间

运输成本与时间是加工贸易产业模式形成的关键因素之一。内陆进行加工贸易不管是原材料采购还是成品销售都要依靠物流支持，运输成本与时间关系到产品的竞争力问题，较低的物流成本在降低产品成本上有着重要作用，较短的运输时间有助于快速响应市场需求。

3. 物流环境

物流环境包括物流优惠政策、公共物流信息平台、物流企业发展水平、物流专业人才供给等方面，这些方面反映了目前内陆地区的物流水平及物流模式。发展内陆加工贸易离不开良好的物流环境支撑，地区的整体物流环境决定了能在多大程度上满足加工贸易企业对物流的需求。

4. 国际物流通道完善程度

国际物流通道关系到提升内陆地区区位优势问题，具有完善的国际物流通道才能吸引更多有实力的大型物流企业，提高地区的物流整体水平，增强内陆地区的交通优势。我们选择国际物流的水路、铁路、航空及公路运输状况作为三级指标。

对各项二级指标进行关键因素选取，得到影响现代物流的 15 个三级指标，确定了影响内陆现代物流的指标体系，具体指标体系如图 6－1 所示。

二　研究方法设计

本章采用的研究方法为问卷调查法。为了保证问卷的价值性和有效性，本次调查的主要对象为重庆市和郑州市所代表加工贸易企业的主要领导或负责人，保证了调查结果的针对性。最后回收访谈问卷 15 份，有效问卷 13 份，问卷的回收率为 100％，有效问卷的回收率为 87％。

根据调查目的和主题，确定了调查项目，经过专家的建议最终定稿调查问卷。问卷包括：机构的基本情况、影响内陆加工贸易现代物

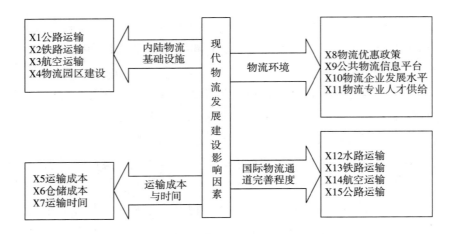

图 6 - 1 影响现代物流发展的指标体系

流因素的重要度及满意度评价，以及开放性问题三个部分，内容如下
（见附录2）：

1. 企业机构的基本情况

通过此部分对企业及机构的情况做一个大致的了解，主要调查内
容包括企业及机构的名称、所在地、性质、规模、在重庆市或郑州市
的时间年限等。

2. 影响内陆加工贸易现代物流因素的重要度及满意度评价

本部分具体选取内陆物流基础设施、运输成本与时间、物流环
境、国际物流通道完善程度四个方面作为评价的主要内容。量表
仍然采用左边为影响因素的重要度评价，右边为满意度评价的
形式。

3. 开放性问题

问题主要包括：除以上这些因素外，在现代物流方面影响内陆加
工贸易发展的其他因素有哪些？与东部沿海城市相比，内陆地区的
现代物流有哪些优势和劣势？对完善内陆现代物流以吸引更多企业
机构落户重庆，有什么建议？对这份调查问卷中相关话题的其他
见解。

第二节 物流影响因素重要度评析

一 重要度评价

根据本章第二节所构建的指标体系，对调查对象进行问卷调查，对调查反馈结果进行统计整理，取平均值得到各个指标的重要性程度评价值，如表 6 – 1 所示。

表 6 – 1　影响内陆发展加工贸易的物流的因素重要度评价值

一级指标	二级指标	三级指标	重要度评价值
现代物流			4.32
	内陆物流基础设施		4.066
		公路运输	4.107
		铁路运输	4.153
		航空运输	3.901
		物流园区建设	4.075
	运输成本与时间		4.504
		运输成本	5.003
		仓储成本	4.002
		运输时间	4.505
	物流环境		3.906
		物流优惠政策	4.107
		公共物流信息平台	4.072
		物流企业发展水平	3.883
		物流专业人才供给	3.566
	国际物流通道完善程度		4.282
		水路运输	4.337
		铁路运输	4.429
		航空运输	4.311
		公路运输	4.053

二 重要度比较

调查访谈反馈的数据显示，现代物流方面，影响内陆加工贸易重要程度较高的关键因素包括：运输成本与时间、国际物流通道完善程度、内陆物流基础设施，这些因素的重要程度都在 4.000 以上。

影响现代物流发展的因素方面，达到比较重要程度以上的因素有运输成本与时间（4.504）、国际物流通道完善程度（4.282）、内陆物流基础设施（4.066），未达到比较重要程度的因素只有物流环境，其重要度得分为 3.906。

运输成本与时间方面：重要度得分结果显示，运输成本的重要程度得分达到最高值，运输成本成为加工贸易企业关注的重中之重；其次是运输时间，内陆进行加工贸易不管是原材料采购还是成品销售都要依靠物流支持，运输成本和运输时间关系到产品的竞争力问题，较低的物流成本在降低产品成本上有着重要作用；而仓储成本重要度得分相对较低。

国际物流通道完善程度方面：铁路运输的重要性得分排在第一位，其重要度得分显示，内陆加工贸易企业对国际物流中的铁路运输的重视程度远比其他三种运输方式更高；其次为水路运输；之后依次为航空运输、公路运输。

内陆物流基础设施方面：铁路运输是内陆加工贸易企业最为重要的要素，其次是公路运输，之后依次是物流园区建设、航空运输。

物流环境方面：物流优惠政策的重要性程度得分最高，其次为公共物流信息平台。然而，内陆加工贸易企业认为物流企业发展水平和物流专业人才供给对于发展内陆与贸易相比，显得重要性较低。

第三节 物流影响因素满意度评析

一 满意度评价

本节根据问卷调查结果进行统计整理（取平均值），得到影响物流发展因素的满意度评价值如表 6-2 所示。

表 6－2　　　　　　　　　现代物流影响因素的满意度评价值

一级指标	二级指标	三级指标	满意度评价值
现代物流			3.672
	内陆物流基础设施		3.775
		公路运输	3.833
		铁路运输	3.765
		航空运输	3.557
		物流园区建设	4.044
	运输成本与时间		3.531
		运输成本	2.702
		仓储成本	3.906
		运输时间	4.005
	物流环境		3.619
		物流优惠政策	4.038
		公共物流信息平台	3.584
		物流企业发展水平	3.637
		物流专业人才供给	3.213
	国际物流通道完善程度		3.768
		水路运输	3.619
		铁路运输	4.152
		航空运输	3.885
		公路运输	3.407

二　满意度比较

调查访问反馈的数据显示，内陆加工贸易企业对现代物流的现状满意度均值为 3.672。

如表 6－2 所示，加工贸易企业对内陆地区现代物流发展的满意度普遍偏低，满意程度仅为 3.672。二级指标中满意度最高的为内陆物流基础设施（3.775），其余依次为国际物流通道完善程度

（3.768）、物流环境（3.619）、运输成本与时间（3.531），现代物流方面的四个二级指标均为一般满意度水平。

内陆物流基础设施方面：满意度最高的为物流园区建设，其次为公路运输，之后依次为铁路运输、航空运输，其中只有物流园区建设达到比较满意程度。

国际物流通道完善程度方面：满意度得分由高到低分别为铁路运输、航空运输、水路运输、公路运输，只有铁路运输达到比较满意程度，其他几种运输方式的满意度得分都相对较低。

物流环境方面：物流优惠政策的满意程度得分最高，其次为物流企业发展水平，随后依次为公共物流信息平台及物流专业人才供给。物流优惠政策的满意程度得分基本达到比较满意程度，物流企业发展水平、公共物流信息平台及物流专业人才供给的满意度得分都相对较低。

运输成本与时间方面：满意度最高的为运输时间，基本达到比较满意程度，其次是仓储成本，其满意度得分接近比较满意程度，而运输成本满意度得分却未达到一般满意程度。

第四节　亟待突破因素分析

一　因素筛选标准

内陆现代物流体系发展现状或环境的好坏主要是通过各个影响因素的重要度与满意度之间的差距来反映的。在对重要度和满意度相对差值的分析中，卡诺模型（Kano，1984）为该种研究提供了标准化的方法，具体标准化过程见第六章第六节第一部分。

二　亟待突破因素的确定

按照上述方法，对问卷反馈回来的调查数据进行处理，得到"重要度评价值 – 现状满意度评价值 = 差值（因素急需改进的紧迫性）"的均值及根据上述公式计算的相对均值差异值，并进行了排列，如表6 – 3 所示。

表 6 – 3　　　二级指标重要度均值与现状满意度均值相对差异值

二级指标	重要度均值	满意度均值	均值之差	排序	相对差异值	排序
物流环境	3.906	3.619	0.287	4	0.296	1
内陆物流基础设施	4.066	3.775	0.291	3	0.411	2
国际物流通道完善程度	4.282	3.768	0.514	2	0.579	3
运输成本与时间	4.504	3.531	0.973	1	1.122	4

　　运输成本与时间、国际物流通道完善程度、内陆物流基础设施及物流环境的相对均值差异都为正，显示目前现代物流在这些方面都不能满足内陆加工贸易企业的要求，是需要改善的方面。此外，如表6 – 4 所示，运输成本与时间的相对均值差异值尤为明显，为 1.122，表明运输成本问题是发展内陆加工贸易急需解决的问题。

表 6 – 4　　　三级指标重要度均值与现状满意度均值之相对差异值

三级指标	重要度均值	满意度均值	均值之差	差值排序	相对差异值	相对差值排序
物流优惠政策	4.107	4.038	0.069	14	0.080	1
仓储成本	4.002	3.906	0.096	13	0.112	2
物流企业发展水平	3.883	3.637	0.246	12	0.272	3
铁路运输（国际）	4.429	4.152	0.277	10	0.335	4
公路运输	4.107	3.833	0.274	11	0.345	5
物流专业人才供给	3.566	3.213	0.353	8	0.353	6
航空运输	3.901	3.557	0.344	9	0.383	7
物流园区建设	4.075	4.044	0.031	15	0.400	8
航空运输（国际）	4.311	3.885	0.426	6	0.520	9
铁路运输	4.153	3.765	0.388	7	0.524	10
公共物流信息平台	4.072	3.584	0.488	5	0.560	11
运输时间	4.505	4.005	0.500	4	0.632	12
公路运输（国际）	4.053	3.407	0.646	3	0.739	13
水路运输（国际）	4.337	3.619	0.718	2	0.875	14
运输成本	5.003	2.702	2.301	1	3.230	15

对于三级指标而言，根据满意度评价值与重要度评价值之间的相对差异值大小，可以将影响内陆现代物流体系发展的因素划分为 5 个类别，依次是"很好""较好""一般""较差""很差" 5 个等级，如表 6 - 5 所示。并且按照一般方法和相对差异值法所分析出来的各个因素的等级几乎没有变化，本书以相对差异值法（卡诺模型）所得到的数据结果为分析依据。

表 6 - 5 　　　　　　　　　各个因素现状等级和分类

Ni	Ni < 0.1	0.1 ≤ Ni < 0.3	0.3 ≤ Ni < 0.5	0.5 ≤ Ni < 0.7	0.7 ≤ Ni
等级评价	很好	较好	一般	较差	很差
因素归类及个数	X8（1 个）	X10、X6（2 个）	X4、X3、X11、X1、X13（5 个）	X7、X9、X2、X14（4 个）	X5、X12、X15（3 个）

表 6 - 4 和表 6 - 5 直观地反映了内陆地区现代物流体系影响因素的现状，并且据此可以发现以下现象：

（1）物流优惠政策是企业比较认可的指标，满意度十分接近其重要度，相对差异值保持在 0.1 以下。

（2）仓储成本、物流企业发展水平这两个因素是内陆地区比较吸引企业的地方，满意度水平也比较接近其重要性程度，相对差异值保持在 0.1—0.3。

（3）铁路运输（国际）、公路运输、物流专业人才供给、航空运输、物流园区建设 5 个因素的相对差异值依次在 0.3—0.5 递增。这些影响因素的现状处于一般状态，属于企业比较重视，但满意度一般的那一类，相关部门要给予一定程度的关注和缓解。

（4）航空运输（国际）、铁路运输、公共物流信息平台、运输时间这 4 个因素的相对差异值依次在 0.5—0.7 递增。这些影响因素的现状处于比较差的状态，属于企业比较重视，但是满意度较差的那一类，相关部门要采取相应的措施，给予一定程度的改善和提高。

（5）公路运输（国际）、水路运输（国际）、运输成本这 3 个因素的满意度与重要度水平相较悬殊，相对差异值大于 0.7，说明这 3 个因素是企业相当重视，而内陆地区做得几乎很差，这是目前内陆地区发展加工贸易急需突破和解决的问题。

第五节　物流急需解决的问题

综合来看，物流运输成本、国际水路运输物流通道完善程度、国际公路运输物流通道完善程度 3 个因素评价指数最差，满意度评价值与重要度评价值最为接近的是物流优惠政策、仓储成本、物流企业发展水平等因素。各种分析所得的关键因素如表 6-6 所示。

表 6-6　　　　　　　各种分析结果显示的关键因素

最看重的前 10 个因素		综合评价最好的 8 个因素		综合评价最差的 7 个因素	
运输成本	X5	物流优惠政策	X8	运输成本	X5
运输时间	X7	仓储成本	X6	水路运输	X12
铁路运输	X13	物流企业发展水平	X10	公路运输	X15
水路运输	X12	铁路运输	X13	运输时间	X7
航空运输	X14	公路运输	X1	公共物流信息平台	X9
铁路运输	X2	物流专业人才供给	X11	铁路运输	X2
物流优惠政策	X8	航空运输	X3	航空运输	X14
公路运输	X1	物流园区建设	X4		
物流园区建设	X4				
公共物流信息平台	X9				

在综合评价最差的 7 个因素中，可以看出运输成本、运输时间对内陆物流体系的发展较大，这两个因素恰好同属于二级指标运输成本与时间，而时间成本也是企业非常重视的，所以将它们归为运输成本进行分析；水路运输（国际）、公路运输、航空运输三者也是影响内陆物流体系发展的重要因素，将其归结为国际物流通道完善程度进行分析。

一 运输成本问题及原因

内陆地区的物流企业尤其呈现出"多、小、散、弱"的情况，多数物流企业功能单一，集成化程度低，社会物流整合资源能力较弱，在物流装备和科技水平较差的环境下，我国的物流业效率比较低下。而内陆加工贸易一般伴随着进出口物资大进大出，物流运输成本成为加工贸易企业非常关注的一个问题。因此，发展好内陆加工贸易，要解决好内陆物流成本过高问题。

目前，中国普遍存在物流运输成本过高问题，2012 年中国的物流成本占 GDP 的 18%，运输费用占物流成本的 52.5%，是欧美国家的 2 倍。2015 年中国物流成本占国内生产总值的比重高达 16.6%，高于世界平均水平的 5 个百分点。2016 年物流总费用约 11 万亿元，同比增长 3% 左右，与 GDP 的比率有望降至 15% 以内，虽然这是该数值连续四年下降，但这一比率仍然高于世界平均水平，发达国家这一比率在 8%—9%。而开放度相对不高的内陆地区物流成本又普遍比开放度较大的东南沿海地区更高，过高的物流成本成为内陆发展加工贸易的制约因素。

运输成本是构成物流成本、企业经营成本的重要组成部分，结合内陆地区物流运输成本满意度不高的现状，查阅相关资料，对内陆物流运输能力、成本等问题综合分析认为，内陆运输成本不尽如人意的可能原因有：

1. 内陆物流运输距离过长

内陆地区发展加工贸易有先天的区位劣势，远离出海口导致内陆物流运输距离过长。在海洋运输作为当代国际贸易主要运输方式的背景下，内陆地区的物流运输势必比沿海地区距离长。内陆地区发展加工贸易必须首先将货物通过铁路或者公路等运到沿海，然后再通过远洋运输运到目的地，内陆地区到沿海 2000 多公里的口岸距离，无论采用哪种运输方式，运输距离都极大地增加，而运输成本也势必增加。

以西部地区最具加工贸易承接优势的三大代表性城市重庆、成都和西安为例，到达沿海代表性港口深圳的 40 尺集装箱，其单趟平均铁路运价和水运运价分别为 9241.87 元、10498.5 元、6523.94 元，到达上海港口的运价分别为 3871.29 元、7098.16 元、4175.19 元，如果是两头在外加工贸易企业，则运费将会翻倍。中部地区同样面临这种情况，以湖南邵阳为例，邵阳与南部广东口岸相距 792 公里，与东部上海口岸相距 1360 公里，到广东口岸每个标准集装箱的运输费用为 6000—8000 元，到上海口岸则为 3000—6000 元。与沿海城市相比，内陆出口商品的运输成本更大。例如，从四川绵阳运抵美国的一集装箱彩电所需的运费为 1200 美元，而从青岛运到美国，同等货物的运费只需 500 美元。同时，前者在途时间比后者要长 15 天左右。货物进出口关境运输时间长、费用高，成为中西部地区发展加工贸易的"瓶颈"。

2. 内陆地区物流运输资源整合能力弱

目前，内陆地区物流运输的结构不合理，运输方式比较单一，运输网络的总体规划不完善。我国内陆地区地域广阔，使供方和需方信息无法同步，物流作业方法方式落后于其他国家。除此之外，我国的物流业企业大部分出身并不是直接源于物流业本身，技术落后，装备水平低下，导致物流企业数量多、水平低的现状不断凸显。这些问题进一步制约了内陆地区物流企业资源整合的能力，与铁路、航空等部门缺乏足够的业务合作，尚未形成"大物流"的完整体系。导致内陆地区物流运输系统在运输成本、周转速度、运营效率、技术水平、服务水平以及市场化、产业化等方面都与国际水平存在很大差距。

3. 运输空返现象严重

以郑州地区汽车整车运输为例，郑州绝大多数企业的物流选择公路与铁路两种运输方式，载运过程中没有运送其他企业的产品，导致空返率较高，达 37%，整车物流运输成本很高，存在着回程空驶、资源浪费、运输成本高等问题。此外，在重庆，随着"渝新欧"国际物流铁路大通道的开通，尽管减少了物流运输的时间，但是，其仍然面临一些问题，全国政协委员王济光在 2013 年的"两会"上指出："物流跟踪比较困难、存在集装箱空返现象等，'渝新欧'的价值挖掘仍然不够。"渝新欧铁路线严重的空返现象，使这条国际物流通道的运输成本居高不下。

二 国际物流通道完善程度问题及原因

国际物流通道完善程度是运输时间优化的必然要求，国际物流通道完善可以缩短运输时间，提高物流的时效性。由于内陆地区的运输距离相对较长，国际物流运输通道相对较少，运输组织体系和国际物流体系通道尚不完善，在一定程度上制约了内陆加工贸易的发展。以重庆国际物流通道为例进行分析。

目前，重庆市围绕"一江两翼三洋"建设战略的国际物流大通道已经完成了基础布局。各通道情况如表6-7所示。

表 6 -7　　　　　　　　　重庆国际物流通道情况

国际通道	到达国家及地区	运输方式
新亚欧大陆桥（西北翼）	西亚、东欧	铁路为主
印度洋（西南翼）	东南亚、南亚、非洲、欧洲	公路、铁路联运
长三角通道	美洲、大洋洲、东北亚	公路、铁路、水路联运
珠三角通道	欧洲、大洋洲、东南亚、南亚、非洲	公路、铁路联运
北部湾通道	东南亚、南亚	公路、铁路联运
航空直达	欧洲、亚太、北美	空运

首先，重庆的运输组织体系不完善。目前，水路运输在重庆外贸进出口中所占比重较高。例如，重庆外贸货运量的90%以上都是通过广东、江苏、上海等口岸中转，经由长江水运运输的。铁路、航空在大通道中没有显示其自身优势，这种过度依赖长江水运物流运输方式显示目前重庆的运输组织体系存在不合理的地方。另外，渝新欧铁路线途经国家多，较长境外路线也增加了运输的协调难度和运输不确定性等因素，常常造成回程空载现象。

其次，国际物流体系通道尚不完善。第一，在航空通道方面，重庆的直达货运航线较少，并且主要集中在南亚、东南亚的国家，而到达其他国家重要城市大多需要通过香港、广州等地进行中转，延长了运输时间；第二，在公路方面尚未形成跨省的高速公路网络；第三，在水运方面，港口集疏运通道能力不足，主要体现在长江航运的碍航因素突出，码头疏港交通与城市交通的相互干扰严重影响了港口作业效率，主要是受季节性枯水期及三峡船闸通航能力影响；第四，在铁路通道方面，目前，重庆铁路运输情况为主要干线运能紧张，季节性运输能力不均衡，货运场站数量少等。另外，由于没有快速铁路网络，无法开通直接连接南方周边省份的班列，这使得运输的时间和成本较高。

第六节　对策及主要工作

一　降低物流运输成本

1. 加强区域间合作，降低运输系统的物流成本

降低内陆地区物流成本，需要加强全国区域间的合作，从国家宏观层面和区域中观层面协调政策，降低系统性物流运输成本。

具体举措：纵向举措包括争取各部委相关政策优惠，结合区域实际情况，制定相关的法律法规，并创新运用。加强与周边省市合作，整合内陆地区现有公路交通运输资源，其中包括降低公路收费标准、规范公路收费行为、遏制不合法收费因素、减少公路收费环节、实现跨区域联网收费等政策措施的落实。

2. 提高信息化管理水平及物流运作效率

政府需要规范、落实物流行业协会工作，引导建立行业信息共享平台。加快物流公共信息平台建设，建立和完善公路、航空、铁路、仓储等公共信息系统，整合商务、金融、海关、安检等政府部门的信息资源与企业物流资源，提高信息化水平，实现信息共享。

具体举措：政府出台相关财税政策，鼓励企业开展线上线下融合交易，推进发展电子商务。运用互联互通的信息系统和各种数字化媒体，对生产、流通以及消费等各个物流及商务环节进行连接，实现信息共享。借助于网络的快速信息交互，打造国际级物流企业，推动物流产业发展。

3. 建立物流沿线交易平台，整合物流和商务资源

通过集成原有分散的企业物流系统，整合分散的、零星的物流资源，协调众多物流企业业务及利益，降低跨区域物流信息不对称成本，充分配置各地域内、外两种市场资源，防止空返现象的大量出现。

具体举措：在重点空返路线沿线地域建立信息发布机制及平台，有效利用信息资源和商业资源调动运输资源，并与当地物流公司合作，实行跨国、跨区域转包、分包等物流服务，最大限度地利用域外资源。

二 完善物流基础设施建设

1. 加强基础物流设施建设，满足物流需求

相比于发达国家和沿海地区，内陆由于地理环境复杂、经济发展落后，因此相应的物流基础设施建设相对滞后。为满足加工贸易带来的大量物流需求，内陆地区首先应该进行物流基础设施建设，夯实物流发展的基础。在建设的过程中，不仅要着眼于当前的需求，还要着眼长远，制定长期建设规划。

具体举措：依托政府力量，完成前期投资大、周期长、回收慢的基础投资，例如公路、铁路、航道、机场的建设；借力政策引导，结合市场机制，加大民间资本向物流领域的流动，充实实际物流能力，对于物流企业创办给予一定的政策优惠，物流设备购置给予相应的补贴或减免等。

2. 提升物流服务水平，增强加工贸易产业竞争力

同内陆地区的物流基础设施建设一样，内陆地区的物流服务水平也相对落后。内陆地区发展物流不仅要重数量，更要重质量。当今的商业竞争激烈程度有目共睹，完备、高效的物流体系对于支撑企业快速响应市场、增加资金周转、降低库存成本方面具有重要的作用。

具体举措：引进已有的知名物流服务企业，使产业在发展初期具有高效、可靠的物流保障；大力发展本地物流专业力量，发挥加工贸易带动效应的同时，培育高度本地化的物流体系，主要包括积极培养本地物流企业，通过政府和市场力量给予其成长空间；引导本地物流

企业提升自身管理水平和运作效率等。

三　建设国际物流通道

国际物流贸易大通道是内陆与世界接轨的窗口。内陆地区发展加工贸易的主要劣势在于物流运输不如沿海方便，因此打通国际物流贸易大通道，是内陆能否快速有序地发展加工贸易的关键。目前，内陆地区运输组织体系有待完善，国际物流体系通道尚不完善，直达国外的货运航线较少，大多需要中转。

具体举措：在水运方面，应加强港口集疏运通道能力，围绕重庆建设成为长江中上游航运中心，整治长江航道，提高三峡大坝通过能力，形成重庆—上海洋山港的长江海运国际物流通。在铁路方面，逐步打通内陆省份之间的快速铁路网络，开通直达班列，连接国际物流铁路通道，强化国际物流通道集疏能力，扩大国际物流通道辐射能力。公路方面，加大省际公路建设，完善公路网络。在航空方面，发挥多式联运的功能，通过空港对物资进行集散，进一步扩大航空运输需求，开通货运直达航线。

第七章 发展现代产业集群

本章以电子信息产业为样本，以内陆典型城市加工贸易企业为调研对象，调查吸引加工贸易企业来到内陆集群的真实影响因素，考察各影响因素的重要度和加工贸易企业对内陆这些因素的现状满意度，并找出满意度和重要度的差距，分析原因，为后文有针对性地提出打造内陆地区加工贸易产业集群的政策建议提供实证依据。

第一节 发展产业集群的重要因素

一 指标体系构建

在政府起主导作用的内陆外生型产业集群的形成过程中，当地政府在扶持发展相关产业在本地集群时，面临着如何引进行业龙头企业落户当地，并依托龙头企业的号召力吸引相关配套企业跟随落户的问题。而这一问题归根结底，是政府如何保证加工贸易企业的经济效益的问题。基于经典加工贸易理论、产品内分工理论、产业集群理论、规模经济理论等研究文献，可以认为加工贸易企业形成产业集群考虑的因素体现在五大方面：人力资源环境、产业发展基础、经营成本、地方政府政策扶持以及地方宜居环境。本节基于大量的文献研究和专家访谈的方式，进一步确定了能够诠释上述 5 种影响因素的二级指标。

1. 人力资源环境

内陆地区相比沿海地区吸引加工贸易产业集群的优势之一是低廉的劳动力成本，但在同时还需考虑的是内陆劳动力市场的健全程度，以及产品内分工加工贸易中各个环节对人才的需求，因此，涉及人力资源环境的影响。本书按照劳动力来源属性将其划分为科技人才、产业工人、一线管理人员三种类型，分别调查其人力资源环境情况，并选用以下 8 个指标来反映内陆人力资源环境：科技人才供给情况、产业工人供给情况、产业工人招聘难度、产业工人技能水平、一线管理人员供给情况、一线管理人员综合素质、当地工资水平、地方政府的人才培训扶持力度。

2. 产业发展基础

一个地区、一个行业面临产业环境的好坏直接影响到相关产业是否在这个地区形成集群并在这个地区发展下去，产业发展基础是衡量产业环境好坏的重要因子，也是区域能否选择发展产品内分工的关键，包括产业在当地的重要性和产业链在当地的完善程度。本书以电子信息产业为例，选用以下 8 个因素来反映当地的产业发展基础：电子信息产业在当地的重要性、电子信息产业在当地发展前景、电子信息产业集群发展水平、产业链上游配套完善程度、产业链下游配套完善程度、上下游合作企业落户当地的情况、竞争对手落户当地的情况、当地电子信息产业科研实力。

3. 经营成本

经营成本是产业集群形成的直接影响因素。经营成本是指在经营期内应该负担的全部成本，包括销售成本、销售税金以及期间费用等。本书选用水电气和通信等综合成本、当地商务成本两个方面来综合反映企业在当地的经营成本。

4. 地方政府政策扶持

一个区域要形成产业集群优势，基于产品内分工发展加工贸易，既有必然性也有偶然性。在这种必然性和偶然性相结合并且将偶然性转化为必然性的过程中，政府就发挥了重要的作用，尤其是中国内陆地区，由于其与世界其他地区尤其是中国大陆东部沿海地区之间的地理差异，内陆地区更应该注重发挥政府的能动作用，从政策方面弥补地域上的不足。前面的理论研究已经表明，制度因素对加工贸易产业的发展起着关键性作用。本书结合政府已经出台或将要出台的优惠政策，综合整理之后选用以下 13 个方面的指标来整体反映加工贸易产业集群需要的相关政策和制度环境：工业用地成本、工业用地供给、工业园区总体建设水平、厂房设施供给、高端科技研发人才扶持政策、高层管理人才扶持政策、税收优惠政策、金融扶持政策、专项财政补贴政策、知识产权保护政策、地方政府对该产业的重视程度、地方政府对外来企业重视程度、当地政府对加工贸易企业的重视程度。

5. 地方宜居环境

鉴于目前人均生活水平的提高，人们开始越来越追求除物质之外的其他生活享受，重视居住地的宜居状况。另外，类似电子信息产业这种新兴产业，其主要工作人员都是具有良好知识水平和素质的技术工人，不再等同于传统加工贸易企业内的一线操作工，更重视生活环境。因此，本章选用以下 5 个因素来描述当地的宜居环境，探讨形成产业集群的另一些关键因素，即当地治安状况、文化教育水平、公用设施、气候环境、生活水平。

根据前面的理论研究，提炼、构建得到影响产业集群发展的 5 个二级指标以及 36 个三级指标，从而确立了影响内陆地区产业集群形成的指标体系，具体指标架构如图 7 - 1 所示。

二　研究方法设计

确定基于产品内分工的加工贸易产业集群形成的关键因素之后，接下来需要通过调查研究确定这些因素对于加工贸易企业落户内陆地区的重要性程度，以及内陆地区在这些方面的现状，筛选较为重要且目前状况较差的因素，为下一步政策制定提供实证依据。由于内陆地区各地存在相互竞争，信息保密，故未能有大样本数据支持结构方程模型分析。鉴于此背景，本书选取目前郑州和重庆两地已经落户的主要加工贸易企业的负责人或相关专家为调查对象，通过访谈法了解他们对这些影响因素的重要度和满意度的评价，进而找出目前尤为重要且状况较差的那些因素。

本章问卷三个部分的设计内容如下（见附录 3）：

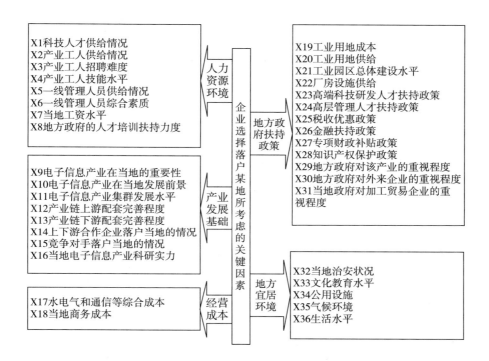

图7-1　影响产业集群发展的指标体系

（1）企业基本情况。包括公司总部所在地、内陆生产基地、公司年限、公司规模、生产的产品属性等基本问题。

（2）落户内陆地区影响因素的重要度评价和当地现状满意度评价。基于前面的理论分析，访谈调查时以影响企业落户当地的关键因素的重要度评估和当地实际情况满意度评价为主体部分。借鉴李克特五级量表法对变量进行衡量，分别给予1分至5分的评价。

（3）开放性问题。为更进一步了解企业选择生产基地所关注的因素，最大限度地发挥访谈调查的优势，设计开放性问题，以期对前述问卷中的关键因素进行补充，使整个指标体系更为完整全面，也帮助课题组进行相关问题查找及原因分析。

第二节 影响因素的重要度评析

一 重要度评价

根据前面的实证研究设计，对调查对象进行访谈式调查，对 10 位大型加工贸易企业相关负责人的调查反馈结果进行统计整理（取平均值），综合各方观点，得到各个指标的重要性程度评价值，如表 7-1 所示。

表 7-1　　影响加工贸易企业落户内陆因素的重要度评价值

一级指标	二级指标	三级指标	重要度评价值
产业集群			4.425
	人力资源环境		4.443
		科技人才供给情况	4.300
		产业工人供给情况	4.900
		产业工人招聘难度	4.556
		产业工人技能水平	4.125
		一线管理人员供给情况	4.000
		一线管理人员综合素质	4.375
		当地工资水平	4.889
		地方政府的人才培训扶持力度	4.400
	产业发展基础		4.313
		电子信息产业在当地的重要性	4.700
		电子信息产业在当地发展前景	4.500
		电子信息产业集群发展水平	4.625
		产业链上游配套完善程度	4.500
		产业链下游配套完善程度	4.222
		上下游合作企业落户当地的情况	4.400
		竞争对手落户当地的情况	3.778
		当地电子信息产业科研实力	3.778

续表

一级指标	二级指标	三级指标	重要度评价值
	经营成本		4.556
		水电气和通信等综合成本	4.778
		当地商务成本	4.333
	地方政府政策扶持		4.620
		工业用地成本	4.778
		工业用地供给	4.714
		工业园区总体建设水平	4.556
		厂房设施供给	4.667
		高端科技研发人才扶持政策	4.375
		高层管理人才扶持政策	4.375
		税收优惠政策	4.778
		金融扶持政策	4.500
		专项财政补贴政策	4.875
		知识产权保护政策	4.750
		地方政府对该产业的重视程度	4.625
		地方政府对外来企业的重视程度	4.625
		当地政府对加工贸易企业的重视程度	4.444
	地方宜居环境		4.378
		当地治安状况	4.778
		文化教育水平	4.444
		公用设施（购物、医疗、娱乐、健身等）	4.333
		气候环境	4.000
		生活水平	4.333

二 重要度比较

从调查访问反馈的数据来看，企业选址落户某一区域建设生产基地，最关心的还是地方政府政策扶持（重要度为 4.620），其次是经营成本（4.556），随后依次是人力资源环境（4.443）、地方宜居环境（4.378），最后是产业发展基础（4.313）。本书也运用层次分析法得到了与上述一致的结论。以下分析按此顺序进行：

　　在地方政府政策扶持方面，关于财政政策支持方面的专项财政补贴政策、工业用地成本和税收优惠政策是关注的重中之重；其次是关于运营保障的知识产权保护政策、工业用地供给、厂房设施供给这方面的政策；随后依次是体现地方政府对该产业态度的重视程度、工业园区总体建设水平和人才扶持政策等方面的政策。

　　在经营成本方面，水电气和通信等综合成本相对当地商务成本而言，要重要很多。

　　在人力资源环境方面，企业最关心的是产业工人供给情况；其次关心用工成本方面的当地工资水平和产业工人招聘难度；然后关注地方政府的人才培训扶持力度；排在最后的是其他类型的人力资源情况，包括一线管理人员和科技人才的供给等。相比而言，企业在产业工人要求方面更重视产业工人的供给，而非其技能水平；但对于一线管理人员更关注其素质，而非其供给量；然而在各类人才中，加工贸易企业生产基地第一关注的是产业工人，其次是一线管理人员，最后是科技人才方面的情况。

　　而对于地方宜居环境，重要度最高的是当地治安状况，其次是文化教育水平。公用设施和生活水平显得次要一些，而气候环境对企业是否落户某地建设生产基地的决定因子就更低了。

　　在产业发展基础方面，排在前三位的依次是电子信息产业在当地的重要性、电子信息产业集群发展水平、电子信息产业在当地发展前景；随后是关于产业链上合作伙伴的情况，包括产业链上游配套完善程度、上下游合作企业落户当地的情况和产业链下游配套完善程度；最后才是更宏观层面的因素，如竞争对手落户当地情况等。

　　在所有的三级指标中，企业落户内陆建设生产基地从事加工贸易，所重视的因素中排前三位的依次是产业工人供给情况、当地工资水平、专项财政补贴政策，而并没有那么看重气候环境、竞争对手落户当地的情况、当地电子信息产业科研实力三个方面的因素。

第三节 影响因素的满意度评析

一 满意度评价

本节根据 10 位主要相关企业负责人的访谈式调查结果，对调查反馈结果进行统计整理（取平均值），得到电子信息产业加工贸易企业对重庆地区影响因素的满意度评价值如表 7-2 所示。

表 7-2　　　　　　**加工贸易企业对内陆的满意度评价值**

一级指标	二级指标	三级指标	专家评价满意度
产业集群			3.212
	人力资源环境		3.061
		科技人才供给情况	3.077
		产业工人供给情况	3.100
		产业工人招聘难度	3.000
		产业工人技能水平	3.125
		一线管理人员供给情况	2.889
		一线管理人员综合素质	3.000
		当地工资水平	3.000
		地方政府的人才培训扶持力度	3.300
	产业发展基础		3.101
		电子信息产业在当地的重要性	4.313
		电子信息产业在当地发展前景	3.300
		电子信息产业集群发展水平	2.750
		产业链上游配套完善程度	2.800
		产业链下游配套完善程度	3.000
		上下游合作企业落户当地的情况	2.700
		竞争对手落户当地的情况	3.556
		当地电子信息产业科研实力	3.000

一级指标	二级指标	三级指标	重要度评价值
	经营成本		2.944
		水电气和通信等综合成本	2.667
		当地商务成本	3.222
	地方政府政策扶持		3.518
		工业用地成本	4.620
		工业用地供给	4.000
		工业园区总体建设水平	3.111
		厂房设施供给	3.667
		高端科技研发人才扶持政策	3.000
		高层管理人才扶持政策	2.875
		税收优惠政策	3.222
		金融扶持政策	3.500
		专项财政补贴政策	3.875
		知识产权保护政策	3.750
		地方政府对该产业的重视程度	3.750
		地方政府对外来企业重视程度	3.875
		当地政府对加工贸易企业的重视程度	3.778
	地方宜居环境		3.440
		当地治安状况	4.378
		文化教育水平	3.300
		公用设施（购物、医疗、娱乐、健身等）	3.200
		气候环境	3.200
		生活水平	3.000

二 满意度比较

从调查访问反馈的数据来看，企业相关负责人所反馈的对内陆生产基地各个指标的满意度平均值为 3.212，满意度水平处于"一般满意"和"比较满意"之间。企业对内陆地区的满意度最高的是地方政府政策扶持（3.518），其次是地方宜居环境（3.440），随后依次是产业发展基础（3.101）、人力资源环境（3.061），最不满意的因素体现在经营成本（2.944）方面。以下分析按此顺序进行：

在地方政府政策扶持方面，最令加工贸易企业满意的是工业用地成本、工业用地供给、专项财政补贴政策、地方政府对外来企业重视程度4个因素；随后是当地政府对加工贸易企业的重视程度、知识产权保护政策、地方政府对该产业的重视程度、厂房设施供给、金融扶持政策、税收优惠政策等因素；而加工贸易企业最不满意的因素是高层管理人才扶持政策、高端科技研发人才扶持政策、工业园区总体建设水平3个因素。

在地方宜居环境方面，企业对当地的治安状况满意度高达4.378，对文化教育水平、公用设施（购物、医疗、娱乐、健身等）、气候环境三个因素的满意度维持在"一般满意"以上，但是对当地生活水平的满意度偏低。

在产业发展基础方面，加工贸易企业对内陆地区的电子信息产业在当地的重要性、竞争对手落户当地的情况的满意度最高；对电子信息产业在当地发展前景、产业链下游配套完善程度、当地电子信息产业科研实力3个因素的满意度次之；而对产业链上游配套完善程度、电子信息产业集群发展水平、上下游合作企业落户当地的情况的满意度很低，几乎处于不满意的范畴。

在人力资源环境方面，加工贸易企业对各个因素的满意度水平相对比较集中，都处于"一般满意"水平左右，其中满意度最高的是地方政府的人才培训扶持力度，满意度为3.300，最不满意的因素是一线管理人员供给情况，其满意度水平为2.889，其他的六项因素，包括产业工人技能水平、产业工人供给情况、科技人才供给情况、产业工人招聘难度、一线管理人员综合素质、当地工资水平的满意度水平集中在3.0—3.2。

在经营成本方面，加工贸易企业对内陆地区的水电气和通信等综合成本的满意度水平最低（2.667），也是所有三级指标中满意度水平最低的因素。

在所有的三级指标中，外来加工贸易企业对内陆地区满意度最高的是工业用地成本、当地治安状况、电子信息产业在当地的重要性、工业用地供给。地方政府对外来企业重视程度、地方政府对该产业的重视程度、专项财政补贴政策、当地政府对加工贸易企业的重视程度、知识产权保护政策则处于较为满意的水平。而满意度最低的是水电气和通信等综合成本、上下游合作企业落户当地的情况、电子信息产业集群发展水平、产业链上游配套完善程度、一线管理人员供给情况 5 个因素，均属于不满意范畴。

第四节　亟待突破因素

一　因素筛选的标准化

内陆地区的地方政府吸引电子信息加工贸易产业企业落户当地时，急需解决突破的因素是通过各个影响因素的重要度与满意度之间的差距来反映的。在对重要度和满意度相对差值的分析中，卡诺模型（Kano，1984）为该种研究提供了标准化的方法，具体标准化过程见第六章第六节第一部分。

二　亟待突破因素的确定

按照上述方法，对问卷反馈回来的调查数据进行处理，通过"重要度评价值 − 现状满意度评价值 = 差值（因素急需改进的紧迫性）"求得其均值，以及重要度均值和满意度均值的相对差异值如表 7 − 3 和表 7 − 4 所示。

表 7 − 3　　　　二级指标重要度均值与满意度均值之差

二级指标	重要度均值	满意度均值	均值之差	排序	相对差异值	排序
地方宜居环境	4.378	3.440	0.938	1	0.952	1
地方政府政策扶持	4.62	3.518	1.102	2	1.180	2
产业发展基础	4.313	3.101	1.212	3	1.212	3
人力资源环境	4.443	3.077	1.366	4	1.407	4
经营成本	4.556	2.944	1.612	5	1.703	5

表 7 - 4 　　　　　　　　　三级指标重要度均值与满意度均值之差

三级指标	重要度均值	满意度均值	均值之差	差值排序	相对差异值	相对差值排序
竞争对手落户当地的情况	3.778	3.556	0.222	1	0.227	1
当地治安状况	4.778	4.5	0.278	2	0.359	2
当地电子信息产业科研实力	3.778	3	0.778	6	0.794	3
当地政府对加工贸易企业的重视程度	4.444	3.778	0.666	3	0.800	4
气候环境	4	3.2	0.8	7	0.865	5
工业用地供给	4.714	4	0.714	4	0.910	6
地方政府对外来企业重视程度	4.625	3.875	0.75	5	0.938	7
地方政府对该产业的重视程度	4.625	3.75	0.875	8	1.094	8
产业工人技能水平	4.125	3.125	1	9	1.115	9
一线管理人员供给情况	4	2.889	1.111	17	1.201	10
金融扶持政策	4.5	3.5	1	10	1.216	11
厂房设施供给	4.667	3.667	1	11	1.261	12
电子信息产业在当地的重要性	4.7	3.7	1	12	1.270	13
科技人才供给情况	4.3	3.2	1.1	15	1.278	14
知识产权保护政策	4.75	3.75	1	13	1.284	15
当地商务成本	4.333	3.222	1.111	23	1.301	16
地方政府的人才培训扶持力度	4.4	3.3	1.1	18	1.308	17
专项财政补贴政策	4.875	3.875	1	14	1.318	18
公用设施（购物、医疗、娱乐、健身等）	4.333	3.2	1.133	19	1.327	19
文化教育水平	4.444	3.3	1.144	20	1.374	20
产业链下游配套完善程度	4.222	3	1.222	22	1.394	21
电子信息产业在当地发展前景	4.5	3.3	1.2	21	1.459	22
生活水平	4.333	3	1.333	23	1.561	23
一线管理人员综合素质	4.375	3	1.375	24	1.626	24
高端科技研发人才扶持政策	4.375	3	1.375	25	1.626	25
高层管理人才扶持政策	4.375	2.875	1.5	28	1.774	26
工业园区总体建设水平	4.556	3.111	1.445	26	1.779	27
工业用地成本	4.778	3.333	1.445	27	1.866	28
产业工人招聘难度	4.556	3	1.556	29	1.916	29

续表

三级指标	重要度均值	满意度均值	均值之差	差值排序	相对差异值	相对差值排序
税收优惠政策	4.778	3.222	1.556	30	2.009	30
上下游合作企业落户当地的情况	4.4	2.7	1.7	31	2.022	31
产业链上游配套完善程度	4.5	2.8	1.7	32	2.068	32
电子信息产业集群发展水平	4.625	2.75	1.875	34	2.344	33
产业工人供给情况	4.9	3.1	1.8	33	2.384	34
当地工资水平	4.889	3	1.889	35	2.496	35
水电气和通信等综合成本	4.778	2.667	2.111	36	2.726	36

由表 7-3 可知，二级指标的重要度均值与满意度均值之差均大于 0，说明各二级影响因素的客观状况是需要改善的。

在所有的重要因素中，经营成本、人力资源环境两个方面尤其需要加强重视和改善，其次是产业发展基础，再次是地方政府政策扶持，相对而言，加工贸易企业对内陆地区的宜居环境满意度最接近其重要性程度，也就说明该指标的重要度和满意度是比较合适的。

对于三级指标而言，根据满意度评价值与重要度评价值之间的相对差异值大小，可以将影响企业落户内陆地区的影响因素划分为 5 个类别，依次是"很好""较好""一般""较差""很差" 5 个等级，如表 7-5 所示。并且按照一般方法和相对差异值法所分析出来的各个因素的等级是几乎没有变化，本书以相对差异值法（卡诺模型）所得到的数据结果为分析依据。

表 7-5　　　　　　　　　各个因素现状等级和分类

Ni	Ni < 0.9	0.9 ≤ Ni ≤ 1.27	1.27 < Ni ≤ 1.6	1.6 ≤ Ni < 2.0	2.0 ≤ Ni
等级评价	很好	较好	一般	较差	很差
因素归类及个数	X15、X32、X16、X31、X35（5 个）	X20、X30、X29、X4、X5、X26、X22、X9（8 个）	X1、X28、X18、X8、X27、X34、X33、X13、X10、X36（10 个）	X6、X23、X24、X21、X19、X3、X25（7 个）	X14、X12、X11、X2、X7、X17（6 个）

　　上述表 7-4 和表 7-5 直观地反映了内陆地区吸引电子信息加工贸易企业落户当地形成产业集群的影响因素的现状，并且据此可以发现以下现象：

　　（1）竞争对手落户当地的情况、当地治安状况、当地电子信息产业科研实力、当地政府对加工贸易企业的重视程度、气候环境是企业比较认可的指标，满意度十分接近于其重要度，相对差异值保持在 0.9 以下。

　　（2）工业用地供给、地方政府对外来企业重视程度、地方政府对该产业的重视程度、产业工人技能水平、一线管理人员供给情况、金融扶持政策、厂房设施供给、电子信息产业在当地的重要性 8 个因素是内陆地区比较吸引企业的地方，满意度水平比较接近重要性程度，相对差异值保持在 0.9—1.27。

　　（3）科技人才供给情况、知识产权保护政策、当地商务成本、地方政府的人才培训扶持力度、专项财政补贴政策、公用设施（购物、医疗、娱乐、健身等）、文化教育水平、产业链下游配套完善程度、电子信息产业在当地发展前景、生活水平 10 个因素的相对差异值依次在 1.27—1.6 递增。这些影响因素的现状处于一般状态，属于企业比较重视，但是满意度一般的那一类，相关部门要给予一定程度的关注和缓解。

　　（4）一线管理人员综合素质、高端科技研发人才扶持政策、高层管理人才扶持政策、工业园区总体建设水平、工业用地成本、产业工人招聘难度、税收优惠政策这 7 个因素的相对差异值依次在 1.6—2.0 递增。这些影响因素的现状处于比较差的状态，属于企业比较重视，但是满意度较低的那一类，相关部门要采取相应的措施，给予一定程度的改善和提高。

　　（5）上下游合作企业落户当地的情况、产业链上游配套完善程度、电子信息产业集群发展水平、产业工人供给情况、当地工资水平、水电气和通信等综合成本这 6 个因素的满意度与重要度水平相差悬殊，相对差异值大于 2.0，说明这 6 个因素是企业相当重视，而内陆地区做得很差，这是目前内陆地区发展加工贸易急需突破和解决的问题。

第五节　急需解决的问题

综合来看，上下游合作企业落户当地的情况、水电气和通信等综合成本、当地工资水平、产业工人供给情况、电子信息产业集群发展水平、产业链上游配套完善程度6个因素评价指数最差，满意度评价值与重要度评价值最为接近的是竞争对手落户当地的情况、当地治安状况、产业科研实力、当地政府对加工贸易企业的重视程度、气候环境等因素。各种分析所得的关键因素如表7-6所示。

表7-6　　　　　各种分析结果显示的关键因素

最看重的前10个因素		综合评价最好的10个因素		综合评价最差的10个因素	
产业工人供给情况	X2	竞争对手落户当地的情况	X15	水电气和通信等综合成本	X17
当地工资水平	X7	当地治安状况	X32	当地工资水平	X7
专项财政补贴政策	X27	当地电子信息产业科研实力	X16	产业工人供给情况	X2
当地治安状况	X32	当地政府对加工贸易企业的重视程度	X31	电子信息产业集群发展水平	X11
水电气和通信等综合成本	X17	气候环境	X35	产业链上游配套完善程度	X12
工业用地成本	X19	工业用地供给	X20	上下游合作企业落户当地情况	X14
税收优惠政策	X25	地方政府对外来企业重视程度	X30	税收优惠政策	X25
知识产权保护政策	X28	地方政府对该产业的重视程度	X29	产业工人招聘难度	X3
工业用地供给	X20	产业工人技能水平	X4	工业用地成本	X19
电子信息产业在当地的重要性	X9	一线管理人员供给情况	X5	工业园区总体建设水平	X21

　　要素成本一直是影响企业利润的重要因素，在综合评价最差的 10 个因素中，水电气及通信等综合成本、当地工资水平对加工贸易企业经营影响较大。从解决的路径来看，在我国，一个地区的水电气和通信服务等价格一般具有较大刚性，而资源类产品的价格的整体性、系统性调整往往需要涉及企业、政府、居民等各利益主体的复杂博弈，牵一发而动全身，因此其政策调整难度较大。目前政府在这个方面的政策调整，在操作层面较难实施，通常的做法是通过侧面财政补贴和税收优惠两种政策手段予以改善。另外，一个地区产业工人的工资水平是由当地的综合经济环境和物价水平所反映的，政府部门对工资水平的干预很难有合适的把握，通常由于相关的财政补贴政策花费大量的政策成本，而带来的是企业对政府的长期依赖，或者只有短期的刺激作用，经济效应难以体现。因此，这两个因素我们没有纳入最后的分析。

　　产业工人供给情况和产业工人招聘难度两个因素重要却令企业不满意是目前全国加工贸易发展所遭遇的共同瓶颈，内陆也有其特点和原因，本书在第九章将用到专门的分析工具和分析视角来探索产业工人供给不足的问题及原因，探求产业工人的内在诉求。

　　从表 7-6 中还可以看出，税收优惠政策、工业园区总体建设水平、工业用地成本同属"地方政府政策扶持"指标下的三级指标，其中工业用地成本和税收优惠政策都进入了最看重的 10 个因素中，且三个指标都不尽如人意。所以，将这三个因素归结起来进行地方政府政策扶持问题原因分析。

　　电子信息产业集群发展水平、产业链上游配套完善程度、上下游合作企业落户当地的情况这三个因素同属产业集群程度因素，是促进内陆地区产品内加工贸易发展，形成规模效益，更好地承接国内外产业转移的重要保证，得到了参与调查企业高管的一致重视，但也看出内陆地区目前在这方面还做得相当不够，需要深入关注和重视。因此，本书将选择产业集群发展水平这一指标来代表三个指标，对其进行分析。

一 政府政策扶持力度问题

1. 税收优惠政策不利于国产配套

税收政策问题是加工贸易企业在产业集群过程中面对的突出问题，是加工贸易企业落户一个国家或地区所主要考虑的问题，从前述实证结果看，内陆在这方面做得并不令加工贸易企业满意，但其中存在包括内陆在内的国内所有地区发展加工贸易中普遍面临的问题，这里以全国为范围统一进行分析。

目前我国对加工贸易的税收优惠政策大都集中在产品的最终环节上，而对之前的生产环节优惠力度不强，导致国产的原材料和中间生产环节的投入品与国外相比质量低，技术含量很低，缺乏竞争力。而且，在减税免税政策和结算政策方面，国产料件和进口料件也存在很大不同，对进口料件实行减免进口关税和出口增值税，而对国产料件并不实行相应的减免政策，这大大提高了使用国产料件的成本，使加工贸易企业放弃国产料件去选择进口料件。现行加工贸易税收政策规定，如果加工贸易出口存在使用国产料件的商品，则应按一定比例征收出口关税，如果出口只使用进口料件的商品，则可以免税。另外，来料加工和进料加工的生产方式如果使用国产料件，则应将国产料件的税额或部分税额转入到生产成本，然而近年来，我国出口退税率被进一步下调，加工贸易企业特别是进料加工企业使用国产料件时，要比使用进口料件承担更高的税收负担，这直接导致众多加工贸易企业通过选择放弃国产料件的加工贸易方式来降低税负，这显然影响到我国加工贸易整体附加值的提高，也不利于我国原材料和中间投入品采购率的提高，同时在一定程度上妨碍了纵向上下游制造产业链的集聚。

2. 工业用地成本不断上升

目前，全国范围内，生产要素成本不断提高，土地成本也不例外。在城镇化和工业化的快速建设中，我国的土地资源不断减少，耕地面积从 2001 年的 19.14 亿亩减少到 2016 年的 18.26 亿亩，建设用地和工业用地成本不断升高。在西部内陆地区，由于地广人稀，土地利用率明显低于东部沿海各个省份，西南地区多为山区，水土流失等自然灾害严重，再加上多年来对土地资源的不适当利用，这些因素使土地资源在内陆地区更为珍贵。表7－7和表7－8是2015年、2016年内陆地区典型城市工业用地和建设用地的价格。

表7－7　　　　　　　内陆地区重点城市工业用地综合价格水平

单位：元/平方米、%

城市	2015 年全国地区第一季度建设用地价格							
	地面地价水平				地价同比增长率			
	综合	商业	居住	工业	综合	商业	居住	工业
重点城市	5114	8624	7512	986	5.77	3.76	8.72	2.73
东部地区	7767	16326	12699	1262	12.06	7.15	17.82	8.04
中部地区	2482	3961	3059	644	5.89	4.67	8.37	1.73
西部地区	3226	6405	4108	624	3.47	1.61	5.97	1.50

表7－8　　　　　　　内陆地区典型城市建设用地价格　单位：元/平方米、%

地区	2016 年全国地区第一季度建设用地价格							
	地面地价水平				地价同比增长率			
	综合	商业	居住	工业	综合	商业	居住	工业
重点城市	5368	8952	7971	1023	4.96	3.79	6.07	3.78
东部地区	8348	17196	13910	1333	7.42	5.30	9.49	5.50
中部地区	2560	4080	3194	653	3.16	3.02	4.38	1.59
西部分区	3270	6501	4174	630	1.46	1.57	1.52	1.23

资料来源：中国土地勘测规划院城市地价动态监测组，2015 年、2016 年。

以上数据显示，中西部内陆地区的工业用地成本在不断上涨，已成为加工贸易企业落户内陆，形成集群的重要瓶颈因素。

3. 工业园区总体建设水平问题

（1）内陆园区建设缺乏科学规划，重优惠政策、轻质量提高。内陆加工贸易工业园区建设基本上是外生产业集群型，即政府主导型，政府采用特殊政策手段兴建工业园区，作为内陆地区发展加工贸易，形成产业集群的初步阶段，是一种必要且有效的手段，但也存在较多弊端，尤其是内陆地区园区规划水平不高，建设水平落后，导致园区自主发展能力较弱。首先，园区建设不得不过度依赖优惠政策措施和土地经营，给地区政府带来税收的流失；其次，一些内陆地方政府在工业园区建设过程中仍然更多地关注招商引资的数量、产值、出口总值等数量型指标，轻视可持续发展能力、内在竞争力、研发能力等质量型、效益型指标。

（2）园区投资环境差，企业流动性大，园区空心化压力大。首先，目前还处在筑巢引凤阶段的内陆工业园区中，其产业集群仍然呈现出这样的状况：信息成本高，中介服务组织不成熟，人才匮乏，各类高等教育和职业教育培训滞后，知识流动和积累效率低，创新动力不足。其次，大多数入驻内陆园区的加工贸易企业目的在于获得土地出让、税收等优惠政策利益，吸纳当地廉价资源，获得成本优势，因此植根地方经济性不强，在扩大再生产和后续投资方面积极性不高，而且，很多落户内陆的加工贸易企业所从事的价值链的低增值环节，对成本变化反应极度敏感，一旦低成本优势失去，内陆加工贸易工业园区将会遇到残酷的产业转移和工业园区产业空洞化的危机。最后，为抓住我国加工贸易西移，吸引加工贸易企业集群的机遇，各内陆省市、市县营建工业园区的竞争日趋白热化，内陆工业园区建设面临激烈的区域竞争压力。

二 产业集群发展水平问题

1. 产业集群程度低

2008 年世界金融危机之前，全国产业集群有 748 个，东部地区拥有 563 个，占全国总量的 75.3%，中部有 109 个，西部为 76 个，两地区加起来仅占全国的 24.7%。何龙斌（2011）以美国经济学家 P. Haggett 提出的区位商①计算方法来衡量地区加工贸易集群水平，选取 2009 年豫、陕、川、粤四地的 11 个加工贸易行业进行对比分析，计

---

① 区位商是指一个地区特定部门的产值在地区工业总产值中所占的比重与全国该部门产值在全国工业总产值中所占比重之间的比值。区位商大于 1，可以认为该产业是地区的专业集群化部门；区位商越大，专业集群化水平越高；如果区位商小于或等于 1，则认为该产业是自给性部门。

算出各地的加工贸易产业区位商，也得出了中西部地区产业集中低、本地配套能力差的结论，如表7-9所示：

表7-9　　豫、陕、川加工贸易产业区位商分布与广东的比较

加工贸易相关行业	河南	陕西	四川	广东
纺织服装、鞋、帽制造业	0.44	0.11	0.28	0.85
文教体育用品制造业	0.23	0.03	0.05	2.29
通用设备制造业	0.98	0.58	1.27	0.35
专用设备制造业	1.25	1.14	1.17	0.39
电气机械及器材制造业	0.38	0.66	0.59	1.88
通信设备、计算机及其他电子设备制造业	0.06	0.24	0.66	3.89
仪器仪表及文化、办公用机械制造业	0.69	0.94	0.46	2.27
家具制造业	0.97	0.1	1.41	1.3
塑料及橡胶制品业	0.76	0.28	0.84	0.93
金属制品业	0.63	0.29	0.87	0.8
工艺品及其他制造业	1.38	0.19	0.27	1.62
以上行业综合	0.57	0.47	0.79	1.97

资料来源：何龙斌：《中西部地区承接国内加工贸易产业转移的难点与突破》，《产业经济》2011年第4期。

由表7-9可知，除机械制造业中的通用设备制造业、专用设备制造业的区位商内陆地区高于沿海地区以外，其他加工贸易制造业均出现东部沿海单个产业和整体产业区位商均高于中西部地区主要城市的情况。中西部的河南、陕西、四川、山西、湖南、湖北、重庆等重工业基础雄厚的地区，有国家重点投资建设的大中型国有企业，因此在大中型企业周围聚集了一批产业配套的企业，在引入制造业加工贸易企业，形成产业集群中起到至关重要作用，而其他大部分加工贸易制造业则在沿海地区形成了集群。总体来说，中西部地区加工贸易产业配套和集群程度与东部发达地区相比还很低，仍然处于起步阶段。

2. 产业配套能力弱

加工贸易的产业配套条件是加工贸易企业能否在转移后"扎根"

的土壤。为了能引来并留住东部加工贸易，内陆地区必须重视完善加工贸易的产业配套条件。因为较高的本地产业配套能力不仅可以有效降低加工贸易物流进项成本，还能够降低生产成本、人力资源获取成本，甚至研发成本，从而降低加工贸易企业总成本。如今，沿海地区相关产业的本地配套能力已经很高，其本地配套率达95%以上，而内陆地区同一指标还不到30%。

内陆加工贸易配套能力不足势必导致这些地区缺乏长期发展后劲，究其原因，一是技术水平因素，内陆地区配套技术水平落后是导致内陆地区加工贸易产业配套能力弱的根本性因素。目前在加工贸易的配套产业中，高端的原材料和零部件，以及制造业中的高新技术产业所需要的配套产业对配套地区的相关产业的技术和质量都有很高的要求，但是，内陆企业料件无论是在质量或是技术上，都无法达到外商投资企业对这两方面的要求，最终导致内陆配套产业难以匹配加工贸易的发展。二是内陆企业经营机制落后，内陆地区企业机制僵化，现代企业治理模式尚未健全，导致料件质量不稳定，难以获得加工贸易外商投资企业的信任，也难以从机制上保证需求方日益提升的对原材料、零部件、半成品各方面的要求，使内陆配套企业难以获得供应商的地位。

3. 内陆加工贸易模式产业链条短，产业带动作用弱

现阶段，中西部一些地区的加工贸易模式延续沿海地区的传统加工贸易模式，即"两头在外"，两头在外即原料及零部件采购在外，销售在外，这给内陆原材料及零部件产业的发展带来负面效应，并意味着以外商投资为主的加工贸易企业控制了核心技术及销售渠道，尽管内陆企业参与到了产品内分工加工贸易中，但是只能参与简单的加工环节。内陆地区加工贸易的真正获利方是外方而非内陆企业，这使内陆地区原有的产业基础难以发挥作用，加工贸易的产业带动能力弱小，未能拉动当地经济发展。同时，目前内陆许多地区的加工贸易还处在产品内分工中的"一进一出、单一工序"加工的发展阶段，缺少带动性强的龙头企业和大型配套协作企业，产品加工程度不深，对内陆产业的升级换代作用不明显。并且，外商为了长期保持技术垄断优

势，以及获取高额利润，通常采取知识产权保护诉讼策略、挑动国内价格战策略等，割裂国内产业链条的形成，阻碍内陆企业形成产业集群。

4. 投资环境差制约产业集群

内陆地区经济体制机制不够宽松，开放程度低，不少地区体制机制问题深层次阻碍了经济发展和结构调整，改革迫在眉睫。如果改革滞后，不能及时消除负面影响，许多政策、措施就会变样走形，加工贸易发展的软环境就会遭到破坏。同时市场体系发育不完善也制约了内陆产业集群。内陆地区市场体系建设滞后，各种要素市场、商品市场、人才市场、信息市场、企业家市场、期货市场、区域性市场，无论在规模、功能、设施、结构、运行效率等方面都还比较落后，市场体系发育的不完善，增加了企业生产者获取各种生产资源的风险和交易成本，工资机制、竞争机制、供求机制等市场机制未能有效联动，在很大程度上影响了投资者的积极性，制约了产业集群的形成。

第六节　对策及主要工作

本章建议从加大当地政府扶持力度、加强产业集群程度两个方面着力打造基于产品内分工的产业集群，促进内陆加工贸易从第一阶段"政府主导期"尽快过渡到第三阶段"市场自主期"。

一　完善当地政府扶持政策体系

1. 运用税收政策加强原材料中间产品国内配套

税收优惠政策是吸引加工贸易企业落户内陆的重要因素，在国家层面也应有所作为，吸引更多企业从事加工贸易或外商企业投资加工贸易，优惠的税收政策将是最好的市场杠杆，能撬动市场，并形成区域性的相关产业关联和集群。

为提高内陆地区加工贸易增值率，应采取措施鼓励内陆地区对国产原材料、基础件的使用和采购，提升国内相关产业的国际国内竞争力，促进相关原材料、基础件产业与中间品产业的发展，实现国家产业结构优化。

具体举措：增加对内陆地区原材料和中间投入品等中上游产业的扶持，通过鼓励投资、使用、采购等税收优惠措施，扶持这些产业的发展，从产业链更深层次上完善加工贸易链条；对于符合条件的内陆国产料件，应在加工贸易税收政策上给予其与进口料件相同的税收优惠待遇，将退免税范围扩大到内陆国产料件；对进料加工贸易使用符合技术标准的内陆国产料件的出口产品足额退税，保证出口产品国内增值的零税率，以提升加工贸易企业使用内陆国产料件的意愿，促进我国内陆加工贸易链条中上游产业的发展。

2. 破解土地成本上涨的难题

要解决工业用地成本不断上升问题，需要推行集约化土地使用模式，将集约用地作为破解土地资源难题的根本出路。

具体举措：积极以加工贸易产业集群为契机，推进土地生态修复、土地统筹整合、土地事权改革和集约利用制度创新。制定专项规划确定产业、商住、公共用地规模比例，积极成为加工贸易土地生态利用制度综合改革试点地区，在制度建设、集约发展、集群发展等方面先行先试，从根本上解决工业用地成本攀升的问题。

3. 提高工业园区建设水平

（1）高标准规划园区建设，重环境打造，重园区内涵质量提高。内陆地区要留住加工贸易企业，摆脱重优惠政策、轻环境打造的传统套路，避免工业园区空心化，需要营造更加生态的加工贸易企业聚集"栖息地"，为此，既需要建设好硬环境，又需要营造软环境，提升园区的凝聚力和影响力、支撑力和附加值。

具体举措：政府主导硬件基础设施规划建设，如交通、通信、电力等公共物品或准公共物品；从当地园区实际出发，既需要适度超前，又不能盲目贪大，增加开发成本；政府主导打造集群发展所需要的软环境，如政务环境、法制环境、人才环境、市场环境、社会环境、金融环境、生态环境、知识产权环境以及人文环境；着力提升园区政府廉洁办公效率，做到司法公平公正。

（2）加强园区与当地经济的交流、培养企业根植性。加工贸易工业园产业集群不仅仅是企业空间的集群，更是上下游价值链的集群。园区体制机制建设需要营造文化环境，促进园区内企业的交流和学习，促进知识和信息的共享。

具体举措：制定条例及办法，鼓励园区内外企业、高等院校、研究机构等开展产学研合作交流，在提供便利的地理条件的基础上，还需提供技术、人才等方面的交流，在产业集群区形成快速学习机制，形成弹性动态园区组织结构，确立园区加工贸易企业产品开发与制造的长期优势，以培养企业根植性，留在当地园区长远发展。

二 提高产业集群程度

1. 延长产业链，提高产业带动作用

延长内陆地区加工贸易产业链包括以下三方面路径：一是调整优化区域内整个产业的运营效率，增强竞争力；二是引进行业的龙头企业，并鼓励其加工贸易料件本地化，延长内陆产品内分工产业链；三是针对内陆地区工业经济发展滞后，欠缺核心竞争力，自主研发能力弱等特点，扩大加工贸易企业对当地相关企业在技术进步与创新方面的示范效应与带动作用，促进当地配套产业群的形成。

具体举措：依托现有的科学技术，如互联网、物联网对内陆地区生产加工的种类繁多的产品和零部件进行联网管理，加快内陆地区产业链内上游的零部件、原材料向下游的整机装配厂商传递转移，进而缩短产品加工周期；制定政策鼓励加工贸易企业向上游的设计和研发推进，向中游的精益加工转型，向下游的销售、售后服务、品牌宣传延伸，将加工贸易与服务贸易结合；发展加工贸易的下游的生产性服务业，如采购配送业务，创造良好的商业环境，降低落户内陆企业之间的交易成本。

2. 基于产品内分工引进配套企业，提高产业配套能力

提高内陆地区产业配套能力需要加强对从事产品内分工的各个企业之间工作的组织、协调和指导，切实发挥好地方政府对于提高产业配套能力的指导作用。

具体举措：依托区位、资源和产业优势，围绕区域的战略性新兴产业，引进跨国公司和世界 500 强企业，整合当地企业，提高产业配

套能力，构建产业集群化发展平台。

3. 发展加工贸易的生产性服务业，完善内陆地区的投资环境

内陆地区应扶持发展相关产业产品及其零部件的专业市场，以及其他各种要素市场、商品市场、人才市场、信息市场、企业家市场、期货市场、区域性市场，降低企业生产者获取各种生产资源的风险和交易成本，完善内陆地区的市场体系。

具体举措：通过财税政策重点扶持贸易配套生产性服务业，如专业物流企业、配套金融业务、知识产权保护等科技服务业；加强对加工贸易配套服务业国际化的奖励及支持力度，提升配套服务业的国际化水平；同时吸引国际化配套服务企业进入内陆，提升开放程度，促进内陆地区加工贸易产业集群。

4. 垂直整合产业链，形成基于产品内分工的产业集群

培养相关产业集群在内陆地区自组织发展和自组织适应的环境，根据形势需要更新产业集群发展的标准，降低产业发展壁垒，促进产业内部的小企业发展，并通过制定合理措施，提高产业内部各大小企业专业性和合作能力等，形成立足于当地优势、稳定健康发展的产业集群。

具体举措：建立整机加零部件生产的全流程产业链，实现零部件生产商的本地化生产，降低相关企业的进项物流成本，缩短生产周期，提升产业链的响应速度，促进研究开发扎根本地，提升当地的产业科技水平，推动加工贸易由水平分工变为产品内分工的垂直整合，使内陆地区从事加工贸易的进项物流成本大大降低，力争达到与沿海地区进项物流成本相当的效果。

第八章 稳定产业工人队伍

本章将以内陆地区加工贸易产业工人为样本，选择产业工人工作地持续工作意愿为研究对象，通过问卷调查及结构方程建模分析，了解产业工人在一地持续工作意愿的真实影响因素，并分析产业工人对相关因素的重要度及满意度评价，找出内陆地区目前不能令产业工人满意的重要因素，并进行原因分析，为内陆地区留住产业工人在当地持续工作，从而服务于内陆加工贸易的长远发展提供政策建议的实证依据。

第一节 影响持续工作意愿的重要因素

由于不同学者在"产业"的概念以及"工人"含义的界定上存在差别，因此学界对"产业工人"内涵的界定有很多分歧。在《辞海》中是这样阐释的，产业工人是"在现代工厂、矿山、交通运输等企业中从事集体生产劳动，以工资收入为生活来源的工人"。产业工人通常也被理解为工业（在我国一般是指工业、矿业、电力、建筑和运输五大行业）中处于被管理地位的、以体力或半体力劳动获取的工资为主要生活来源的生产工人和技术工人。

本章以内陆加工贸易企业的产业工人作为研究对象，针对产业工人的工作地持续工作意愿（以下简称"工作地持续工作意愿"）影响因素进行研究。根据马斯洛需求层次理论和本书第五章第三节的理论分析，将工作地持续工作意愿的影响因素细分为生存需求、职业发展需求和社会需求三个维度，根据相关研究文献并结合本书的要求构建产业工人工作地持续工作意愿指标体系。

（1）生存需求是产业工人最基本的需求，它对意愿的影响是最基础的，生存需求直接影响到职业发展需求和社会需求。影响生存需求的因素包括：工作地的租房成本、工作地的商品房价格水平、工作地的保障性住房供给情况、工作地的收入水平、工作地的消费物价水平、工作地的交通便利性、工作地到老家的距离远近程度。

（2）职业发展是工作的重要考虑因素，产业工人的职业发展是影响产业工人工作地持续工作意愿的关键点。职业发展需求是决定产业工人是否在原企业继续工作的重要方面，影响职业发展需求的因素包括：工作地人才市场的发展水平、工作地对产业工人的需求量、工作地用工信息的获取难度、工作地找到（新）工作所用时间、工作地工资按时发放情况、工作地劳动合同及用工制度的规范性、工作地的职业发展前景、工作地公司的技能培训开展情况、工作地政府的技能培训、工作地政府对产业工人权益保护水平、工作地的整体劳动强度、工作地的整体劳动时间。

（3）社会需求是产业工人留在某地长期工作的深层次保障需求。本书将社会需求划分为社会保障需求、医疗服务需求、子女教育需求和其他社会需求四个层次，具体因素划分为以下方面：工作地的工伤保险完善程度、工作地的养老保险完善程度、工作地的医疗保险完善程度、工作地的住房保险完善程度、工作地的就医难度、工作地的医疗服务质量、工作地的医疗费用高低、工作地的产业工人子女的入学难度、工作地的产业工人子女的教学质量、工作地产业工人子女的学费高低、工作地建立朋友圈的难易程度、工作地市民对产业工人的态度、工作地政府对产业工人的重视程度、工作地经济发展前景、产业工人业余活动的丰富性、对工作地的归属感、对工作地的认同感。产业工人工作地持续工作意愿影响因素指标体系如图8-1所示。

本章选择内陆地区发展加工贸易的城市中郑州和重庆两地的产业工人作为调查对象，运用问卷调查法对这两地的产业工人选择内陆地区就业并持续工作的影响因素与现状进行调查和分析。

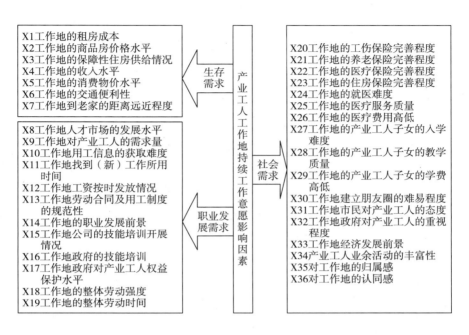

图 8－1　产业工人工作地持续工作意愿影响因素指标体系

　　根据本书对产业工人持续工作意愿影响因素的定义和指标筛选，在征询有关专家意见的基础上，本书在问卷中设置了个人基本情况、工作地持续工作意愿影响因素重要度和满意度评价、开放性问题三个部分，这三个部分的具体设计情况如下（详见附录4）：

　　1. 个人基本情况

　　本书选取了解产业工人的主要基本信息包括：性别、婚姻状况、年龄、务工年限、户籍、受教育程度、健康状况等。

　　2. 工作地持续工作意愿影响因素重要度和满意度评价

　　本书的问卷设计以产业工人工作地持续工作意愿影响因素重要度和满意度评价为主体部分。采用李克特量表的方式对变量分别给予1分至5分的评价进行测量。

　　3. 开放性问题

　　开放性问题主要是对前述问卷的补充，使问卷更加完整全面。

第二节　调查分析

此次调查的主要内容为重庆市和郑州市加工贸易企业产业工人的生存需求、职业发展需求和社会需求三大方面的主观评价，问卷发放形式为随机发放，共发放问卷 300 份，回收 261 份，有效问卷 247 份，有效问卷回收率为 82.3%，达到统计要求。

一　产业工人个人基本情况分析

产业工人个人基本情况涉及性别、婚姻状况、年龄、务工年限、户籍、受教育程度、健康状况等方面，帮助我们了解其基本情况。①

本次问卷显示，两地从事加工贸易制造的工人男女比例比较协调，其中男性占 50.2%，女性占 49.8%；从婚姻状况来看，未婚的产业工人占绝大部分，占到了 66.2%；已婚产业工人占 32.1%，只有 1.7% 的离婚，没有丧偶情况；从年龄分布情况来看，16 岁到 30 岁的人数占到了 95.1%，两地从事加工贸易制造业的产业工人主要以青壮年为主，其中以 20 岁到 25 岁的人居多；在务工年限方面，从总体来看，务工 1 年以下的产业工人占 28.1%，务工 1 年以上的产业工人占到 71.9%，说明在加工贸易企业工作的绝大部分产业工人是有务工经验的，并且有 51.2% 的人有 3 年及以上务工经验。

从受教育程度来看，两地加工贸易企业的产业工人文化素质比较高，大部分人拥有高中或中专以上学历的文化程度，小学及以下学历的产业工人只占 2.7%，初中学历的产业工人占 24.2%，高中或中专以上学历的占 72.9%，多数加工贸易企业的产业工人在完成九年义务教育以后继续学习，并且有 21.7% 的人接受了高等教育，说明内陆加工贸易企业的产业工人具有较高的文化素质；从务工地点来看，一直在重庆务工的占 36.4%，原在沿海务工现回到重庆务工的占 45.3%，这说明重庆地区加工贸易企业对产业工人具有很强的吸引力，也说明

① 因数据四舍五入，合计为可能不等于100%。

重庆市政府针对沿海务工产业工人的还乡务工政策卓有成效；从产业工人身体健康状况来看，加工贸易企业的产业工人认为身体健康状况非常好的占43.3%，很好的占34%，说明加工贸易企业产业工人身体健康状况良好，并且加工贸易企业的工作对产业工人身体健康没有负面影响，这也有助于吸引更多的产业工人进入加工贸易企业务工，形成加工贸易企业用工的良性循环。

从产业工人需要抚养子女的数量情况来看，无子女需要抚养的占到了70.4%，有1个子女需要抚养的占20.2%，有2个及以上子女需要抚养的只占9.4%。由于加工贸易企业的务工人员主要以青壮年为主，并且以未婚的产业工人为主，所以无子女需要抚养的占到了70.4%；从产业工人需要赡养老人的数量情况来看，无须赡养老人的产业工人占15.8%，需要赡养1个老人的占7.7%，需要赡养2个老人的占43.3%，需要赡养3个老人的产业工人占32.4%，说明加工贸易企业产业工人家庭赡养负担相对较重，会更加关注工作所在地的社会保障水平；从产业工人在城区的亲属情况来看，有47%的产业工人没有亲属在主城，有53%的产业工人在主城有亲属，说明选择在城市打工也可能因为有亲属在主城，所以选择在主城务工。

从产业工人从事的工作需要专业技能的情况来看，有42.1%的产业工人从事工作需要专业技能，相对以前的数据有所提高，说明产业工人自身拥有的专业技能有所提升，同时也说明加工贸易企业的用工门槛有所提高；从产业工人拥有专业技术职称或上岗证书的情况来看，有49.5%的产业工人拥有专业技术职称或上岗证书，但仍有50.6%的产业工人没有专业技术职称或上岗证书，说明政府及企业应加强产业工人专业技能的培养，提高产业工人的专业技能，使产业工人获得相应的技术职称或上岗证书，以完善加工贸易企业的用工制度。

从产业工人每月收入水平情况来看，有8.9%的产业工人每月收入在2000元以下，有56.1%的产业工人收入在2000元到3000元之间，有23.6%的产业工人收入在3000元到4000元之间，有8.1%的产业工人收入在4000元到5000元之间，有3.2%的产业工人收入在5000元以上，说明加工贸易企业的工资水平一般，高工资收入的产业工人较少，需要提高产业工人的文化素质和专业技能，以提高产业工人收入水平。

二 信度评价

信度（Reliability）是用所评价的量表重复进行多次调查产生的结果的一致性。影响信度的主要因素是随机误差，而系统误差则对量表的信度没有显著的影响，这是因为在各次调查中，系统误差以同样的方式和程度影响着调查结果。正因为如此，信度也可以理解为量表排除随机误差的能力。

按不同的测量方法，信度可以分为：重复测试信度（Test – retest Reliability）、复本信度（Alternative – forms Reliability）、内部一致信度（Internal Consistency Reliability）。

本书采用内部一致信度来评价量表的信度，以克朗巴哈 α 系数和折半信度为评价指标。

1. 克朗巴哈 α 系数

应用 SPSS，以工作地持续工作意愿满意度调查的数据为基础，将 36 个三级指标全部包含，输出结果见表 8 – 1。

表 8 – 1 可靠性统计量

克朗巴哈 α 系数	基于标准化项的克朗巴哈 α 系数	项数
0.953	0.953	36

由表 8 – 1 可以看出，36 个三级指标的整体克朗巴哈 α 系数为 0.953，基于标准化项的克朗巴哈 α 系数也为 0.953，根据学界通用的克朗巴哈 α 系数分级准则，该问卷的信度达到了甚佳的水平。

接下来看具体的分析结果即"项总计统计量"（详见附录 6）。项总计统计量里的均值和方差指的都是删除相应变量后的总分的均值和方差，在这里我们不多赘述。而第三项"校正的项总计相关系数"和第四项"删除该项的克朗巴哈值"是我们关注的重点。项总计相关系数表示的是相应三级指标与总分的相关程度，由表中我们可以看出除了

"工资及时发放情况"与总分的相关系数为 0.262 和"劳动合同及用工制度"与总分的相关系数为 0.390 之外,其余各三级指标的这一指标都大于 0.45,达到了相关要求。虽然上述两个观测变量的相关系数较低也可以看作是系统误差与随机误差共同作用的结果,而且这一系数值也在可接受的范围内。关于"删除该项的克朗巴哈 α 值"一项,同"相关系数"一样,虽然上述的两个三级指标的对应值增大,但增幅很小,最大也只有 0.001,其他项的值都是减小的,这说明该问卷内的三级指标的出现都是十分必要的。据此,从克朗巴哈 α 系数方面看,问卷具有很好的内部一致性,问卷整体三级指标的设计是合理可行的。

2. 折半信度

折半信度也是评价内部一致信度的指标。所谓折半信度,就是将问卷中的观测变量分成两半,分别计算两部分中的相关系数,如果相关程度高,则表明内部一致性较强,反之不然。

用 SPSS 的折半信度分析功能,按先后顺序把 36 个三级指标分成两组,第一组:X1 – X19;第二组:X20 – X36。

在分组完成后,用 SPSS 分析得到 Pearson 相关系数为 0.782,$p < 0.0005$,可知问卷具有较好的分半信度。

综上所述,本书所使用的这一量表具有较好的信度,据此量表收集的数据是可信的,依据数据所做的分析得到的结果也是稳定可靠的。

三　效度评价

问卷的效度指的是对象之间调查值的差异所能反映的真实值之间的差异程度,效度要求的是系统误差尽量小,也就是系统误差和测量误差都要小。效度评价是衡量一种评价体系是否能够准确反映评价目的和要求的分析方法。同信度一样,效度也可以分为以下几种:内容效度(Content Validity)、标准效度(Criterion Validity)、建构效度(Construct Validity)。

在本次分析中用建构效度作为问卷效度的评价指标。根据建构效度的特征对问卷设计的所有三级指标做因子分析。详见附录 7,共产生 6 个公因子,这些因子解释了一级指标的 63.715%,并且相应的三级指标旋转后的关于对应因子的载荷均大于 0.43。鉴于此，可以认为问卷的结构设计较为合理，能够达到设计之初所提出的目标，实现调查的目的。所以，基于该问卷收集的数据，以及对数据所做的统计分析也可以认为是准确可靠的。

由上述分析可知，"产业工人需求满意度情况调查问卷"具有合理的信度和效度，根据该问卷所得到的数据以及基于数据得到的统计分析结果是科学合理的。

四　验证性因子分析

验证性因子分析的主要作用在于验证问卷的指标结构设置的合理性。在进行因子分析之前，要对数据进行 KMO 和 Bartlett 检验，以确定其是否适合进行因子分析，检验结果见表 8 - 2。

表 8 - 2　　　　　　　　　　　KMO 和 Bartlett 检验

取样足够的 Kaiser - Meyer - Olkin 度量		0.924
Bartlett 球形检验	近似卡方	4159.616
	df	666
	Sig.	0.000

KMO 是 Kaiser - Meyer - Olkin 的抽样适当性数量，表述了变量之间的共同因素数。由表 8 - 2 可知其 KMO 值为 0.924 > 0.6，表明数据适合做因子分析。

Bartlett 球形检验给出的显著性系数是 0.000，小于显著性水平 0.5，所以拒绝原假设，认为数据适合做因子分析。而关于近似卡方值，分析得到的是 4159.616，大于显著性水平，认为本群体的相关矩阵有共同因素存在，可以做因子分析。

验证性因子分析的数学模型：

本量表中有 36 个三级指标，参见图 8 - 1。

模型假设有三个二级指标，生存需求、职业发展需求、社会需求。在这里我们把这三个因子依次设为 F_1、F_2、F_3，然后我们将三级指标 $X1 - X7$ 归结为潜变量"二级指标（F_1）"；将 $X8 - X19$ 归结为二级指标"职业发展需求（F_2）"；将 $X20 - X36$ 归结为二级指标"社会需求（F_3）"。

则有：

$X_1 = k_{11}F_1 + d_1$，$X_2 = k_{21}F_1 + d_2$，$X_3 = k_{31}F_1 + d_3$，$X_4 = k_{41}F_1 + d_4$，

$X_5 = k_{51}F_1 + d_5$，$X_6 = k_{61}F_1 + d_6$，$X_7 = k_{71}F_1 + d_7$，$X_8 = k_{82}F_2 + d_8$，

$X_9 = k_{92}F_2 + d_9$，$X_{10} = k_{102}F_2 + d_{10}$，$X_{11} = k_{112}F_2 + d_{11}$，

$X_{12} = k_{122}F_2 + d_{12}$，$X_{13} = k_{132}F_2 + d_{13}$，$X_{14} = k_{142}F_2 + d_{14}$，

$X_{15} = k_{152}F_2 + d_{15}$，$X_{16} = k_{162}F_2 + d_{16}$，$X_{17} = k_{172}F_2 + d_{17}$，

$X_{18} = k_{182}F_2 + d_{18}$，$X_{19} = k_{192}F_2 + d_{19}$，$X_{20} = k_{203}F_3 + d_{20}$，

$X_{21} = k_{213}F_3 + d_{21}$，$X_{22} = k_{223}F_3 + d_{22}$，$X_{23} = k_{233}F_3 + d_{23}$，

$X_{24} = k_{243}F_3 + d_{24}$，$X_{25} = k_{253}F_3 + d_{25}$，$X_{26} = k_{263}F_3 + d_{26}$，

$X_{27} = k_{273}F_3 + d_{27}$，$X_{28} = k_{283}F_3 + d_{28}$，$X_{29} = k_{293}F_3 + d_{29}$，

$X_{30} = k_{303}F_3 + d_{30}$，$X_{31} = k_{313}F_3 + d_{31}$，$X_{32} = k_{323}F_3 + d_{32}$，

$X_{33} = k_{333}F_3 + d_{33}$，$X_{34} = k_{343}F_3 + d_{34}$，$X_{35} = k_{353}F_3 + d_{35}$，

$X_{36} = k_{363}F_3 + d_{36}$

模型假设：

（1）误差项均值为零；

（2）误差项与因子之间不相关；

（3）误差项之间不相关。

上述方程称为测量方程，反映二级指标（潜变量，因子）与三级指标（观测变量）之间的关系。其中，k 为单位转换或是因子载荷，就是观测变量 X 能被因子 F 解释的部分，而 d 则表示残差，是观测变量 X 中不能被因子解释的部分。残差的解通常是不唯一的。

以上是本书"产业工人工作地持续工作意愿调查问卷"量表的验证性因子分析的数学模型。在数学模型建立之后，我们就要考虑选择合适的软件来进行分析。

接下来我们用 LISREL 进行验证性因子分析，将上述数学模型用 SIMPLIS 语言转化成 LISREL 程序，然后运行程序，得到输出结果有：验证性因子分析的拟合结果图、样本的实际协方差矩阵、未标准化的因子载荷（及其标准差与 t 值）以及残差方差与被因子解释的信息、自变量的相关系数矩阵及其标准差与 t 值、拟合度指标。

先看拟合度指标，这个模型的 Full Information ML Chi – Square =

1508.68，自由度为 626，由此我们可以计算出标准的 Chi‑Square 为 1508.68/626 = 2.41，小于 3，是合理的。另外一个重要的拟合度指标 Root Mean Square Error of Approximation（RMSEA）= 0.076，小于 0.08，且其置信区间刚好包含 0.08，可以认为这一指标是符合要求的。表 8 - 3 是拟合度指标输出结果。

表 8 - 3   拟合度指标

Degrees of Freedom	626
Full Information ML Chi – Square	1508.68（P = 0.0）
Root Mean Square Error of Approximation（RMSEA）	0.076
90 Percent Confidence Interval for RMSEA	(0.071；0.080)
P – Value for Test of Close Fit（RMSEA < 0.05）	0

综上，可以认为模型的整体拟合度是达到要求的，也就是说，从整体上来看，我们前边所做的模型假设是成立的，即问卷可以从生存需求、职业发展需求和社会需求三大方面来进行考量，然后分别用相应的三级指标来反映这些二级指标。接下来，我们要考察各个三级指标的具体情况。

首先观察各个三级指标完全标准化后的解，也就是关于相应因子的未标准化负荷。详细数据见附录 8。

我们看到，因子（职业发展需求）对应的三级指标"工资及时发放情况""劳动合同及用工制度"的相应载荷分别为 0.23、0.40。除这两项相应的因子载荷小于 0.5 以外，其他各三级指标相应于各自从属的因子的载荷均大于 0.5 这一公认的重要的经验法则，扣除系统误差和随机误差的影响，我们完全有理由相信上述所做的模型三级指标与二级指标的从属关系假设是合理、可靠的。

另外一个比较重要的输出结果是标准化载荷、残差及 t 值路径图（详见附录 9），该图中描述了各三级指标对应于相应因子的标准化负荷以及其标准化残差，括号内为对应的 t 值，还有各个因子之间的相关系数。在负荷标准化之后，各负荷的值之间的极差有明显的变化，显得更加集中。一般认为标准化负荷的底线是 0.5，从附录 9 中我们可以看出，本模型整体上很好地达到了这一要求，因子间相关系数也是比较高的（分别为 $F_1 \leftrightarrow F_2 = 0.71$、$F_2 \leftrightarrow F_3 = 0.86$、$F_1 \leftrightarrow F_3 =$

0.64）。其次是标准化残差，残差的意义是因子未能解释的变量的部分，应该是越小越好，在图中我们可以看出，除了"工资及时发放情况""劳动合同及用工制度"两项的残差大于0.7外，其余都小于0.7，这一结果处在公认的可接受的范围内。最后是 t 值，t 值用来计算显著性系数 p，一般认为 t 值大于2即为显著，所以由图中数据可以看出，所有的三级指标与相应因子之间的关系都是显著的。

在上边的分析过程中，我们从拟合度指数、未标准化负荷、标准化负荷、标准化残差、t 值等几方面进行了论证。结果发现，不论是在指数方面还是实际的数据分析结果方面，都证明了我们设立的模型具有较好的可行性。即本次调查所用的量表是合理的、有科学依据的，基于量表收集的数据以及根据数据得到的分析结果都是可靠的。

第三节　影响因素重要度

一　重要度描述性统计分析

本章对产业工人工作地持续工作影响因素的重要度数据进行描述统计分析，选取的指标主要有：均值、中位数、众数、标准差、偏度、峰度。表8-4为产业工人工作地持续工作意愿影响因素重要度描述统计分析的结果。

表8-4　产业工人工作地持续工作意愿影响因素重要度描述统计

潜变量	观测变量	中位数	众数	标准差	偏度	峰度	均值	均值排序
生存需求 3.95	工作地的租房成本	4	5	1	-0.948	0.198	4	17
	工作地的商品房价格水平	4	5	1	-0.715	-0.584	4	30
	工作地的保障性住房供给情况	4	5	1	-0.935	0.161	4	22
	工作地的收入水平	5	5	1	-1.359	1.041	4	1
	工作地的消费物价水平	5	5	1	-1.292	1.295	4	3
	工作地的交通便利性	5	5	1	-1.142	0.745	4	5
	工作地到老家的距离远近程度	4	5	1	-0.710	-0.250	4	21

续表

潜变量	观测变量	中位数	众数	标准差	偏度	峰度	均值	均值排序
职业发展需求 4.05	工作地人才市场的发展水平	4	4	1	−0.359	−0.472	4	35
	工作地对产业工人的需求量	4	4	1	−0.545	−0.302	4	36
	工作地用工信息的获取难度	4	3	1	−0.404	−0.515	4	33
	工作地找到（新）工作所用时间	4	4	1	−0.645	−0.337	4	27
	工作地工资按时发放情况	5	5	1	−1.282	0.770	4	2
	工作地劳动合同及用工制度的规范性	4	5	1	−0.860	−0.239	4	8
	工作地的职业发展前景	4	5	1	−0.624	−0.427	4	19
	工作地公司的技能培训开展情况	4	5	1	−0.532	−0.598	4	24
	工作地政府的技能培训	4	4	1	−0.383	−0.452	4	34
	工作地政府对产业工人权益保护水平	4	5	1	−0.702	−0.467	4	15
	工作地的整体劳动强度	4	5	1	−0.703	−0.218	4	18
	工作地的整体劳动时间	4	5	1	−0.874	−0.161	4	10
社会需求 4.12	工作地的工伤保险完善程度	5	5	1	−1.042	0.153	4	4
	工作地的养老保险完善程度	5	5	1	−0.899	−0.028	4	6
	工作地的医疗保险完善程度	4	5	1	−0.858	−0.184	4	9
	工作地的住房保险完善程度	4	5	1	−0.891	−0.146	4	14
	工作地的就医难度	4	5	1	−1.023	0.239	4	12
	工作地的医疗服务质量	4	5	1	−0.870	−0.070	4	13
	工作地的医疗费用高低	4	5	1	−0.806	−0.205	4	7
	工作地的产业工人子女的入学难度	4	5	1	−0.980	0.263	4	28
	工作地的产业工人子女的教学质量	4	5	1	−0.504	−0.744	4	25
	工作地的产业工人子女的学费高低	4	5	1	−0.597	−0.582	4	23
	工作地建立朋友圈的难易程度	4	4	1	−0.535	−1.061	4	26
	工作地市民对产业工人的态度	4	5	3	−0.602	−0.094	4	16
	工作地政府对产业工人的重视程度	4	5	1	−0.973	1.400	4	20
	工作地经济发展前景	4	5	1	−0.649	−0.116	4	11
	产业工人业余活动的丰富性	4	4	1	−0.802	−0.240	4	32
	对工作地的归属感	4	5	1	−0.441	−0.006	4	31
	对工作地的认同感	4	5	1	−0.298	−0.938	4	29

在表 8 - 4 中，就中位数来看，除工作地的收入水平、工作地的消费物价水平、工作地的交通便利性、工作地工资按时发放情况、工作地的工伤保险完善程度、工作地的养老保险完善程度这六项为"5"以外，其他的三级指标的中位数都是"4"，表明所有三级指标的重要度数据有右偏的态势；其次是众数，除工作地人才市场的发展水平、工作地对产业工人的需求量、工作地用工信息的获取难度、工作地找到（新）工作所用时间、工作地政府的技能培训、工作地建立朋友圈的难易程度、产业工人业余活动的丰富性这七项是"3"或"4"以外，其他 29 项都是"5"，表明了整个数据的集中趋势点的数值都偏大，且以"5"这一极端选项为多，这与中位数的结果一致。表中的数据还表明所有的三级指标在重要度方面其偏度全部小于零，绝对值在 0.298—1.359，说明三级指标的数据呈现出左偏的态势，这与前述的结果是一致的。峰度值则正负都有，其绝对值包含的范围则从 0.06—1.40，说明三级指标的分布的集中程度都处于一般水平。为了更加清晰地表示各个指标的意义以及三级指标的大概分布态势，选取较有代表性的三级指标"工作地的消费物价水平"作为例子，给出其重要度数据的直方图，如图 8 - 2 所示。

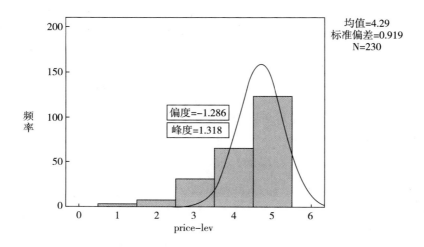

图 8 - 2 "工作地的消费物价水平"重要度数据直方图

接下来，将对均值排序分别处于前五位和后五位的三级指标进行分析。处于均值排序前五位的三级指标依次有：工作地的收入水平、工作地的消费物价水平、工作地工资按时发放情况、工作地的交通便利性、工作地的工伤保险完善程度。这五个三级指标重要度的中位数和众数都是5；偏度分别为 -1.359、-1.292、-1.282、-1.142、-1.042，绝对值全部都大于1，表明相对于其他三级指标，这五项数据的左偏程度更加明显，也就是说产业工人对这五项的期望更高、更强烈。其次，峰度依次为 1.041、1.295、0.770、0.745、0.153，前两项的峰度值大于1，后三项则小于1，最后一项则只有0.153，这说明前两项的数据分布的相对来说更加集中，中间的两项分布的集中趋势则趋于一般水平，最后一项工作地的工伤保险完善程度的分布趋势则更趋于扁平状。

均值排序为后五项的依次为（均值从小到大）：工作地对产业工人的需求量、工作地人才市场的发展水平、工作地政府的技能培训、工作地用工信息的获取难度、产业工人业余活动的丰富性。偏度分别为 -0.545、-0.359、-0.383、-0.404、-0.802。很明显，这几个三级指标的偏度都比较小，这与它们的均值排序是相互印证的。这五个三级指标的峰度分别为 -0.302、-0.472、-0.452、-0.515、-0.24。五项的峰度为负值，其分布呈低峰态，较正态分布更为分散。

二　重要度比较

本部分将结合表 8 - 4 的数据，从以上三大方面的指标中选取相对更加重要的三级指标，对内陆地区的产业工人工作地持续工作的期望因素做出排序并分析。

从表 8 - 4 中可以看出影响产业工人工作地持续工作意愿的三大需求重要度排序是社会需求4.12、职业发展需求4.05、生存需求3.95。接下来依次对各潜变量下的三级指标进行分析。

在生存需求方面，产业工人认为最重要的因素是工作地的收入水平，其次是工作地的消费物价水平，然后依次是工作地的交通便利性、工作地的保障性住房供给情况、工作地到老家的距离远近程度、工作地的租房成本、工作地的商品房价格水平。

在职业发展需求方面，产业工人认为最重要的是工作地工资按时发放情况，工作地劳动合同及用工制度的规范性排在第二位，体现了当前产业工人对劳动用工合同及用工制度认识的加深，以及对通过法律手段来保护自己合法权益的要求。再次是工作地的整体劳动时间，当前产业工人劳动时间普遍过长也是沿海地区劳动力流失的一大影响因素。剩下的依次有工作地政府对产业工人权益保护水平、工作地的整体劳动强度、工作地的职业发展前景、工作地公司的技能培训开展情况、工作地找到（新）工作所用时间、工作地用工信息的获取难度、工作地政府的技能培训、工作地人才市场的发展水平、工作地对产业工人的需求量，这些因素排序的不同体现了产业工人对影响职业发展的因素的心理期望程度，可以作为政策参考。

最后是社会需求。近年来产业工人对社会需求的渴望正在逐步地超越生存需求，这也是当前产业工人群体的一个主要特征。在本次调查中，各个社会需求因素的产业工人主观重要性排序为：工作地的工伤保险完善程度、工作地的养老保险完善程度、工作地的医疗费用高低、工作地的医疗保险完善程度、工作地经济发展前景、工作地的就医难度、工作地的医疗服务质量、工作地的住房保险完善程度、工作地市民对产业工人的态度、工作地政府对产业工人的重视程度、工作地的产业工人子女的学费高低、工作地的产业工人子女的教学质量、工作地建立朋友圈的难易程度、工作地的产业工人子女的入学难度、对工作地的认同感、对工作地的归属感、产业工人业余活动的丰富性。可以看出，排在前四位的有三项是与社会保险相关的，体现出当前产业工人对保险的认识已经有所提升，并希望可以依赖社会保险来减轻自己的社会负担等。详细的分析与政策建议将在后文给出。

第四节　影响因素满意度

一　满意度描述性统计分析

对三种需求影响因素满意度数据进行与上节相同的描述性统计分析，具体结果见表 8 - 5。

表 8 - 5　产业工人工作地持续工作意愿影响因素满意度描述统计

潜变量	观测变量	中位数	众数	标准差	偏度	峰度	均值	均值排序
生存需求 2.429	工作地的租房成本	3	3	1.051	- 0.051	- 0.050	2.936	33
	工作地的商品房价格水平	3	3	1.155	0.312	- 0.732	2.442	30
	工作地的保障性住房供给情况	3	3	1.073	- 0.026	- 0.777	2.562	28
	工作地的收入水平	3	3	1.142	0.088	- 0.715	2.588	29
	工作地的消费物价水平	3	3	0.945	- 0.191	- 0.320	2.571	34
	工作地的交通便利性	3	3	1.112	- 0.141	- 0.913	2.622	27
	工作地到老家的距离远近程度	3	3	1.055	- 0.228	- 0.382	2.893	13
职业发展需求 1.906	工作地人才市场的发展水平	3	3	0.897	- 0.382	0.627	2.901	6
	工作地对产业工人的需求量	3	3	0.940	- 0.056	0.270	3.090	16
	工作地用工信息的获取难度	3	3	0.972	- 0.046	0.201	2.841	23
	工作地找到（新）工作所用时间	3	3	1.040	0.166	- 0.243	2.773	1
	工作地工资按时发放情况	4	4	0.983	- 0.593	0.079	3.794	2
	工作地劳动合同及用工制度的规范性	3	3	0.965	- 0.295	0.106	3.253	14
	工作地的职业发展前景	3	3	0.876	- 0.056	0.320	2.871	24
	工作地公司的技能培训开展情况	3	3	1.017	- 0.256	- 0.388	2.764	31
	工作地政府的技能培训	3	3	1.029	0.083	- 0.404	2.558	25
	工作地政府对产业工人权益保护水平	3	3	1.017	- 0.008	- 0.359	2.708	11
	工作地的整体劳动强度	3	3	0.954	- 0.389	0.138	2.910	12
	工作地的整体劳动时间	3	3	1.025	- 0.204	- 0.222	2.897	3

续表

潜变量	观测变量	中位数	众数	标准差	偏度	峰度	均值	均值排序
社会需求 2.044	工作地的工伤保险完善程度	3	3	0.904	-0.090	0.362	3.150	8
	工作地的养老保险完善程度	3	3	0.928	-0.244	0.414	3.137	4
	工作地的医疗保险完善程度	3	3	0.921	-0.164	0.179	3.099	20
	工作地的住房保险完善程度	3	3	1.012	0.003	-0.224	2.948	26
	工作地的就医难度	3	3	0.936	-0.038	0.194	2.815	32
	工作地的医疗服务质量	3	3	0.987	-0.225	-0.628	2.661	15
	工作地的医疗费用高低	3	3	1.021	0.159	-0.599	2.451	18
	工作地的产业工人子女的入学难度	3	3	1.609	8.429	105.632	2.867	22
	工作地的产业工人子女的教学质量	3	3	0.925	-0.320	0.227	2.833	9
	工作地的产业工人子女的学费高低	3	3	0.950	-0.228	-0.022	2.785	5
	工作地建立朋友圈的难易程度	3	3	0.933	-0.353	0.326	2.936	19
	工作地市民对产业工人的态度	3	3	0.969	-0.449	0.048	3.094	7
	工作地政府对产业工人的重视程度	3	3	0.970	-0.231	-0.084	2.820	17
	工作地经济发展前景	3	3	0.982	-0.296	-0.061	2.983	21
	产业工人业余活动的丰富性	3	3	0.940	-0.211	0.210	2.841	10
	对工作地的归属感	3	3	1.016	-0.234	-0.264	2.811	35
	对工作地的认同感	3	3	1.051	-0.051	-0.050	2.936	36

根据表8-5的统计结果，对所有三级指标满意度进行描述性统计分析。

所有三级指标的均值在2.5—3.8，即产业工人工作地持续工作影响因素的满意度在一般满意和较满意之间。从表中可以看出，除了三级指标"工作地工资按时发放情况"这一项的中位数和众数都是"4"以外，其他35个三级指标的中位数和众数全部是"3"，从这一点我们可以推断，产业工人工作地持续工作满意度的数据具有较良好的对称性（因为问卷是以李克特5刻度量表设计的，3处于正中间的位置）。三级指标偏度有正有负，绝对值则全部在0.05—0.6，根据偏度的统计学意义可知，产业工人工作地持续工作三级指标满意度数据整体上并不存在明显的左偏或右偏现象。峰度的分析结果和偏度相差不多，也是正负值都有，且绝对值也都在 0.05—0.8，说明数据并没有明显的尖峰厚尾现象。同样，为了更加清晰地表达产业工人工作地持续工作满意度各个三级指标的数据的结构，挑选较有代表性的"工作地的就医难度"的直方图来举例，见图 8 – 3。

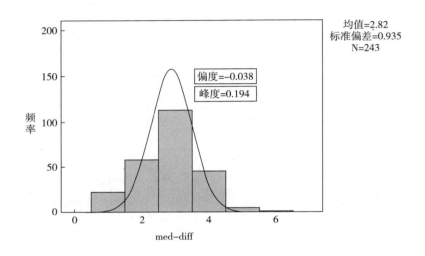

均值=2.82
标准偏差=0.935
N=243

偏度=-0.038
峰度=0.194

图 8 – 3 "工作地的就医难度"满意度数据直方图

同重要度数据的分析一样，在这里对满意度均值排在前五和后五的三级指标进行详细分析。均值排在前五位的有：工作地找到（新）工作所用时间、工作地工资按时发放情况、工作地的整体劳动时间、工作地的养老保险完善程度、工作地的产业工人子女的学费高低。这五项里只有工资按时发放情况这一项的中位数和众数都是"4"，其他的四项这两个统计指标的值都是"3"，这说明即使在均值最大的五项里，其满意度的数据都是比较对称的。各项的偏度和峰度依次分别为：偏度：0.166、－0.593、－0.204、－0.244、－0.228；峰度：－0.243、0.079、－0.222、0.414、－0.022。这五项在这两个指标上也并没有突出的表现，即数据呈现较为良好的对称结构。

满意度均值排在后五项的三级指标依次有：工作地的就医难度、

工作地的租房成本、工作地的消费物价水平、对工作地的归属感、对工作地的认同感。这五个三级指标的中位数和众数全部为"3"，前边已有论述，不再重复。它们的偏度和峰度依次分别为：偏度：-0.038、-0.051、-0.191、-0.234、-0.051，绝对值在0.05到0.25之间，正负均有；峰度：0.194、-0.050、-0.320、-0.264、-0.050，绝对值在0.05—0.3。这五个三级指标的偏度和峰度的取值范围都较小。

上述分析说明了产业工人工作地持续工作满意度数据的分布依然是比较对称的，表明了当前产业工人工作地持续性工作的各个三级指标的现状处在一般状态。其次，可以看出这部分数据具有较为良好的数据结构，可以对其进行对数据要求较高的各种统计分析。

二　满意度比较

下边对各个潜变量和三级指标的满意度数据结果按三大需求分类并进行分析。从表8-5中可以看出产业工人的三大需求满意度排序是生存需求2.429、社会需求2.044、职业发展需求1.906。接下来依次对各潜变量下的三级指标进行分析。

生存需求三级指标的满意度由高到低排序为工作地到老家的距离远近程度、工作地的交通便利性、工作地的保障性住房供给情况、工作地的收入水平、工作地的商品房价格水平、工作地的租房成本、工作地的消费物价水平。在生存需求中满意度最低的是"工作地的消费物价水平"，产业工人的收入水平在近年来虽然有所提高，但其务工地大多为国内或区域内较为发达的地区，消费水平相对较高，所以提高产业工人工作地持续工作意愿还需要进一步提高工资水平来抵消物价高这一现实，这一点从收入水平的满意度不高也可以看出。

职业发展需求三级指标的满意度大小排序为：工作地工资按时发放情况、工作地劳动合同及用工制度的规范性、工作地对产业工人的需求量、工作地的整体劳动强度、工作地人才市场的发展水平、工作地的整体劳动时间、工作地的职业发展前景、工作地用工信息的获取难度、工作地找到（新）工作所用时间、工作地公司的技能培训开展情况、工作地政府对产业工人权益保护水平、工作地政府的技能培训。当前相关产业虽然大力地发展产业工人力量，但在其专业培训方面做的努力还有欠缺。然而产业工人出于谋生和留在城市的考虑，希望自己能有一技之长，能在专业技能得到更多的专业训练。高需求、低投入导致了政府培训和企业培训这两项在职业发展需求中的满意度排在倒数第一和第三。在产业工人权益保护以及用工信息（用工信息获取难度、找到新工作时间）方面的满意度也不理想。

社会需求三级指标的满意度方面，由高到低依次为：工作地的工伤保险完善程度、工作地的养老保险完善程度、工作地的医疗保险完善程度、工作地市民对产业工人的态度、工作地经济发展前景、工作地的住房保险完善程度、工作地建立朋友圈的难易程度、对工作地的认同感、工作地的产业工人子女的入学难度、产业工人业余活动的丰富性、工作地的产业工人子女的教学质量、工作地政府对产业工人的重视程度、工作地的就医难度、对工作地的归属感、工作地的产业工人子女的学费高低、工作地的医疗服务质量、工作地的医疗费用高低。在所有的三级指标中，满意度排在后五位中的三项与医疗有关。由于户籍制度的原因，产业工人并不能享受市民的公共医疗服务待遇，而且其享受的农村医疗优惠政策受到地域的限制不能发挥良好的作用，使他们中的大多数人在身体出现健康状况时采取"能拖就拖"的态度对待。这不仅会影响产业工人对当地的满意度，长此以往，还将严重影响产业工人的质量。

第五节　重要度和满意度相对差异值评析

在本节，将采用第六章、第七章用到的卡诺模型及其考虑权重后的相对差值比较分析法，对产业工人工作地持续工作影响因素的重要度和满意度之间的差值进行分析。如前文所述，影响因素的重要度和满意度的差值反映了该因素的现状和产业工人期望之间的差异，可以作为提升内陆地区对产业工人吸引力的参考。关于以上方法已在前文有详细的叙述，不再重复，详细分析结果见表 8 - 6。

表 8－6　　　　　　　三级指标重要度均值与满意度均值之差

观测变量	重要度均值	满意度均值	均值之差	排序	相对差异值	排序
工作地对产业工人的需求量	3.687	3.090	0.597	35	0.694	1
工作地工资按时发放情况	4.300	3.794	0.506	36	0.843	2
工作地人才市场的发展水平	3.708	2.901	0.807	34	0.886	3
工作地用工信息的获取难度	3.781	2.841	0.940	31	1.031	4
产业工人业余活动的丰富性	3.794	2.841	0.953	30	1.048	5
对工作地的认同感	3.845	2.936	0.910	32	1.048	6
对工作地的归属感	3.815	2.811	1.004	26	1.099	7
工作地建立朋友圈的难易程度	3.888	2.936	0.953	29	1.110	8
工作地的产业工人子女的入学难度	3.863	2.867	0.996	27	1.125	9
工作地政府的技能培训	3.760	2.558	1.202	13	1.180	10
工作地的产业工人子女的教学质量	3.901	2.833	1.069	24	1.205	11
工作地找到（新）工作所用时间	3.880	2.773	1.107	20	1.216	12
工作地劳动合同及用工制度的规范性	4.155	3.253	0.901	33	1.243	13
工作地的商品房价格水平	3.824	2.562	1.262	10	1.262	14
工作地市民对产业工人的态度	4.077	3.094	0.983	28	1.266	15
工作地到老家的距离远近程度	4.000	2.893	1.107	21	1.308	16
工作地公司的技能培训开展情况	3.944	2.764	1.180	15	1.313	17
工作地的职业发展前景	4.009	2.871	1.137	18	1.336	18
工作地的整体劳动强度	4.034	2.910	1.124	19	1.347	19
工作地政府对产业工人的重视程度	4.000	2.820	1.180	14	1.359	20
工作地的产业工人子女的学费高低	3.991	2.785	1.206	12	1.368	21
工作地的医疗保险完善程度	4.155	3.099	1.056	25	1.387	22
工作地的住房保险完善程度	4.103	2.948	1.155	17	1.425	23
工作地的养老保险完善程度	4.206	3.137	1.069	23	1.439	24
工作地经济发展前景	4.137	2.983	1.155	16	1.454	25
工作地的工伤保险完善程度	4.240	3.150	1.090	22	1.486	26
工作地的保障性住房供给情况	4.000	2.588	1.412	7	1.492	27

观测变量	重要度均值	满意度均值	均值之差	排序	相对差异值	排序
工作地的整体劳动时间	4.150	2.897	1.253	11	1.538	28
工作地政府对产业工人权益保护水平	4.082	2.708	1.373	8	1.549	29
工作地的就医难度	4.137	2.815	1.322	9	1.572	30
工作地的租房成本	4.060	2.442	1.618	4	1.637	31
工作地的医疗服务质量	4.129	2.661	1.468	6	1.646	32
工作地的医疗费用高低	4.167	2.451	1.717	3	1.789	33
工作地的交通便利性	4.227	2.622	1.605	5	1.816	34
工作地的消费物价水平	4.288	2.343	1.944	1	1.994	35
工作地的收入水平	4.446	2.571	1.876	2	2.188	36

对调查数据的计算结果显示：产业工人对一级指标的重要度、满意度评价值差距保持在 1 左右，任何指标的满意度都没有超过重要度。其中重要度与满意度差距最为明显的是"工作地的消费水平"这一因素，而重要度与满意度差距最小的因素是"工作地工资按时发放"。对于二级指标而言，根据重要度与满意度之间的相对差异值大小，可以将影响内陆地区产业工人工作地持续工作的影响因素划分为 5 个类别，依次是"很好""较好""一般""较差""很差"。并且按照一般方法和相对差异值法分析各个因素的等级，两种方法的结果差距不大，说明指标排序有其合理性，本书以卡诺模型相对差异值法得到的数据结果为分析对象。

从表 8 - 7 中可以看出，各个三级指标的重要度和满意度之间的差值处在 1.2—1.4 的最多，有 12 项，小于等于 1.5 的有 9 项，小于1.0 的有 3 项，处在 1.0—1.2 的有 7 项，处在 1.4—1.5 的有 5 项。很明显，所有的观测变量中有 1/3 的重要度和满意度的差值处在中间区域，说明当前内陆地区吸引挽留产业工人取得了一定的成绩，但也还有很大的改进空间。

表 8 – 7　　　　　　　　　　各个因素现状等级和分类

N_i	$N_i < 1.0$	$1.0 \leqslant N_i \leqslant 1.2$	$1.2 < N_i \leqslant 1.4$	$1.4 \leqslant N_i < 1.5$	$1.5 \leqslant N_i$
等级评价	很好	较好	一般	较差	很差
因素归类及个数	X8、X12、X9（3 个）	X16、X27、X30、X35、X36、X34、X10（7 个）	X22、X29、X32、X18、X14、X15、X7、X31、X2、X13、X11、X28（12 个）	X3、X20、X33、X21、X23（5 个）	X4、X5、X6、X26、X25、X1、X24、X17、X19（9 个）

第六节　影响因素结构方程模型

一　结构方程模型构造

结构方程模型（Structural Equation Model，SEM）是一个包含很广的数学模型，可以用来分析一些涉及潜变量的复杂关系。结构方程分析，则是通过变量的协方差矩阵对变量之间关系进行分析的一种统计方法。通常我们把所要解决的问题，建立成结构方程模型，然后通过结构方程分析来验证所建立的方程的合理性并进行相应的修改。

1. 测量模型与结构模型的构建

在对已有研究成果的整理和分析的基础上，结合本书研究的产业工人留在当地持续工作的影响因素，构建满意度影响因素模型如图 8 – 4 所示。该模型主要包括潜变量（为表述的专业性，在这一节将前文的二级指标称为潜变量）：工作地持续工作意愿、生存需求、职业发展需求、社会需求。图中的双向箭头表示的是变量之间的相互关系。上述模型实际上是建立在对变量之间相互关系假设的基础上，具体假设如下：

假设 1（H1）：生存需求和职业发展需求之间存在相关关系；

假设 2（H2）：生存需求和社会需求之间存在相互关系；

假设 3（H3）：生存需求对产业工人工作地持续工作意愿有影响；

假设 4（H4）：职业发展需求对产业工人工作地持续工作意愿有影响；

假设 5（H5）：职业发展需求和社会需求之间存在相关关系；

假设 6 (H6): 社会需求对产业工人工作地持续工作意愿有影响。

本部分的分析采用问卷中的 "满意度" 部分的数据, 体现的是产业工人对各个因素的现状的评价情况。

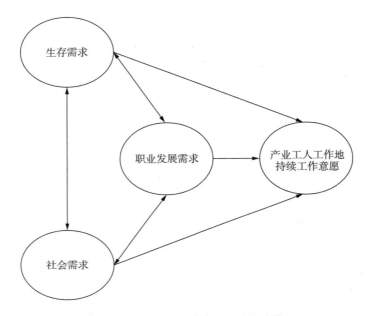

图 8 - 4 产业工人工作地持续工作意愿理论模型

2. 模型的初步检验及修正

在前述分析中运用 LISREL 软件对生存需求、职业发展需求、社会需求进行了验证性因子分析。在这一节中, 我们将在验证性因子分析的基础上, 在模型中加入工作地持续工作意愿这一变量, 运用 A-MOS 对上述的三个变量进行结构方程分析, 通过检验各个因子对产业工人工作地持续工作意愿的影响率, 来研究产业工人对工作地持续工作影响因素的评价与工作地持续工作意愿的关系。

直接运用 AMOS 软件进行路径分析 (Path Analysis)。应用 AMOS Graphics 将如图 8 - 4 所示的概念模型转化为路径图, 并附上潜变量生存需求、职业发展需求、社会需求各自包含的观测变量。在完成这一工作后, 对各个参数和不可观测变量 (主要指残差) 命名。之后便可以利用 AMOS 进行结构方程模型分析。

对于分析结果我们着重考察 C. R 值和 MI 值。T 值的作用是找出不显著的路径并进行相应的处理，对于 MI 值来说，其作用与 C. R 值恰好相反，是通过修正系数（Modification Indices）来添加我们并未事先假设存在的路径。

对于某一条特定的路径来说，C. R 值和 MI 值只是对该路径进行添加或删除的一个数学指标，当 T 值和 MI 值满足一定的条件后，不一定会直接对该路径进行修改，而是必须考虑其理论意义，如果理论意义不能满足，则即使相关指标达到标准，也不能对其进行修改。

综上所述，我们应用 AMOS 17.0 对通过问卷调查取得的数据，依据所建立的模型和假设对其进行结构方程分析。

从图 8－5 中可以看出，各个潜变量对于产业工人工作地持续工作意愿的路径系数社会需求最大，达到 0.54，职业发展需求次之，为 0.28，生存需求最小只有 0.09。这与当前的产业工人对于社会需求的追求高于其他追求，且生存需求已经基本得到满足这一现实情况相符合。而潜变量之间的相关系数都在 0.6 以上，说明这三大需求之间存在较为紧密的联系，这也说明本书的模型假设是合理的。整体来看，模型通过了必要的检验，假设成立。详细的结果见表 8－8。

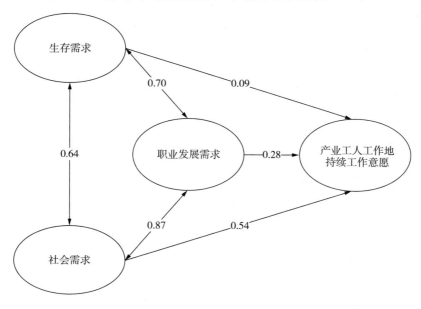

图 8－5　路径系数和路径

从表 8 – 8 中可以看出，由于模型的变量较少，在做出初始假设时考虑较为全面，模型符合基本的标准，不用根据 MI 值对模型假设的路径进行进一步的修正。

表 8 – 8   潜变量相关系数

路径关系	Standardized Solution	C. R
生存需求——产业工人工作地持续工作意愿	0.09	0.13
职业发展需求——产业工人工作地持续工作意愿	0.28	2.23
社会需求——产业工人工作地持续工作意愿	0.54	4.68
生存需求——职业发展需求	0.70	
生存需求——社会需求	0.64	
职业发展需求——社会需求	0.87	

二 模型的适配度检验

对于符合基本标准的模型，还要进行更进一步的检验，对其整体拟合度进行测评。整体拟合度指标一般有三大类，分别为：简约拟合指数（Parsimonious Fit Measures）、绝对拟合指数（Absolute Fit Measures）、增值拟合指数（也称为相对拟合指数）（Incremental Fit Measures）。

运用 AMOS 17.0 对模型进行计算分析，得到拟合参数见表 8 – 9。

表 8 – 9   模型拟合参数

检验类别	检验指标	检验标准	模型报告	适配结果
CMIN	CMIN	P > 0.05	0.000	未通过
	CMIN/DF	P > 2	1.536	通过
Baseline Comparisons	NFI Delta1	P > 0.9	0.832	未通过
	RFI rho1	P > 0.9	0.804	未通过
	IFI Delta2	P > 0.9	0.934	通过
	TLI rho2	P > 0.9	0.922	通过
	CFI	P > 0.9	0.933	通过

续表

检验类别	检验指标	检验标准	模型报告	适配结果
Parsimony – Adjusted Measures	PNFI	P > 0.5	0.714	通过
	PCFI	P > 0.5	0.801	通过
RMSEA	RMSEA	临界标准 < 0.1 一般标准 < 0.08 良好标准 < 0.05	0.048	通过 良好
AIC	AIC	同时满足： （1）饱和模型 （2）独立模型	Default 1214.730 Saturated 1480.000 Independence 5364.071	通过
	BCC	同上	Default 1280.544 Saturated 1769.897 Independence 5393.060	通过
ECVI	ECVI	同上	Default 5.236 Saturated 6.379 Independence 23.121	通过

从表 8 - 9 中可以看出，简约拟合指数 PNFI = 0.714 > 0.5，PCFI = 0.801 > 0.5，符合标准，说明模型的简约程度是比较好的。其次看绝对拟合指数，χ^2/df = 2.44 < 5，SRMR = 0.021 < 0.08，RMSEA = 0.048，CFI = 0.933 > 0.9，全部达到可接受的标准，说明所得到的样本数据与所建立的理论模型之间拟合程度是比较理想的。最后是增值拟合指数，TLI = 0.922 > 0.9，IFI = 0.934 > 0.9，CFI = 0.933 > 0.9，都达到了良好的接受标准。只有 NFI = 0.832 < 0.9，但在实证研究中能得到这一数值是可以接受的。根据增值拟合指数的概念和意义，认为本书所假设的理论模型的相对拟合程度是可以接受的。

综合上述的三大类指数九个指标的值和可接受值之间的比较，可知我们所假设的结构方程模型是合理的。

三　模型检验及结果

综上分析，可以看出我们所提出的假设模型具有较高的拟合程度，从而可以认为模型中的各种假设可以通过路径系数 β 来进行检验。

对于所设定的模型成立与否，我们采用显著性检验对其进行验证，对于相关关系和影响关系的强度则采用标准化的路径系数来度量。

当两变量间路径系数 β 大于零时，可以认为这两个变量间的相关关系是显著的，具体的验证方式以及验证结果见表 8 – 10 和表 8 – 11。

表 8 – 10　　　　　　　　研究假设与验证方式

研究假设	验证方式
假设 1（H1）：生存需求和职业发展需求之间存在相关关系	$\beta_1 > 0$，显著
假设 2（H2）：生存需求和社会需求之间存在相互关系	$\beta_2 > 0$，显著
假设 3（H3）：生存需求对产业工人工作地持续工作意愿有影响	$\beta_3 > 0$，显著
假设 4（H4）：职业发展需求对产业工人工作地持续工作意愿有影响	$\beta_4 > 0$，显著
假设 5（H5）：职业发展需求和社会需求之间存在相关关系	$\beta_5 > 0$，显著
假设 6（H6）：社会需求对产业工人工作地持续工作意愿有影响	$\beta_6 > 0$，显著

表 8 – 11　　　　　　　　研究假设和验证结果

研究假设	标准化参数估计	C. R 值	验证结果
假设 1（H1）：生存需求和职业发展需求之间存在相关关系	0.01	0.13	假设成立
假设 2（H2）：生存需求和社会需求之间存在相互关系	0.28	2.23	假设成立
假设 3（H3）：生存需求对产业工人工作地持续工作意愿有影响	0.54	4.68	假设成立
假设 4（H4）：职业发展需求对产业工人工作地持续工作意愿有影响	0.70		假设成立
假设 5（H5）：职业发展需求和社会需求之间存在相关关系	0.64		假设成立
假设 6（H6）：社会需求对产业工人工作地持续工作意愿有影响	0.87		假设成立

四　潜变量对产业工人工作地持续工作意愿影响分析

在这一节中，主要分析结构方程模型的结构模型。结构模型其实质是潜变量对产业工人工作地持续工作意愿的影响。

结合图 8 - 5 和表 8 - 8，社会需求和产业工人工作地持续工作意愿之间的路径系数达到 0.54，在所有潜变量中具有最大的影响作用。这一结果可以用现实情况进行解释。从前文对数据的初步分析可以看出，调查对象的年龄普遍偏低，大多数为青年，从年龄分布情况来看，16 岁到 30 岁的人数占到了 95.1%。从其受教育程度看，两地加工贸易企业的产业工人文化素质比较高，大部分人拥有高中或中专以上学历的文化程度。这表明现有的加工贸易产业工人群体是一个具有较高文化水平的青壮年群体，他们的生活、家庭负担较轻，人生的追求已不再是简单的温饱问题，然而由于这一群体多数来自农村，导致在一些保障措施和福利待遇上和城镇居民有较大的差别，这极大地降低了城市产业集群对他们的吸引力，将他们培养成合格的产业工人并留在当地存在一定的困难。因此，提高产业工人的福利待遇和社会保障，消除行业和户籍歧视，从而增强产业工人的存在感和归属感，满足其社会需求，有利于培养和挽留合格的产业工人。

从表 8 - 8 中可以看出对产业工人工作地持续工作意愿的影响作为次重要的是职业发展需求，其路径系数为 0.28。这一关系也可以从现实中得到解释：从上述的分析中可以看出，具有较高文化水平的加工贸易新生代产业工人，他们务工的目的已经不只是简单地赚钱养家。他们有自己的人生规划，拥有稳定的职业，能够融入城市是他们的主要愿望。所以无论是当地政府还是整个内陆地区来说，能否提供一个良性的、有利于工人长期发展的职业环境，将在很大程度上决定当地是否能培养并且挽留住加工贸易产业工人。

在所有三个潜变量中，对产业工人工作地持续工作意愿影响最小的是生存需求。生存需求对工作地持续工作意愿的影响没有通过显著性检验，这一结果可以解释为：加工贸易发展到现在，大多数产业工人已经解决了温饱问题，从收集到的数据来看，新一代的产业工人员已婚的只占到总数的 32.1%，未婚的占绝大多数，比率达到 66.2%。

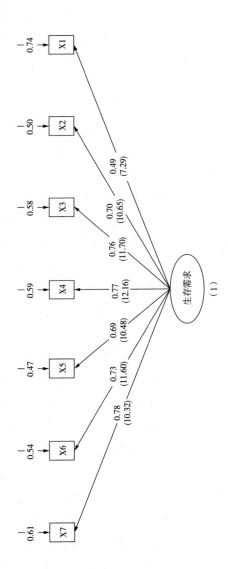

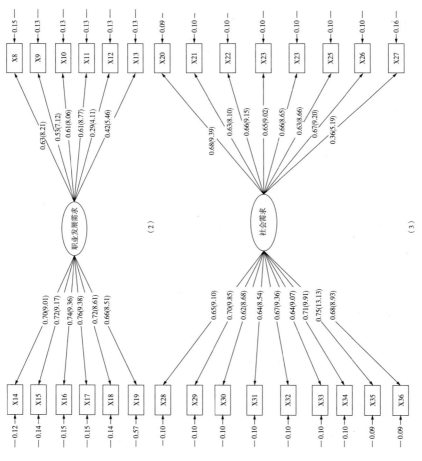

图 8 – 6　测量模型路径系数

这一代产业工人由于没有家庭的负担，加上比父辈更高的收入，使他们对生存的需求不像其父辈那样的紧迫，这同时也表明，根据马斯洛需求理论，要想把现有劳动力培养为加工贸易产业工人并且使他们留在当地，就必须从高于生存需求的方面进行考虑，仅仅解决温饱问题已经不能满足现有劳动力的需求。

五　观测变量对潜变量影响分析

这一部分分析的是结构方程模型的测量模型（为增强表述的专业性，此处将前文中的三级指标称为观测变量）。

从图 8 - 6 中可以看出，对生存需求具有显著影响（路径系数大于 0.6）的因素有：X1、X7。其中租房成本的影响最大，路径系数为 0.74，到老家距离的路径系数是 0.61。在社会需求这一潜变量中，对其具有最显著影响的因素都与住房有关。这表明产业工人对住房的需求以及对住房条件的要求都比较强烈。

在职业发展需求这一潜变量中，对其具有显著影响的因素分别为：X17（0.76）、X16（0.74）、X15（0.72）、X18（0.72）、X14（0.70）。在这五项因素中，X16、X15 以及 X14 都可以归纳为产业工人对自身职业生涯的规划部分，而 X18 也是产业工人权益保护水平的直接体现，综上，职业发展需求中这五项有显著影响的因素可以归纳为产业工人"对培训和权益保护水平提升的期望"。还有其他许多因素虽然未达到 0.7，但除了 X12、X13、X9 三项外，其余的都达到了 0.6 的界限。

社会需求这一潜变量的影响因素，在其所有 17 个观测变量的路径系数中大于 0.6 的有 16 个，除 X27 外，均在 0.6—0.7。

最后分析所有观测变量对于持续工作意愿的作用分析。采用观测变量的路径系数与相应潜变量对持续工作意愿影响的路径系数的乘积，来衡量该观测变量对产业工人持续工作意愿的影响程度。

表 8 - 12　　　　　　　　　　影响系数前十位观测变量

指标	X35	X34	X29	X20	X36	X26	X32	X24	X22	X23
系数	0.405	0.381	0.379	0.366	0.365	0.361	0.360	0.354	0.354	0.353

表8-12的各个观测变量中，全部属于社会需求。这与前述的潜变量间的关系是一致的，社会需求对工作地持续工作意愿的影响最大。本书将在下面部分对各个结果做更详细的解释，并结合前述各个观测变量的重要度分析结果，有针对性地提出问题及进行原因分析。

第七节 亟待解决的问题

本章亟待解决的问题确定通过卡诺模型和结构方程模型共同确定。

根据前文研究结果，我们筛选出政府需要关注的三级指标，如表8-13所示。其中第一行中的三级指标是在综合路径系数中排序位于前十二的因素，即对产业工人工作地持续工作意愿的影响居于前十二位的因素。

表8-13　　　　　　　　亟待解决问题三级指标

政策优先变量	工作地的医疗费用高低	工作地的医疗服务质量	工作地的就医难度	工作地政府对产业工人权益保护水平	工作地的工伤保险完善程度	工作地经济发展前景	工作地的养老保险完善程度	工作地的住房保险完善程度	工作地的医疗保险完善程度	工作地的产业工人子女的学费高低	工作地政府对产业工人的重视程度	工作地政府的技能培训
差值递减排序	4	5	7	8	11	12	13	14	15	16	17	19

观察表8-13中的各个三级指标，可以依据指标的性质分为三组：医疗、对产业工人的重视程度和培训政策、保障性指标。其中医疗组包括：工作地的医疗费用高低、工作地的医疗服务质量、工作地的就医难度这三个三级指标；工作地政府对产业工人权益保护水平、

工作地政府对产业工人的重视程度、工作地政府的技能培训这三个三级指标则归结到对产业工人的重视程度和培训政策指标中；保障性指标包含了工作地的工伤保险完善程度、工作地的养老保险完善程度、工作地的住房保险完善程度、工作地的医疗保险完善程度、工作地的产业工人子女的学费高低五个三级指标。工作地经济发展前景属于改变预期的整体环境改变指标，不归于上述任何一组中。因为这一项本身体现的是对整体经济环境的预期，故此在后文中不就这一因素进行分析。以下对这三组指标存在的问题及原因进行分析。

一 提高医疗保障水平

医疗问题一直是困扰我国的一大难题，内陆地区的问题和其他地区的问题相似，故此，我们对包括内陆地区的全国整体性医疗方面问题进行分析。造成这一问题的原因是多方面的，主要有以下几点：

1. 医疗费用过高

虽然目前全国已经基本普及医疗保险，但大多数基本医疗保险的范围和报销比例都相对较小，对于产业工人来说尤其如此。产业工人本就属于低收入劳动群体。当前大多数产业工人的基本医疗保险是农村合作医疗保险。这一险种是给予产业工人的最基本的医疗保险。其使用范围大多限制在住院治疗内，包含疾病种类少、包含的可报销药物种类少。中国低收入阶层的医疗习惯一般是不住院，首先是住院花费较高，其次是住院会耽误工作，影响收入。而即使住院治疗，基本保险所报销的比例和范围又相对较小。其种种原因造成了加工贸易产业工人的医疗费用过高这一现象。

2. 医疗服务质量不高、就医难度大

我国的医疗流程较为烦琐，目前较为普遍实行的医疗流程是先缴费挂号，然后排队等待医生；在就诊时，听从医生的安排进行各种检查，当然这些检查也是要先排队缴费然后再进行的。如果当天在就诊医生当班时不能拿到检查结果的，待检查结果出来后，再次到医院重复挂号见医生的步骤。这些烦琐的步骤加上我国庞大的人口基数和较为短缺且分布不均匀的医疗资源这些具体现实，导致医疗服务质量不高，且就医难度较大。

二　提高产业工人社会地位

1. 工作地对产业工人权益保护水平低

产业工人属于弱势群体，在社会生活方面和工作方面都是如此。老一代的产业工人迫于生存的压力，赚钱养家是他们的目标，很多人不知道被雇佣时需要签订劳动合同来保障自己的权益。然而当前在加工贸易产业务工的产业工人则不同，他们受教育程度高，在工作时会考虑到用劳动合同等法律文件来保障自己的合法权益。然而由于在城市化的浪潮下，结合我国的人口数量，大量的产业工人涌进城市，在市场化的环境下，整个劳务市场对产业工人就业权益的保障和失业人员的失业保障，目前都处于不完善的状态，这也是产业工人对这一因素重视但并不满意的原因。

2. 工作地政府对产业工人的重视程度低

当今的加工贸易产业工人大多已经脱离了温饱需求。根据马斯洛需求理论，在温饱等基本的生存需求得到满足后，产业工人追寻的需求更多是倾向于心理方面的，如得到应有的尊重、能经常和家人待在一起等。然而就现实状况来看，因为我国的户籍制度的限制以及经济快速发展造成的区域间、城乡间的差距越来越明显。这使产业工人在所谓的城里人面前有更多的自卑感，而部分城市人也确实对农村人有一定程度的歧视，甚至在政府层面，这样的城尊乡卑观念也普遍存在。

3. 内陆工作地政府的技能培训力度不足

当前内陆地区政府对产业工人的培训大多还处在初级起步的阶段，更有甚者则在这方面处于空白状态。其原因主要在于内陆处于加工贸易产业的起步阶段，所处的产品链层级很低，对工人的技能要求不高，绝大多数适龄正常人经过简单的培训都可以完成工作，而近年来随着我国经济社会的发展以及产业结构的调整，我国的加工贸易企业在产品链中的地位有所提升，对产业工人的技能要求随之提高。而就产业工人本身来说，他们并不愿意长期从事机械的、没有技术含量的工作。一方面，这类工作的工资低而且一般劳动强度大或是极其单调；另一方面，许多产业工人是从长远来看待这一问题的。他们中的大多数并不打算像其父辈一样在城里赚钱，最终会回到农村，新生代的产业工人更期望脱离农村，进入城市并能在城市扎根。为达到这一目的他们就需要有一技之长而不是简单地出卖力气。相比起新生代产业工人的技能培训需求，内陆地区在这一方面尤其薄弱。

三　完善产业工人社会保障制度

1. 工作地的工伤保险完善程度低

产业工人大多工作在制造或服务业的第一线，他们受到工作伤害的概率和严重程度要远大于产业中的其他群体，由于工作性质导致他们的工资普遍较低，所以他们对工伤保险的需求程度高，工作地工伤保险不健全将导致产业工人因工作受伤却又得不到补偿，这无疑会大大打击他们务工的积极性，更不要谈留住他们并将其培养成为产业工人的有生力量。

2. 工作地的养老保险完善程度低

长期以来城市人享有与其工作相对应的养老保险或者低保，然而在广大的农村地区长期以来依靠"以地养老"，对于生活水平较低的农村地区来说，这一措施或许可以满足老年人的温饱问题，然而随着社会的发展，以及我国农业的现状，土地对农民的保障作用越来越弱，对在外务工人员来说更甚，他们已经基本脱离农业活动。靠土地养老已经不能满足当前农村地区人员的需求，对工作、生活在城市的产业工人来说，更是如此。现实情况迫切需要建立针对产业工人的养老保险体系。

3. 工作地的住房保险完善程度低

住房现在已经成为我国公民的一大主要负担，对于收入偏低的产业工人来说，这一问题则显得更加明显、突出。住房成为产业工人负担的一个主要原因就是他们想要长期或是永远留在城市，正如前文多次提到的一样，新生代的产业工人已经不像其父辈一样来到城市只是为了赚钱，而是想要留在城市，成为"城里人"，这一现象也是符合大多数国家的城市化规律。然而住房成为产业工人实现"城里人"梦想的最大阻碍。对此，在相应的住房补贴或保险方面，产业工人几乎得不到任何实际的利益，例如，住房公积金这样的基本住房保障在一线的产业工人中基本处于空白状态。

4. 工作地的医疗保险完善程度低

大多数产业工人的生活条件以及生活水平本来就较差，导致身体基础素质较差。而有研究资料表明，以我国服装加工贸易行业为例，一线工人每周的加班时间最高达到了 30 小时，如此的劳动强度和长期重复单调机械的工作，不仅使得产业工人在生理方面极易出现一些常见的职业病，而且其心理方面也较容易产生病变。这些情况导致产业工人对基本的医疗保险有很强的需求。然而针对加工贸易产业工人的医疗保险的发展情况却令人不甚满意，政府主导的基本医疗保险在深度和广度上都有所欠缺，同时产业工人属于低收入群体，一般支付不起商业医疗保险。

5. 工作地产业工人子女的学费难以承受

当前，在我国农村欠发达地区，大量留守儿童的存在，成了一个严重的社会问题。这一群体长期与家里的老人生活在一起，缺乏父母的关爱和教导，导致很多这样的孩子童年出现畸形成长，这一现象逐渐得到一些社会人士和政府相关部门的关注。这些留守儿童的父母（将子女留在老家的产业工人）也逐渐认识到了问题的严重性，期望能将孩子带在身边同时不耽误打工赚钱。由于这些孩子大都属于学龄儿童，是否能让孩子在城里上学成了关键问题。当前我国的教育资源分布不均匀，农村孩子要想在城里学校读书，尤其是义务教育阶段，家长需要支付高昂的各种费用，这通常对收入偏低的产业工人来说是不可承受的。

第八节　对策及主要工作

随着我国加工企业的内迁，内陆政府要将产业工人从沿海吸引回来，培养成成熟的加工贸易产业工人，并长期留在内陆持续工作，必须满足他们的生存、职业发展、社会的需求，提升产业工人在内陆地区持续工作意愿。根据第九章实证分析结果，本节将从医疗、政府的重视程度和培训及保障制度三大方面提出政策建议和具体举措。

一 提高内陆医疗保障水平

在第八章的分析中，工作地的医疗费用高低、医疗服务质量、就医难度三个观测变量同时出现在政策优先变量中。虽然工作地医疗保险被划入社会保险部分，但也是其产业工人医疗保障水平的重要因素之一。医疗一直是重大的民生问题，对产业工人来说尤其突出。内陆地区要提高当地对加工贸易产业工人的吸引力，改善产业工人的医疗条件和医疗水平势在必行。国家发展改革委、国家卫生计生委、人力资源社会保障部已经印发了《关于非公立医疗机构医疗服务实行市场调节价有关问题的通知》，明确放开民间非公立医疗机构的医疗服务价格，大力鼓励民营医院的建设和运营。此举将显著改善包括产业工人在内的居民就医难、费用高、质量差等问题。内陆地区为从根本上改善产业工人在内陆的医疗待遇，需要在此基础上推出更多政策措施改善医疗服务质量，吸引产业工人留在内陆地区。

具体举措：建议出台优惠政策与措施，鼓励内陆医疗机构开展良性竞争，减少内陆政府行政审批和不恰当干预，让市场机制决定医疗资源的优化配置，吸引更多民营资本投资医疗领域，改善医疗服务质量，降低居民医疗开支。例如，可在加工贸易工业园区引进民间医疗机构专门针对产业工人提供医疗服务，对园区产业工人提供必需的医疗服务；对一些常见的工业慢性疾病以及相关的职业病纳入医疗机构保险，适当调高其报销的额度和范围；相关大型内陆加工贸易企业可以在企业内部设立简单的职工医院，解决产业工人的一些常见疾病的医疗问题，这样不仅降低了产业工人的就医难度，而且可以减轻企业和国家的医疗负担；对于没有条件开设小型职工医院的企业，当地医院可入园区设立医疗服务点，为企业职工提供在线医疗咨询、在线挂号和提前帮助预约等服务。

二 提高内陆政府对产业工人重视程度

针对实证分析中，工作地政府对产业工人权益保护水平、工作地政府对产业工人的重视程度、工作地政府的技能培训三个观测变量显示突出。在提高和改善这三个观测变量方面，具体的政策建议如下：

1. 建立加工贸易产业工人工资保障机制

建立积极有效的产业工人工资保障机制，调节利益关系，有助于产业工人有序融入城市，缩小与城市其他行业人员的收入差距，维护产业工人的基本权益。

具体举措：首先是要健全内陆加工贸易企业工资增长、工资支付保障机制。用法律和制度的手段规范产业工人的工资增长和工资支付，让产业工人工资收入稳步增长，保证工资不被拖欠与克扣，对雇主进行工资发放的信用评价，加强对加工贸易企业负责人的社会责任意识，对于发生欠薪较多的建筑等行业，可以建立工资保障金制度，以欠薪应急周转金防范欠薪风险。其次是对工资发放失信企业予以惩戒，在内陆地区营造公平、法制化的就业环境。通过法律武器保障产业工人劳动报酬权益。对恶意欠薪、欠薪逃匿等破坏社会公平、危害社会安全的犯罪行为，设立"拖欠工资罪"，依法追究责任人的违法行为，在经济责任和刑事责任上予以处罚。

2. 改革户籍制度，赋予产业工人市民身份

解决政府对产业工人重视程度低的问题根本在于深化户籍制度的改革。目前产业工人的自由流动已基本不存在障碍，但产业工人的根本身份仍然没有转变过来，这其中最重要的问题就是户籍问题。改革户籍制度是一项牵涉众多、烦琐复杂的系统工程，因为户籍制度改革的核心在于改革依附于户籍制度上的种种政策、福利和管理方式，内陆地区地方政府应积极采取相关措施，逐步放开户籍制度限制。

具体举措：内陆城市管理者应着力建立失业保险等社会保障体系，帮助职业不稳定的产业工人渡过困难阶段。各地内陆政府应欢迎各种类型的产业工人在自愿基础上转户进城，逐步降低入户门槛，例如购买城市房屋的产业工人可以入户，为城市发展作出突出贡献的产业工人也可以考虑入户，在本市居住年份达到一定期限以上的且无犯罪记录的产业工人也可以入户。当条件成熟时，再逐步取消户籍的城乡划分和地域划分。

3. 针对内陆产业工人开展有效继续教育

发展内陆产业工人的技术教育和职业教育，将有助于内陆地区工

业化、城镇化，也将有助于提高内陆地区加工贸易产业工人队伍素质，提升产业工人的人力资本存量，提高其在融入内陆城镇化进程中的"话语权"，这意味着产业工人要更多地市民化，需要接受更多的职业技能培训，这将显著提升产业工人的就业竞争性和职业稳定性，成为符合现代加工贸易的合格的产业工人，可以为加工贸易产业升级提供动力。

具体举措：注重产业工人的职业能力提升，扩大其职业发展空间。这需要政府加大投入，采取多种多样的培训方式。首先，培训课程的设置应该适应就业市场的需要，应充分考虑企业用工需求和产业工人的实际需要，由政府出资，扩大培训规模，提高培训层次，注重培训针对性、实效性，采取弹性方式安排培训，尽量使有培训需求的产业工人至少都能得到一次免费机会进行培训；其次，内陆政府与加工贸易企业联手推出"订单式培训"计划，一方面可以提高产业工人的技能；另一方面也能满足内陆加工贸易企业用人的需求，避免在岗产业工人因技能水平而下岗；最后，内陆地区大力推进职业教育建设，鼓励一批高职高专学校面向加工贸易产业推出职业技能人才培养，根据加工贸易企业的订单需求开设培训班，向加工贸易企业优先推荐合格的产业工人，为加工贸易企业专门推出职业继续教育的服务，拓宽产业工人职业发展空间。

三 完善内陆产业工人社会保障制度

产业工人工作地的工伤保险完善程度、工作地的养老保险完善程度、工作地的住房保险完善程度、工作地的医疗保险完善程度、工作地产业工人子女的学费五个观测变量集中地出现在政策建议优先变量中，充分体现了当下内陆地区基于产品内分工加工贸易产业工人对这方面制度的渴求，以及政府和企业在社保方面的缺位。

1. 完善工伤保险制度

很多产业工人仍然在危险性较大的行业就业，如果没有工伤保险，一旦发生工伤就无法得到有效治疗，将会使其整个家庭陷入贫困。完善的工伤保险制度能帮助规模庞大的职业病产业工人群体，有效解决由此导致的大多数的劳资纠纷，显著降低职业病对现阶段产业工人的重大风险。

具体举措：通过社会统筹的办法，集中内陆地区加工贸易用人单位缴纳的工伤保险费，建立产业工人工伤保险基金，在工伤保险方面，对产业工人实行"无过失补偿"原则。产业工人处于弱势地位，实行"无过失补偿"原则，即意味着在发生工伤事故后，不追究是谁的责任，企业（雇主）由工伤保险基金均应依法给予产业工人经济赔偿，并且一般个人不需要缴纳工伤保险费。工伤保障对产业工人而言是一种职业风险规避，同时也能有效地降低加工贸易企业在事故中承担的责任。

2. 完善养老保险制度

尽量扩大产业工人养老保障的覆盖面积，社会保障中的一个重要原理是"大数法则"，即大多数人群承担少数人的风险。参与程度越高，社会保障的个人面对风险概率就会越小，补偿也越稳定，社会福利效应就会更明显。我国产业工人养老保障，既要体现自愿原则，又要尽可能促使将更多产业工人纳入养老保障的制度安排，扩大产业工人养老保障覆盖面，以保证产业工人"老有所养"。

具体举措：首先，推进全国统筹，现行的以市县为统筹区域的产业工人养老保险制度，存在着转移接续难，地方政府不积极等诸多问题，影响了产业工人养老保险制度的实施效果。需要对该制度实行全国统筹，使统筹支出与地方财政脱钩，收支不影响地方财政，这样比较容易得到地方政府的支持，同时会增加产业工人投保的积极性。其次，推进立法，强化执行。通过法律手段促使加工贸易用人单位严格遵守劳动法相关规定，保证用人单位招用产业工人时签订劳动合同，依据劳动合同为产业工人缴纳养老保险费。

3. 深化住房制度改革

要想摆脱产业工人漂泊的状态，使其留在内陆地区，最需要解决的问题就是使其在内陆城镇住有所居。目前产业工人住房问题仍然在过渡摸索当中，如果完全依靠市场，则对于绝大多数产业工人来说无力承受。政府应把产业工人的住房问题看作当前发展加工贸易的主要矛盾和主要任务，通过各种渠道筹集资金，千方百计增加住房供给，为产业工人提供转为市民所必需的基本住房条件。

具体举措：首先，考虑到产业工人目前的承受能力，为新生产业工人提供廉租房和公租房，或者为产业工人修建宿舍或单身公寓，是目前比较可行的办法。地方政府应对在内陆城镇就业的产业工人包括其家属的住房需求进行预估，纳入到城镇住房建设规划之中，优先向在内陆城镇长期就业的，无犯罪记录并且表现优秀的产业工人，进行政策倾斜，制定标准，有序为产业工人提供公租房或廉租房。其次，在地方政府工作绩效考核中纳入保障性住房建设指标，另外各级人大、政协发挥自己的责任，加强保障性住房的监督管理力度。最后，多渠道筹措保障性住房建设资金，扩大保障性住房的覆盖面积，对承建保障性住房的各类企业给予税费、融资等方面政策倾斜，督促建筑施工企业尽快完成标准化宿舍的建设，逐步替代简易工棚。

4. 完善医疗保险制度

内陆地方政府需要立法形成产业工人医疗保障制度，通过法律法规手段以保证产业工人的医疗保障制度能被公平、有效地执行，使产业工人医疗保障工作开展有法可依。

具体举措：首先，出台政策积极鼓励加工贸易企业建立工会组织，积极把产业工人纳入工会组织，通过工会的作用反映产业工人急需解决的医疗保险等问题，鼓励引导产业工人参加职工互助补充医疗保险。其次，出台政策建立可衔接、可转移、可折算的产业工人医疗保障制度，针对产业工人流动性强的特点，要考虑医疗保险基金的转移问题，建立便于转移的永久性完全积累个人账户。当产业工人进入内陆城镇工作时，个人账户随同转移进入，按新进入内陆城镇的标准通过折算转入当地产业工人医疗保险个人账户。最后，内陆政府加大宣传力度，提高产业工人对医疗保险的参保意识，采用讲座、座谈、培训等方式，宣讲医疗保险知识，让他们充分了解医保政策，打消疑虑，同时和加工贸易企业联合起来，督促加工贸易企业对产业工人的医疗保险真正负起责任。

5. 实现产业工人子女受教育公平化

需要大力改善内陆地区农村基础教育，从根本上解决产业工人的后顾之忧，同时也提升未来产业工人的素质。农村基础教育的发展水平直接决定农村劳动力的文化素质。今天的农村中小学生，若干年后就可能成为城镇产业工人，他们的素质高低决定着未来农村劳动力转换成为城镇产业工人的素质。而当代产业工人的子女教育问题也是摆在内陆地区要留住产业工人的目标前面的重要问题，因此，无论从现在还是未来看，产业工人子女教育问题都亟待解决。

具体举措：强化省级财政支持农村基础教育的力度，将农村基础教育的发展作为发展内陆加工贸易的必要条件摆在省级财政分配的重要位置，保障内陆农村地区义务教育经费的投入，多渠道筹措经费，改善农村地区中小学的办学基础设施等办学条件，加强农村地区师资力量的培训，提高教师工资，提升教学质量。进一步向困难农村地区倾斜，促使不同地区农村基础教育均衡发展。

第九章　建立研发体系

本章以内陆电子信息产业大型加工贸易企业及相关研究机构为调查对象，设计问卷调查访谈加工贸易企业及研发机构负责人，了解其对在内陆地区组建研发中心的影响因素，并对重要度和满意度打分，找出组建研发中心存在的问题，并分析其原因，为后文的政策建议提供实证依据。

第一节　研发中心落户内陆的关键影响因素

一　指标体系构建

在分析与总结以电子信息企业研发中心落户内陆的相关文献研究的基础上，将研发中心落户内陆的影响指标体系归结为科技人力资源、研发服务与配套、知识产权和专利保护、所属企业状况、政策扶持五项二级指标。

1. 科技人力资源

人力资源是企业或研发中心最活跃的要素，人才是企业赢得竞争的根本保障，根据科技人力资源的数量和质量上的供给不同，该指标下又选取了六项二级指标，它们分别为：研发人员总量、研发人员总量年均增速、研发人员全时当量、研究人员所占比例、科学家和工程师所占比例、科技人力资源成本。

2. 研发服务与配套

研发中心的发展始终受到研发服务与配套的限制和制约，一个地方能否吸引研发中心的落户离不开一些基础设备设施和配套服务，对该指标选取了九项二级指标：基础设施与仪器共享、电子商务规范化、信息和知识资源共享、成果转化机构与资金支持、技术咨询与服务、成果交易市场完善程度、研发机构覆盖率、研发成本、其他研发环境。

3. 知识产权和专利保护

企业研发中心的研发活动的结果是知识产品的产生，不仅需要知识产权保护的条件完善，还需要高效的知识产权溢出的产生，以及与市场的有机结合，因此研发中心的研发活动始终脱离不了该地区知识产权及专利保护的程度。对该指标划分成六项二级指标，分别为：知识产权服务信息化水平、中介机构完善程度、纠纷仲裁成本、专利审批效率、专利密度、专利产业化比例。

4. 所属企业状况

一个企业整体实力和规模等自身的情况也决定着企业本身是否具备培育、开发、引进、迁移、兼并、开设研发中心的能力，鉴于此，选取了五项二级指标：企业实力和规模、企业长期发展战略、研发重视程度、企业竞争压力、企业信誉和品牌影响力。

5. 政策扶持

除了上述四大核心因素会影响加工贸易行业研发中心的设立之外，企业本身也会受到宏观政策的影响，总的商贸环境包括一些政府政策也制约和影响着研发中心的设立、培育、引进等，这些政策主要包括以下几个方面：人才引进政策、财税优惠政策、金融扶持政策、创新激励政策、风险补贴政策。

通过项目组成员和专家组的讨论，最终确立了该调查报告指标体系的架构。指标架构见图 9 - 1。

二　研究方法设计

在实际调研过程中，鉴于研发中心数量不多，区域电子信息产业的研发中心数目更是有限，为了保证数据整理和处理的结果更精确客观，访谈对象主要是电子信息企业主要领导、专家。在调查对象上电子信息产业的研发中心一般都具有较强的代表性，比如重庆正永精密印刷有限公司研发中心、银杏光盘研发中心、富士康研发中心等。最

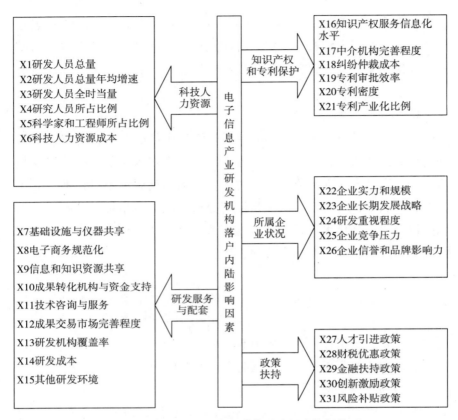

图9-1 研发机构落户内陆的影响因素指标体系

后回收访谈问卷13份，有效问卷11份，问卷的回收率为100%，有效问卷的回收率为85%。问卷总共分为三部分：机构基本情况、研发中心落户内陆影响因素重要度和满意度评价、开放性问题三个部分，内容如下（详见附录5）：

1. 机构的基本情况

此部分对机构的情况做一个大致的了解，包括机构的名称、所在地、性质、主要功能、规模和已落户内陆的年限。

2. 影响因素的重要度和满意度评价

本书的问卷设计以电子信息产业研发中心落户内陆的影响因素的重要度和满意度评价为主体部分。本书借鉴了李克特五级量表法对变量进行衡量，分别给予1分至5分的评价。

3. 开放性问题

在这部分，被调查者可以不受限制地自由作答，对前述问卷的内容做补充。

第二节　影响因素重要度

一　重要度评价

按照预先设计的研究方法对调查对象进行访谈式调查，对问卷调查结果进行统计整理（取平均值），综合各方观点，得到影响研发中心落户内陆的各个因素的重要度评价值，如表9-1所示。

表9-1　　　　　　研发机构落户内陆影响因素的重要度评价值

一级指标	二级指标	三级指标	专家评价重要度
研发中心			4.531
	科技人力资源		4.091
		研发人员总量	3.272
		研发人员总量年均增速	3.000
		研发人员全时当量	3.091
		研究人员所占比例	3.182
		科学家和工程师所占比例	3.727
		科技人力资源成本	4.636
	研发服务与配套		4.636
		基础设施与仪器共享	4.364
		电子商务规范化	4.091
		信息和知识资源共享	4.091
		成果转化机构与资金支持	4.636
		技术咨询与服务	4.364
		成果交易市场完善程度	4.727
		研发机构覆盖率	3.727
		研发成本	4.546
		其他研发环境	4.636

一级指标	二级指标	三级指标	专家评价重要度
	知识产权和专利保护		4.364
		知识产权服务信息化水平	4.182
		中介机构完善程度	3.909
		纠纷仲裁成本	3.818
		专利审批效率	4.455
		专利密度	3.818
		专利产业化比例	4.181
	所属企业状况		4.909
		企业实力和规模	4.636
		企业长期发展战略	4.636
		研发重视程度	4.364
		企业竞争压力	4.091
		企业信誉和品牌影响力	4.818
	政策扶持		4.727
		人才引进政策	4.546
		财税优惠政策	5.000
		金融扶持政策	4.546
		创新激励政策	4.277
		风险补贴政策	4.727

二 重要度比较

所有二级指标中，科技人力资源、研发服务与配套、知识产权和专利保护、所属企业状况、政策扶持，它们各自所对应的专家重要度评价为：4.091、4.636、4.364、4.909、4.727，由此可以看出企业负责人和专家认为的最重要影响因素从高到低排序依次为：所属企业状况、政策扶持、研发服务与配套、知识产权和专利保护、科技人力资源。本书用层次分析法也得到与上述一致的结论。以下三级指标分析按此顺序进行。

在所属企业状况三级指标中，企业信誉和品牌影响力是最重要的，企业实力和规模与企业长期发展战略具有同样重要的作用，之后是研发重视程度，最后为企业竞争压力。

在政策扶持三级指标中，财税优惠政策评价为 5 分，是一致认可的重中之重，其次是风险补贴政策，再次是人才引进政策和金融扶持政策占有同等地位，创新激励政策相比而言显得没那么重要，排在最后。

在研发服务与配套三级指标中，指标重要度从大到小依次为成果交易市场完善程度、其他研发环境、成果转化机构与资金支持、研发成本；较为重要的因素有基础设施与仪器共享、技术咨询与服务、电子商务规范化、信息和知识资源共享；研发机构覆盖率显得最为不重要，符合通常的预期。

在知识产权和专利保护三级指标中，专利审批效率这一因素是最为突出的，也是最重要的因素；知识产权服务信息化水平和专利产业化比例也是较为重要的因素；另外三个指标因素分值低于 4 分，从而没有其他因素那么重要，它们分别为中介机构完善程度、纠纷仲裁成本、专利密度。

在科技人力资源三级指标中，科技人力资源成本为重中之重，其他因素的重要性递减：科学家和工程师所占比例、研发人员总量、研究人员所占比例、研发人员全时当量、研发人员总量年均增速。

所有的三级指标重要性的均值比较可得出最重要的四项三级指标因素从大到小排序分别为：财税优惠政策、企业信誉和品牌影响力、风险补贴政策、成果交易市场完善程度；而均值显示最不重要的三项因素依次为：研发人员总量年均增速、研发人员全时当量、研究人员所占比例。

第三节　影响因素满意度

一　满意度评价

对问卷调查结果进行统计整理（取平均值），得到影响研发中心落户内陆的各个因素的满意度评价值，如表 9-2 所示。

表 9 – 2 研发机构落户内陆影响因素的满意度评价值

一级指标	二级指标	三级指标	专家评价满意度
研发中心			3.473
	科技人力资源		3.636
		研发人员总量	3.273
		研发人员总量年均增速	3.183
		研发人员全时当量	3.364
		研究人员所占比例	3.182
		科学家和工程师所占比例	2.818
		科技人力资源成本	3.364
	研发服务与配套		3.273
		基础设施与仪器共享	3.091
		电子商务规范化	2.909
		信息和知识资源共享	3.091
		成果转化机构与资金支持	2.909
		技术咨询与服务	3.000
		成果交易市场完善程度	3.182
		研发机构覆盖率	3.091
		研发成本	3.364
		其他研发环境	2.818
	知识产权和专利保护		3.000
		知识产权服务信息化水平	3.273
		中介机构完善程度	2.546
		纠纷仲裁成本	3.364
		专利审批效率	3.727
		专利密度	3.091
		专利产业化比例	3.636
	所属企业状况		3.727
		企业实力和规模	3.546
		企业长期发展战略	3.456

续表

一级指标	二级指标	三级指标	专家评价满意度
		研发重视程度	3.273
		企业竞争压力	3.182
		企业信誉和品牌影响力	3.272
	政策扶持		3.727
		人才引进政策	3.636
		财税优惠政策	4.000
		金融扶持政策	3.364
		创新激励政策	3.182
		风险补贴政策	3.182

二　满意度比较

从上述结果看，被调查的相关高管和专家对研发中心落户重庆、郑州等内陆城市的满意度平均值为（3.473），满意度水平处于"一般满意"和"比较满意"之间。所有二级指标中，影响因素的满意度从高到低依次为：所属企业状况（3.727）、政策扶持（3.727）、科技人力资源（3.636）、研发服务与配套（3.273）、知识产权和专利保护（3.000），以下三级指标分析按此顺序进行。

在所属企业状况三级指标中，企业实力和规模满意度最高，其次是企业长期发展战略，再次是研发重视程度、企业信誉和品牌影响力，最后是企业竞争压力。

在政策扶持三级指标中，财税优惠政策是最为满意的因素，其次人才引进政策，最后是金融扶持政策，做得较差的是创新激励政策和风险补贴政策。

在科技人力资源三级指标中，满意度从高到低依次为：科技人力资源成本、研发人员全时当量、研发人员总量、研发人员总量年均增速、研究人员所占比例、科学家和工程师所占比例。

在研发服务与配套三级指标中，最满意的指标是研发成本，其次是成果交易市场完善程度，再次是基础设施与仪器共享、信息和知识资源共享、研发机构覆盖率，这三项因素的评分均值是相等的，然后是技术咨询与服务，最差的三项分别是电子商务规范化、成果转化机构与资金支持、其他研发环境，需要重点关注。

在知识产权和专利保护三级指标中，各项因素指标的满意度从高到低依次为：专利审批效率、专利产业化比例、纠纷仲裁成本、知识产权服务信息化水平、专利密度、中介机构完善程度，其中中介机构完善程度的满意度不高，跟其他的指标差距较大，显得较为突出。

所有的三级指标满意度的均值比较可得出满意度最好的五项从高到低排序分别为：财税优惠政策、专利审批效率、人才引进政策、专利产业化比例、企业实力和规模，它们都在3.5—4，接近于比较满意；而均值显示满意度最差的五项因素依次为：中介机构完善程度、其他研发环境、科学家和工程师所占比例、成果转化机构与资金支持、电子商务规范化，都位于"较不满意"和"一般满意"之间。

第四节　亟待突破的因素

电子信息产业的研发中心落户内陆影响因素的现状或环境的好坏主要是通过各个影响因素的重要度与满意度的差距来反映的。标准化方法参见第六章第六节第一部分。根据上述方法可以求出各个分级变量的重要度均值、满意度均值、相对均值之差，如表9-3所示。

表9-3　　　　　　　二级指标重要度与满意度均值差

二级指标	重要度均值	满意度均值	均值之差	排序	相对均值之差	排序
科技人力资源	4.091	3.636	0.455	5	0.455	1
政策扶持	4.727	3.727	1.000	4	1.156	2
所属企业状况	4.909	3.727	1.182	3	1.418	3
知识产权和专利保护	4.364	3.000	1.364	2	1.455	4
研发服务与配套	4.636	3.273	1.364	1	1.546	5

由表 9-3 可以看出，二级指标的重要度均值与满意度均值之差均大于 0，此结果显示目前内陆地区吸引研发中心落户内陆的影响因素中，普遍满意度未能达到重要性要求的程度，其中，满意度与重要度最为偏离的指标是研发服务与配套以及知识产权和专利保护，所属企业状况及政策扶持两因素获得了较高的满意度，并且，这两个指标同属重要性程度很高的指标，能够实现这样的满意度，证明郑州和重庆两地在这两方面都提供了强有力的政策保障，吸引到实力强劲的企业将研发中心布局在内陆地区。最为匹配的指标是科技人力资源，其均值之差最小，显示其重要性和满意度基本处于同一水平。

表 9-4 三级指标重要度与满意度均值之差

三级指标	重要度均值	满意度均值	均值之差	排序	相对差异值	排序
研发人员全时当量	3.091	3.364	-0.273	0	-0.281	1
研发人员总量年均增速	3.000	3.182	-0.182	1	-0.182	2
研发人员总量	3.273	3.273	0.000	2	0.000	3
研究人员所占比例	3.182	3.182	0.000	3	0.000	4
纠纷仲裁成本	3.818	3.364	0.455	4	0.579	5
专利产业化比例	4.182	3.636	0.545	5	0.760	6
研发机构覆盖率	3.727	3.091	0.636	6	0.791	7
专利密度	3.818	3.091	0.727	9	0.926	8
专利审批效率	4.455	3.727	0.727	7	1.080	9
知识产权服务信息化水平	4.091	3.182	0.909	11	1.240	10
企业竞争压力	4.091	3.182	0.909	12	1.240	11
人才引进政策	4.546	3.636	0.909	13	1.377	12
科学家和工程师所占比例	4.727	2.818	0.909	10	1.433	13
创新激励政策	4.273	3.182	1.091	17	1.554	14
研发重视程度	4.364	3.2723	1.091	18	1.587	15
电子商务规范化	4.091	2.909	1.182	20	1.612	16
财税优惠政策	5.000	4.000	1.000	15	1.667	17
企业实力和规模	4.636	3.546	1.091	16	1.686	18
中介机构完善程度	3.909	2.546	1.364	26	1.777	19
研发成本	4.546	3.364	1.182	21	1.791	20

续表

三级指标	重要度均值	满意度均值	均值之差	排序	相对差异值	排序
金融扶持政策	4.546	3.364	1.182	23	1.791	21
企业长期发展战略	4.636	3.455	1.182	22	1.827	22
基础设施与仪器共享	4.364	3.091	1.273	24	1.851	23
技术咨询与服务	4.364	3.000	1.283	25	1.866	24
科技人力资源成本	4.636	3.364	1.273	24	1.967	25
成果交易市场完善程度	4.727	3.182	1.546	27	2.435	26
风险补贴政策	4.727	3.182	1.546	29	2.435	27
企业信誉和品牌影响力	4.818	3.273	1.546	28	2.482	28
成果转化机构与资金支持	4.636	2.909	1.727	30	2.670	29
其他研发环境	4.636	2.818	1.818	31	2.810	30

从表 9 - 4 中可以看出重要度和满意度均值差所得出的指标排序与权重相对均值差所得出的排序有一定差距，为了更加客观地比较二者的差值，我们采用了权重相对均值差的结果。表中有 28 个三级指标的相对均值差大于 0，最大相对差值为 2.810，最小是 0，把这 28 个数值分成 5 组来表示指标所处的不同等级和层次（现状很好、较好、一般、较差、很差）。令最大值的上限边界值为 3，最小值的下限边界值为 0，因此可以求出组距，组距为 0.6，见表 9 - 5。

表 9 - 5　　　　　　　各个指标现状等级和分类

H_j	$N_i < 0.6$	$0.6 \leqslant N_i < 1.2$	$1.2 \leqslant N_i < 1.8$	$1.8 \leqslant N_i < 2.4$	$2.4 \leqslant N_i < 3$
现状等级	很好	较好	一般	较差	很差
指标归类及个数	X1、X18、X4（3 个）	X21、X13、X19、X20（4 个）	X16、X25、X27、X5、X30、X24、X8、X9、X28、X17、X29、X14（12 个）	X23、X7、X6、X11（4 个）	X12、X31、X26、X10、X15（5 个）

根据表 9 - 4 和表 9 - 5 可以看出：

第一，在均值差为正数的 28 个因素中，内陆地区的成果交易市场完善程度、风险补贴政策、企业信誉和品牌影响力、成果转化机构与资金支持、其他研发环境的相对权重均值差在 2.4—3，这说明该 5 个因素的现状很差，这也是内陆要极力改善和重视的地方，并且最需要政府、企业等各个相关部门加大力度去改善和提高。

第二，企业长期发展战略、基础设施与仪器共享、技术咨询与服务、科技人力资源成本 4 大因素的相对权重均值依次递增并且都在 1.8—2.4。这 4 个影响因素现状是比较差的，在这些方面也要去努力完善。

第三，知识产权服务信息化水平、企业竞争压力、人才引进政策、科学家和工程师所占比例、创新激励政策、研发重视程度、电子商务规范化、财税优惠政策、企业实力和规模、中介机构完善程度、研发成本、金融扶持政策的权重均值差分别都在 1.2—1.8，因此这 12 个影响因素的现状处于一般状态，应该加以防范和维护。

第四，专利产业化比例、研发机构覆盖率、专利密度、专利审批效率相对均值差都在 0.6—1.2，并且依次递增。这 4 大因素的现状是比较好的，它们的重要性与满意度较为吻合，这也是内陆地区的优势。

第五，研发人员全时当量和研发人员总量年均增速相对均值差分别为 -0.281、-0.182，该因素反映客观现状的数值接近 0，而研发人员总量和研究人员所占比例两个因素均值差都为 0，说明这 4 个因素的现状暂时是很好的。另外纠纷仲裁成本相对均值差为 0.579，也是属于现状很好的方面，符合当地的要求，值得巩固。

第五节　亟待解决的问题

综合来看，在内陆地区加工贸易的研发能力研究中，其他研发环境、成果转化机构与资金支持、企业信誉和品牌影响力、风险补贴政策、成果交易市场完善程度、科技人力资源成本、技术咨询与服务、基础设施与仪器共享是现状因素中评价最差的八个因素，而重要性和满意度均值较为接近的八大因素是研发人员总量、研究人员所占比例、研发人员全时当量、研发人员总量年均增速、纠纷仲裁成本、专利产业化比例、研发机构覆盖率、专利密度。各种分析所得综合结果如表9－6所示。

表9－6　　　　　　　　各种分析结果显示的关键因素

最看重的前 8 个因素		差值评价最好的 8 个因素		差值评价最差的 8 个因素	
财税优惠政策	X28	研发人员总量	X1	其他研发环境	X15
企业信誉和品牌影响力	X26	研究人员所占比例	X4	成果转化机构与资金支持	X10
风险补贴政策	X31	研发人员全时当量	X3	企业信誉和品牌影响力	X26
成果交易市场完善程度	X12	研发人员总量年均增速	X2	风险补贴政策	X31
其他研发环境	X15	纠纷仲裁成本	X18	成果交易市场完善程度	X12
科技人力资源成本	X6	专利产业化比例	X21	科技人力资源成本	X6
成果转化机构与资金支持	X10	研发机构覆盖率	X13	技术咨询与服务	X11
企业实力和规模	X22	专利密度	X20	基础设施与仪器共享	X7

在综合评价最差的 8 大因素中，我们进行了筛选与整合如下：

从一个研发中心组建的视角来看研发环境是多方面的，长期以来，内陆地区科技研发环境方面远远落后于长三角、珠三角等沿海城市，所以在评价最差的 8 个因素中，其他研发环境综合评价最差，说明其是最急需改进的因素。

"成果转化为现实生产力"是实现科技与经济结合的关键环节，成果转化为现实生产力的效率是瓶颈问题。技术咨询与服务、基础设施与仪器共享是成果推进问题，而它们最终影响的是成果转化问题。成果间接转化主要是通过各种中介机构来完成的，这些成果转化机构有的是专门的机构，有的是高校设立的转化机构，还有的是科技咨询公司开展的成果转化活动。而为了避免企业在科技成果转化过程中过度依赖于内源资金，企业就应当增加专项资金的投入，而这在一定程度上也有利于降低企业在成果转化过程中可能面对的风险，并且这也极大地激励了企业从事高新技术成果产业化活动。同时，企业技术创新的信心与投资者的信心都因专项资金的支持而增强。在投资者看来，专项资金的投入是对成果转化项目的认可，并且在这一过程中，项目本身的风险也得到了合理的转移。当风险得到合理转移时，投资者才愿意对需要专项资金投入的项目进行投资。

虽然政策成本和经济成本都较大，但却是切实可行的，并且执行下来是非常有意义的。鉴于此，本章将对成果转化机构与资金支持这一因素存在的问题及原因进行进一步研究。

企业信誉和品牌影响力往往与企业的创新科研能力互相影响，不少企业也开始走"声誉就是财富"的路子，研究表明，声誉影响力与获取资金资源和顾客资源都是呈正相关的。新型知识型企业则更愿意通过企业品牌度和企业声誉等无形资产的提升来增强企业对市场的影响力和号召力，从而进一步优化整合内、外部资源，不断提高企业的核心竞争力和企业绩效并形成持续的竞争优势。但是信誉和品牌影响力的获得不仅需要经济成本，通常还需要不少的时间成本，对政策扶持有一定的依赖，更侧重于企业自身的实力和规模，因此不把企业信誉和品牌影响力纳入进一步分析的范围。

风险补贴是指"对经认定的创业投资企业投资于园区初创期的高新技术企业时，按投资额的一定比例给予创业投资企业风险补贴"。风险补贴属于政府科研鼓励政策，研发中心的投资建立是伴随着风险的，由此，政府做好风险补贴，对减少企业对研发中心投资的后顾之忧是有必要的，同时由于风险补贴往往需要很多配套的政策一起才能发挥最大作用，政府的支持是风险补贴保障的最基本条件，下文对其原因进行进一步分析。

任何一个产品都需要在市场上实现交换才能实现其价值，所以形成规范有序的成果交易市场，才能提高企业研发的积极性。研发成果作为一种特殊的商品，通常以无形的形式存在着，却具有巨大的商品价值，因此对于这种商品的交易市场需要提供一个用于展览、展示、宣传、实验、生产等活动的设备和场所，以实现这些商品的价值转换，尽管这种场所通常也是无形地存在于互联网、信息技术中。因此，成果交易市场含义复杂，但是现实意义较大，在这方面内陆地区还有很大的提升空间，一旦完善是有助于研发中心落户，收益是大于投入的，本书将进行深入分析和关注。

科技人力资源成本受社会供求关系的影响，政府单方面的调控可能会产生不利的影响，并且随着对人才的大量需求，科技人力资源的成本是呈不断上升的趋势。目前沿海大城市如上海的科技人力资源成本趋向与国际科技人才的成本接轨，而内陆地区的科技人力资源成本却不高，这不仅不利于吸引人才，留住人才，更不利于研发能力等科技研发能力的提升。由于政府对科技人力资源成本的调控作用较小，所以不予以更多的分析。

一 研发环境问题

"其他研发环境"指的是在内陆地区除基础设施与仪器共享、电子商务规范、信息知识资源共享、成果转化机构与资金支持、技术咨询与服务、成果交易市场完善程度这些研发环境外的其他一切研发环境，包括研发经费的投入、研发人员、自主品牌等研发环境问题。通过阅读文献资料以及查阅《中国科技统计年鉴 2012》《中国统计年鉴2012》等得到的数据，对比沿海地区可以总结出内陆地区的不足，其中也有普遍存在的问题和内陆地区自身遇到的特殊地域问题。

1. 内陆地区研发经费投入不足

如果地区经济基础及发展水平不好，在进行加工贸易的高技术产业研发投入时，就会显得很不充足，从中西部省市高新技术产业研发投入数据上可以得到这点。在研发经费上：各地区科学技术支出占一般财政预算支出比重中，东部为 3.2%，中部为 1.3%，西部为0.95%；高技术产业研发项目经费占全国比例，东部为84.2%，中部为 9.7%，西部为 6.1%；规模支出以上工业企业研发项占全国比例，东部为 74.4%，中部为 17.3%，西部为 8.3%；高等学校研发课题投入经费占全国比例东部为 59.2%，中部为 22.6%，西部为 18.2%；研究与开发机构研发课题投入经费占全国比例，东部为 62.8%，中部为 13.5%，西部为 23.7%。由表 9 - 7 可知，在研发资金投入的来源方面，内陆地区研发资金全面落后于沿海地区，在四种资金来源中，企业资金始终是各地研发资金来源的主力军，国外资金和其他资金相较国家资金和企业资金而言显得尤为不足，特别是中西部地区这两方面的资金来源几乎为零，由于西部大开发等国家政策的长久大力支持，西部地区在国家资金投入方面高于中部。但同时，资本投入不足的影响是方方面面的，对中西部来说其影响使研发效率低下。

表9－7　　　　　　　　2011 年各地区研发资金来源　　　　单位：万元

地区	R&D 经费				
	内部支出 Total	政府资金 Government Funds	企业资金 Self – raised Funds by Enterprises	国外资金 Foreign Funds	其他资金 Other Funds
全国	86870093	18829656	64206443	1161963	2672030
东部地区	61826215	11951632	46956990	1104195	1813424
中部地区	14634253	2882430	11242125	30873	478853
西部地区	10409654	3995627	6007353	26898	379782

资料来源：《中国科技统计年鉴 2012》。

2. 内陆研发人员缺乏

从研发人员来看，各地区规模以上工业企业研发人员占全国比例东部地区为 69.3%，中部为 20.9%，西部为 9.8%；博硕士人数/规模以上工业企业办研发中心人员人数东部为 12.99%，中部为 12.47%，西部为 10.28%；博硕士人数/研究与开发机构研发人员东部为 47.9%，中部为 32.42%，西部为 32.48%。中西部省市在区位上处于劣势，研发基础设施不健全，不论在硬件还是软件方面，跟东部省市都有较大的差距，从而导致这些地区很难吸引优秀人才到该地工作，留住研发人才是中西部地区发展的一个很关键问题。

3. 内陆地区大部分加工贸易以低端加工为主，创立自主品牌进展缓慢

尽管内陆地区近年来机电产品和高技术产品出口比重不断增加，但是在研发设计和销售服务上却没有自主权，受外资控制较大，加工

贸易主要集中在加工装配环节，产品内分工发展较缓慢。内陆地区缺少战略眼光以及由于各种区位劣势等原因未能很好地看待创新自主品牌这一环节，内资企业长期缺乏自主品牌。在前不久有关机构公布的全球前100个知名品牌中，美国、欧洲分别占据50个和38个，亚洲有11个（日本8个，韩国3个），而我国没有。不仅如此，我国很多民族品牌纷纷被外资收购兼并后销声匿迹，更有的民营企业向调研组反映，在创立自主品牌过程中，屡屡遭到国际知名品牌的排挤。

二 成果转化问题

成果转化机构与资金支持在科技成果转化中作用巨大，随着各地科研投入不断增加，科技成果也随之增加，全国普遍存在研发成果转化率和市场化率不高的问题，科技成果转化成为加工贸易产业创新的瓶颈问题，导致很多研发中心缺乏培育和建立的动机，机构与资金问题的改善势在必行，刻不容缓，我们认为目前内陆地区科技成果转化不足的原因有以下几个方面：

1. 内陆地区对成果转化机构的认识不够

科技中介是成果转化的重要推动力，但是有调查显示，内陆地区一半以上的成果转化没有向科技中介寻求帮助，且没有得到过科技中介的服务。内陆地区对科技中介的认识不够首先就是对科技中介的作用认识不足，没有认识到科技中介为科技成果转化提供包括技术研发、成果评价、技术交易、技术咨询、科技投资、企业孵化等知识和技术的服务，能够减少科技转化成本，提高科技成果转化的效率，这导致内陆地区科技中介的服务需求不足。另外很多内陆企业对中介机构不够信任，加之市场缺乏诚信机制，导致企业不愿借助科技中介机构这一平台，而只凭借自己的能力进行研发、产品化、产业化、市场化，最终造成大量的资源浪费。

2. 内陆地区成果转化机构缺少资金保障

往往科研机构和高校的科技研究成果转化到企业中去之前，研究机构或高校已经投入了大量的资金，因此不愿意再花费更多资金来委托中介机构进行技术和市场论证，所以就要求中介机构常常要自己先垫付这部分资金，使中介机构承担了风险。而中介机构的盈利能力不高，流动资金有限，大多数内陆地区中介机构也充分市场化，自负盈亏，缺乏后续发展资金的保障。中介机构不愿承担或者没有能力承担垫付资金的风险，导致内陆成果转化机构的服务效果大打折扣，面对这种情况，高校和科研机构就会绕过这一中间环节直接找到企业实现科研成果的转化。

3. 内陆地区成果中介服务能力有限

近几年中西部科技成果转化机构或者科技中介机构不断发展，服务体系不断完善，服务能力不断提升，但是由于数量和功能上的不足，它们还是不能满足一些服务对象高层次的需求。内陆地区科技中介机构服务功能单一，一般只有科研成果信息和咨询服务，在成果评价、技术交易、科研投资方面的服务远远没有发挥足够的作用。有些时候，提供的信息不够或者不准确及时，导致服务效率不高，一些高校和科研机构的成果无法及时找到需求者而导致成果不能顺利转化。

同时，成果转化实现市场化是加工贸易产业创新的目的，也是复杂性和难度都较大的一个环节，其中需要各种科技中介的参与与合作。而事实上中西部地区不仅在数量上缺乏为加工贸易产业创新服务的科技中介机构，而且各中介机构之间的合作程度也不够，单纯靠一类中介机构根本不足以推动科技成果的转化，唯有发挥各科技中介的功能与优势，紧密合作才能切实促进科技成果实现产业化、市场化，提高成果转化率。各种中介机构如科技信息机构、技术产权交易所、生产力促进中心、科技评估机构和科技咨询机构只以自身的利益为重，有分工没合作，严重影响内陆地区科技中介机构的整体效果，降低了服务能力。

三　风险补贴政策问题

应用风险补贴政策来激励中西部地区已有的研发中心的投入，促进研发能力的提升，同时又能起到吸收和引进外来研发中心的成功落户的作用，这在整体的研发环境和满意度上都有积极的效应。通过研究，内陆地区高新技术研发中心的扶持政策是令企业较为满意的，但其中风险补贴政策仍是一直难以完善的一项，其中可能的原因如下：

1. 内陆地区风险补贴政策不完善，重点不突出

政策必须引导、鼓励、扶持高新技术成果市场化，转化为现实生产力，我国已形成一套加工贸易产业技术研发的政策群，但现实中政策导向还不明确。内陆地区政府未发挥自主创新的能力，不能根据本区域自身特色和加工贸易产业的发展规律进行制度设计，没有抓住关键和重点进行政策扶持，政策范围太广，指定主体多样，层次复杂，缺少沟通导致内陆地区政策协调性不够。另外，有的内陆地区认为单单有政府的资源动员能力再加上足够的资金和人员投入就能够直接去开发和引进高新技术，这种高估政府自身能力的认识上的错误导致政府往往没有认真切实把风险补贴政策摆在一个重要位置来加以贯彻实施。

2. 内陆地区对具体的风险补贴政策适用对象界定不明确

大部分地区的风险补贴的对象主要是以国家认定的高新技术区内的高新技术企业，后经过应用调整扩大到区外。实际上，这个界定并不科学合理，进行高新技术研发与成果转化的不一定是高新技术企业，高新技术企业并不只是实施以科技研发与成果转化为主的项目。另外，内陆地区大部分高新技术的研发及市场化是在革新传统技术，负责这些研发改造的企业有相当一部分是国有大中型企业，它们一般不符合高新技术企业的认定标准，因此，必须改变高新技术产业风险补贴政策认定对象的标准，而以企业项目为主。

3. 内陆地区对中小民营企业研发前期的风险投入及保障欠缺

内陆地区由于对风险的投资保障等一系列政策措施和观念不完善，导致不愿意对种子期和成长期的高新技术产业的开发项目进行投资，而乐于对已初具规模或者已经具备产业化前景的达到成熟阶段的扩张期和成熟期进行投资。而且一般中小民营企业不敢去承担大的风险进行高新技术研发的项目，不仅是因为风险资金不够，而且也很少得到风险补贴优惠政策的鼓励。

四 成果交易问题

成果交易市场的完善程度直接影响着成果的转化质量和市场交易的规模。通过各种调研与实证研究结果，内陆地区的高新技术成果交

易市场也很不完善，无论是合同成交总额还是成交额的增长率，东部地区均要远远高于中西部内陆地区。表 9 - 8 通过《中国科技统计年鉴 2018》《中国统计年鉴 2018》的数据总结出东部、中部、西部成果交易市场完善程度指标比较，可以看出内陆地区远远落后于东部地区。我们认为导致内陆地区成果交易市场不完善的原因如下：

表 9 - 8　2017 年东部、中部、西部成果交易市场完善程度指标比较　单位：%

	相关指标	东部	中部	西部
成果交易市场完善程度	各区域技术市场成交合同数/全国技术市场成交合同数	64.4	16.9	18.7
	各地区技术市场成交合同金额/全国技术市场成交合同金额	70.4	15.2	15.2
	各地区国外技术引进合同金额占全国比例	73.5	8.9	17.6

注：各地区加总合同数小于全国总合同数。各地区加总合同金额小于全国总合同金额。

资料来源：《中国科技统计年鉴 2018》《中国统计年鉴 2018》。

1. 内陆地区技术成果市场制度不完善、缺乏监督管理

成果交易市场的形成与发展，是伴随着经济体制转变而进行的，内陆地区由于历史原因和地理位置开放程度不如沿海地区，所以仍有地区封锁、条块分割、部门所有等计划经济的烙印，各种类型的技术成果交易市场和机构重复建设，分散投入，资源配置不合理导致资源浪费，效益低下，留不住人才。目前内陆各级政府投入大量的人力、物力和资金对金融、物资、劳动力资源等有形市场进行建设规划，但对高新技术成果交易市场的后发优势却不够重视，并没有把成果交易技术市场当作对城市综合能力和经济环境提升的重点进行打造，因此对技术成果交易市场的建设规划不足，投入较少，成为制约技术市场和技术中介发展的重要问题。并且，内陆技术成果交易市场缺乏监管，导致欺诈、技术合同登记骗税、技术价值评估中的弄虚作假等市场不规范甚至违法行为的出现。

2. 内陆地区交易规模即专利申请数较少，影响成果交易市场的完善进度

技术成果交易市场规模是衡量成果交易市场完善程度的一个重要指标，数据表示高新技术产业专利申请数各区域占全国比例为：东部85.2%，中部9.5%，西部5.3%，可以看出中西部两地区共计只占全国高新技术专利申请14.8%的比例，中西部地区的专利申请数大大落后于东部地区，导致市场需求较小，发展不完善。

3. 内陆地区各高校在校企合作、推动当地经济发展方面的贡献越来越小

各高校在技术成果交易市场中的地位有一定上升趋势，但近年来普遍存在高校在技术转移中的作用越来越小的趋势。随着社会分工细化和技术进步，产品内分工不断发展，技术成果作为无形资产，专用性不断强化，而技术成果购买方一旦不愿意购买这些成果，大量的科研投资将付诸东流。内陆高校普遍缺乏良好的科技成果转化利益分配机制，导致对内陆高校在加工贸易方面带动性不强，合作意愿不强。我国高校每年产生科技成果约有8000项，而通过企业实现产业化的不足10%，大量的科技成果未进入成果交易市场。

4. 内陆地区高新技术成果交易市场散、乱，法制环境尚须优化

我国技术成果交易市场发展20多年，技术合同成交额逐年攀升，市场体系已经基本形成，但法制环境建设还是落后于市场环境的建设，内陆地区亟须建立与交易市场有关的法律法规文件。这些法律法规文件的缺失，导致加工贸易高新技术交易市场监管不统一、行为不规范、政策落实不到位，限制了加工贸易技术市场的发展，有碍内陆地区引进和培育研发中心，向产品内分工价值链两端延伸，难以实现打造高端加工贸易的发展目标。

第六节　对策及主要工作

引进和培育研发中心是加工贸易产业立于不败之地和占领产品内

分工价值链高端的必要途径。与经济发达的地区相比，内陆地区研发中心仍然短缺，发展相对还比较滞后。下面针对第九章实证分析中指出的其他研发环境、成果转化机构与资金支持、风险补贴政策、成果交易市场完善程度四个方面的问题提出政策建议和具体举措。

一　改善研发环境

1. 政府和企业在研发投入中各司其能

为克服前述实证分析中指出的内陆企业研发投入资金不足的问题，政府和企业都应增加研发投入，提升企业创新能力。

具体举措：政府和企业在不同的技术环节给予不同的投入和支持。在研究的基础阶段——行业共性技术研发阶段，主要由政府投资，这一阶段的投入往往难以看到立竿见影的效果，需要公共资金支持。企业应为享有因关键性突破而取得市场竞争优势的技术进行投资，通过企业自组织力量组织自有研发力量对于专有技术、潜在专利技术和实用新型技术进行研发，这一阶段是决定企业的技术和产品创新能否最终成功的核心环节，其资金投放的力度也代表了加工贸易企业自主创新的决心和魄力，政府在这一阶段应通过税收抵减或优惠政策引导企业的研发投入。

2. 注意研发人才的引进和培养，和当地研究型大学协同创新

研发人才的缺乏是发展中国家和发展中地区普遍面临的瓶颈，为此内陆地区应加强外引内联，充分调动区域内及区域外两个层面的人才要素。

具体举措：首先注重引进，尤其要重视高端人才的引进和培养。高端人才是内陆地区研发人员中十分欠缺的资源，产品内分工价值链提升对人才的结构和素质都有极高的要求，所以必须建设一批懂技术、善管理的高端研发人才队伍。可以由政府聘请一些在科技、管理、政策方面的顶尖国际人才对当地的研发人员进行培训，开展讲座来提高当地的科技人员的素质，并通过加工贸易企业促进更多的国际交流与合作，从而提高内陆地区研发人员的素质及能力。其次注重和本地研究力量的整合，主动和当地有相关产业研发实力的高校或研究机构开展合作，进行协同创新，将内陆众多高校及科研机构的研发人

才用市场来激活和配置，调动存量研发资源。

3. 加快制定鼓励新兴业态和高端产品发展的政策措施，创立自主品牌

针对前述原因分析中的内陆地区加工贸易以低端加工为主，缺乏研发中心，创造自主创新品牌和提升研发能力进程缓慢的问题，把提高自主研发能力作为形成加工贸易竞争新优势的重要途径，鼓励加工贸易企业更多地开展引进消化吸收再创新，加大对加工贸易企业核心技术和专利的保护力度。加强针对加工贸易企业实施关键技术攻关和技术改造，在一些地区确定一批已经具备良好基础的品牌，重点加以扶持。

具体举措：在转型升级过程中，建议将部分服务贸易纳入保税贸易范畴，引导有条件的加工贸易企业向服务外包、品牌营销、设计研发等新兴业态和高端环节发展。采取财税优惠政策引导具有自主知识产权、自主品牌和高附加值的产品出口。

二 建立完善成果转化机制

1. 建设内陆地区加工贸易科技创新服务平台，强化平台中介作用

为加强内陆地区加工贸易企业成果转化中介平台的利用意识，积极打造科技中介服务平台，发挥关键技术转化的重大支撑作用。

具体举措：首先，建设共性技术研发平台，围绕产品内分工加工贸易的关键产业领域，研究集聚优势产业技术的创新模式，构建创新平台，建设供需平衡、空间孵化、技术支撑、政策导向、贷款融资、成果评估六大支柱服务架构；其次，构建服务成果孵化平台，实现供需双方对贸易科技成果的无缝对接，创建像北京国家技术交易中心和中国技术交易所那样的交易平台，发挥科技转化主渠道的市场功能；最后，构建基于加工贸易的科技资源平台，并向社会公众开放，实现平台资源共享，鼓励当地的高校和科研院所面向企业开展市场化运营服务，在产品内分工中发挥相应的作用。

2. 拓宽内陆加工贸易成果转化融资渠道，解决资金保障问题

为拓宽内陆加工贸易成果转化融资渠道，需要尽快建立科学的多渠道的成果转化资金筹集体系。

具体举措：首先，政府财政设立重大科技成果转化资金，通过政府采购促进内陆自主创新品牌的应用和推广。为了推广自主创新品牌在各地的应用，政府可以订购首台重大创新技术装备和实验项目。同等条件下，政府应优先采购自主品牌产品，在财政预算中加大对自主品牌采购力度，给予内陆地区研发中心的培育和发展更多的信心和保证。其次，增强金融机构的信贷功能，发挥资本的市场作用，促进内陆加工贸易企业的科技投入，落实加工贸易企业作为高新技术企业的认定以及税前扣除研究开发费等激励政策。

3. 完善内陆知识产权中介机构服务体系，加强机构成果自身转化能力

为促进加工贸易企业或研发机构科技成果自身转化能力，需要在内陆地区发展一批骨干知识产权中介机构，政府要不断地促进其向高端科技中介机构发展，发挥其带动作用，提升内陆地区整体科技中介机构的服务水平。

具体举措：加强知识产权服务业等科技中介机构的支持力度，具体来说，要大力发展知识产权代理服务、知识产权法律服务、知识产权信息服务、知识产权商用化服务、知识产权咨询服务、知识产权培训服务六类服务机构，改善知识产权服务法规政策环境，鼓励各类知识产权服务机构为原始创新、集成创新和消化吸收再创新提供专利检索、分析、预警等服务，增强知识产权服务对科技的支撑作用。

三 加大风险补贴

1. 建立鼓励内陆地区风险投资的税收优惠政策体系

风险补贴与税收优惠政策相辅相成，要切实落实税收优惠政策，才能促进风险补贴政策发挥实际效果。内陆地区在风险投资方面的税收政策如企业所得税、个人所得税都还存在很多问题。美国八成以上的风险投资以有限责任合伙制形式组织。有限合伙风险投资组织形式企业无论盈利或亏损，都记为个人投资者的所得，公司税不予征收，以比较低的个人所得税率规避企业盈利情况下的二次纳税问题。当组织以证券形式获益时，无须缴纳个人所得税。这种风险投资组织和相应税费制度，值得内陆地区学习。

具体举措：内陆各类风险投资公司和创业投资公司比照高科技企

业，同等享有税收优惠政策；参加风险投资、创意投资的单位、个人或法人，可以免除此项资本收益的所得税；高新技术企业的技术咨询与购买应看作该企业科技创新和开发的投入，此部分支出可以抵消企业所得税。

2. 对内陆地区能享受风险补贴的高新技术加工贸易产业进行明确界定

加工贸易企业对高新技术研发项目进行投资是一项投入高、回报周期长、风险高的投资活动，为保护投资者利益以及经济秩序，对风险投资的主体及其行为必须进行严格规范。

具体举措：借助独立市场第三方评估企业，明确认定哪些加工贸易企业是高新技术产业，哪些是高新技术研发项目，哪些企业项目符合风险补贴的标准。要准确识别高新技术加工贸易产业，能够对加工贸易涉及的高新技术界定清楚。这一过程以前由政府主导，以后应更多地借助市场机制来完成。

3. 内陆加工贸易企业研发风险保障体系应有根本性的突破

以金融机制和财务制度为基点，从根源解决原有担保方式成本和风险高、效率低、落实难的难题，完善加工贸易企业研发风险保障体系。

具体举措：首先，开办加工贸易高新技术贷款担保业务。鉴于只有金融机构才能实现高新技术担保业务，内陆地区政府可与金融机构合作，成立专项担保基金，由协议金融机构实行正规化管理，利用协议金融机构的信用机制，扩大加工贸易专项基金规模，拓展加工贸易高新技术企业金融渠道。其次，在加工贸易高新技术开发区推广"零户统管"财务制度。设立加工贸易中小高新技术企业服务中心（担保机构），实行自愿参加制度，企业银行账户事宜转接到中心，进行统一管理，企业只保留资金使用权和财务自主权。服务中心综合会计服务、资金结算服务、会计核算服务，规范加工贸易高新技术企业财务管理，充实产业金融实力。

四 加强技术交易市场建设

1. 分类设置不同监管政策

针对不同类型加工贸易技术引进，设置不同监管政策。

具体举措：如内陆地区对加工贸易重大攻关项目的选择，要从宏观上指导，经济政策上给予支持；重大技术引进必须组织力量消化吸收、创新，没有消化、吸收、研发能力的项目不得引进；同类技术不得重复引进；国内已经过关或基本过关的新技术应限制引进；制定政策、限制低水平的重复研究开发。完善相关的法律制度，以此确保成果交易市场的正当竞争和秩序稳定。

2. 创新性引入国际成果交易制度以发展内陆加工贸易技术市场

促进内陆成果交易市场完善可进行两种制度的引进。

具体举措：首先是内陆产权合约交易制度，成果交易市场被确定为法定的成果交易中介机构，可用来提供一些法律认定和技术交易等服务。由于法律法规强制规定了交易三方必须通过技术交易中介机构，产权合约交易制度突出了交易市场的重要作用，并且操作简单。其次是发展内陆证券化的技术交易市场。从国外的情况来看，其证券化交易市场日趋完善，它对资金融通、资本结构优化都有着积极作用。资产证券化可以通过对资产的风险与收益进行重组，将缺乏流动性的资产转换成可以交易和流通的形式。证券交易从有形资产转移到商标、技术等无形资产，日本、美国都有无形资产证券化的例子，我国加工贸易产业技术交易市场也可以借鉴国外的经验，结合本区域的特点进行创造发展。

3. 深化利用内陆各地的科技资源，加强内陆创新项目合作机制的建设

重视解决内陆地区成果转化机构之间的合作程度不够的问题，盘活内陆科技资源，加强重大项目和关键技术合作。

具体举措：第一，做好内陆地区加工贸易企业研发重大攻关科技项目的对接服务，把科技攻关项目与成果转化对接相结合摆在重要的位置，可参照沿海地区建立成果转化服务中心，旨在促进各种科技创新资源"无缝对接"，这能为企业自主创新提供全方位、一门式的公益性服务。第二，加强与科研院所的交流合作，引导当地加工贸易企业对科研院所的成果进行转化，从而实现加工贸易企业的转型和产业结构的调整。第三，要加强加工贸易企业与当地的国有企业的合作，

在新能源和高新装备制造等多个领域进行联合开发，共建研发中心、总部基地和产业园区，推动军、民用技术的研发和转移。

4. 推动成果交易市场法律环境不断完善

实现内陆成果交易市场的体制创新和结构调整，服务产品内分工的发展，服务加工贸易和内陆经济，需要主动学习发达国家和地区的类似组织先进经营理念和服务体系，跨越经营理念固化的障碍，抓住国家政策倾斜机遇，推动完善成果交易市场的法律环境，推动内陆地方性法规的出台和实施，专门建立充满活力与生机、植根于市场的产品内分工新型社会化服务成果交易体系和法规体系。

具体举措：完善专利法，加大保护知识产权执法力度，建立快速披露新专利机制。严厉打击假冒和仿造行为，使投入开展原创研发的加工贸易企业从研发成果中获得实际利益。建立可操作性强的高新技术产业化成果交易市场、技术产权交易市场，下放行政审批权限，释放市场力量，带动高科技、管理人才的流动、交叉高新技术及学科的相互支撑，使创新的要素达到最优结合，促进内陆加工贸易产业技术创新效率的提升。

第十章　重庆发展加工贸易案例

本章围绕重庆市加工贸易保税和物流体系的打造、产业集群的形成等多个方面，进一步结合重庆经验，对重庆加工贸易的发展成果进行总结，提炼出重庆特色的垂直整合加工贸易模式，旨在为内陆地区发展加工贸易提供借鉴。

第一节　发展模式

重庆加工贸易垂直整合新模式的内涵是：由传统加工贸易的产业链"水平整合"格局转变为"垂直整合"的格局；由"多头在外、一头在内、大进大出"的传统加工贸易模式，向"多头在内、一头在外、小进大出"的新模式转变。新模式以品牌商、龙头企业、行业优势企业为核心凝聚配套企业，重视产业链全流程协调发展，实现工业化与信息化、制造与服务深度融合，最终形成包括研发设计、零部件制造加工、整机组装、产品销售、贸易结算"五位一体"加工贸易新模式，从而提高加工贸易及产业链"微笑曲线"全流程的整体效益，降低成本，实现效益最大化、风险最小化的目标。

第二节　模式特点

重庆加工贸易垂直整合模式具备"整机＋配套""生产＋研发""加工＋结算""基地＋总部""笔电＋相关"及"制造＋服务"等

特征。

一是"整机＋配套"。重庆加工贸易的发展基于全球化视野、重庆跨越式发展思路，从高新技术产业中，选择行业龙头企业的核心产品，带动一批配套企业。为了优化调整产业结构，发展信息产业，重庆首先从笔记本电脑入手，引进国际著名IT领头企业惠普，随着惠普的入驻，带动宏碁、华硕、思科和东芝等品牌进入，逐步形成多家笔记本电脑品牌企业汇聚重庆的产业集聚效应。品牌企业的引入在促进当地IT产业发展的同时，带动了零配件企业、代工企业和生产性服务业的发展。国内外六家知名笔记本代加工企业富士康科技集团、广达、和硕、仁宝、纬创等相继入驻重庆，为IT产业的发展集群注入活力。围绕IT产业品牌商、代加工企业、生产性服务企业，依托精元电子、华科事业群、群光电子、展运电子等为代表的七百家产业企业，逐步形成"5＋700＋6"规模的"品牌商＋零部件供应商＋代工商"加工贸易全流程集群。整个流程由品牌商依据客户市场下发订单至代工厂商，由代工商制订生产计划组装，同时由零部件供应商提供配套服务；全流程集群效应使重庆本区域笔记本生产的零部件配套率高达80%，大幅度降低物流成本。

二是"生产＋研发"。过去几十年我国的加工贸易，企业基本上只能承接装配制造，设计研发环节一般多由国外品牌企业或研发部门操控，限制国内企业研发能力发展。重庆大力发展加工贸易，在引进品牌企业、代工厂商及零部件供应商的同时，也积极鼓励企业的研发部门和设计中心入驻重庆，注重加工贸易产业链的前端部分建设，旨在逐步提升研发能力，获取高额附加值。利用引进研发机构的"外溢效应"，推动重庆区域研发设计能力，提升自主品牌的自主创新能力，推动产业升级和发展方式变革。目前，惠普、广达、富士康、宏碁、展运等知名企业的区域性、全球性研发机构已落户重庆，包括富士康的机光电前沿技术研发中心、宏碁的全球研发中心等机构。

三是"加工＋结算"。重庆依托产业集群大力发展加工贸易的同时，积极借助直辖市政策和国家离岸金融试点政策优势，在国家外汇管理局大力支持下，发展内陆加工贸易离岸结算，引进品牌商、代工商、零部件供应商的结算中心。随着惠普公司亚太地区结算中心从新加坡迁至重庆，广达、富士康、宏碁、纬创、仁宝等企业的结算中心也陆续迁移至重庆，佳杰科技集团、伟仕电脑等 IT 分销企业通过引进贝宝等电商结算公司发展自身电子商务结算，同时，重庆也发展了"易极付"移动支付结算工具平台。

四是"基地 + 总部"。重庆在发展加工贸易过程中，建立笔记本电脑生产基地，且促使笔记本电脑厂商积极建设营运总部。全球知名电脑厂商宏碁于 2012 年 12 月在重庆建立全球电脑生产基地暨中国第二营运总部。至此，重庆成为宏碁在全球范围内唯一一个集研发设计、生产制造、市场营销、贸易结算于一体的综合生产基地。后来，知名生产厂商华硕在重庆也建立了全球笔记本电脑生产基地暨中国第二营运部，实现研发设计、代工制造、营销及支付结算等集成一体化功能。

五是"笔电 + 相关"。重庆 IT 产业以发展笔记本电脑的龙头企业带动相关消费类零部件及电子终端产品生产，推进电子信息产业的多方面发展。2016 年统计数据显示，笔记本电脑产量超过 6000 万台；打印机、显示器产量超过 3000 万台，手机等应用终端产量超过 2 亿台；集成电路超过 3 亿块；液晶显示屏产量超过 145 万片。目前，电子信息业为核心产业之一的重庆区域加工贸易呈强劲发展态势。

六是"制造 + 服务"。重庆电子信息业迅速发展的同时，在加工贸易发展基础上，制造、生产性服务贸易蓬勃发展。例如，外包和离岸生产等加工贸易产业链的分工，使次生服务贸易发展；依托加工贸易的发展，进而兴起了铁海联运、航空货运及货代等现代物流服务；在经济日趋全球化、产业链分工精细化的环境下，大数据时代云平台下全球布局的数据中心支撑数据挖掘分析处理，促进软件外包服务的发展，移动、联通、电信等 30 多个大型项目已陆续签约，开始进行基于大数据的云计算处理，并引进太平洋电信，建设云计算平台和数据中心；依托国内金融市场的不断开拓，拓展电子信息业笔记本电脑加工贸易的电子商务结算支付业务和离岸金融业务。

第三节 发展成就

重庆作为西部地区唯一的直辖市，地处西南中心，接北传南、承东启西，作为长江上游经济中心、金融中心，是西南区域立体化综合交通的枢纽，是西南区域商业重镇，拥有广阔的市场和庞大腹地。重庆得天独厚的区位优势和直辖市政策优势，促使重庆转变为重要生产要素、战略性资源聚集扩散的高地，产业自西向东转移的战略枢纽，在西部大开发和长江经济带建设中处于重要地位。中央政府、国务院对重庆建设重点扶持、高度重视，对重庆发展寄予厚望。2009年国务院颁布的《关于推进重庆市统筹城乡改革和发展意见》（国发〔2009〕3号文件），提出对重庆发展改革提供全面支持。2017年国务院颁布的《中国（重庆）自由贸易试验区总体方案》（国发〔2017〕19号文件），为全面有效推进重庆自由贸易试验区建设制订方案。2013年重庆市政府发布《关于加快建设长江上游地区商贸物流中心的意见》（渝府发〔2013〕13号文件），到2020年，基本建成有影响力的全国重要商贸物流中心。2014年重庆市委、市政府出台《贯彻落实国家"一带一路"战略和建设长江经济带的实施意见》，到2020年，重庆市基础设施项目投入预计将达到1.2万亿元。重庆作为我国唯一同时享受西部大开发、国家统筹城乡发展综合配套改革试点、三峡库区扶持优惠等政策优惠的西部长江上游经济中心、渝新欧国际多式联运大通道的起点城市，拥有水陆空综合保税区和海陆空立体交通体系，这为重庆加工贸易发展提供了良好条件。

重庆加工贸易以笔记本电脑为着眼点，强调以笔记本电脑产业带动其他电子信息业、智能终端产业及相关产业发展，优化产业布局和经济结构，实现发展方式转变。以笔记本电脑为核心的电子信息业兴起，改变了重庆汽摩产业"一枝独秀"的格局，形成了以六大支柱产业和快消品产业为支撑的"6+1"产业格局和发展规模。

加工贸易的大力发展，在一定程度上反映了内陆贸易的不断开放。近五年来，重庆先后引进笔记本电脑龙头企业、MDI 等重大项目 500 余个，累计投资达 8000 亿元。2015 年上半年全市完成工业投资 2039 亿元，同比增长 17.6%，高于全国增速 8.3 个百分点，且各月投资增速均高于全国投资增速 5 个百分点以上。从产业上看，"6 + 1"支柱产业完成投资 2007 亿元，同比增长 16.3%，占全市工业投资的 98.4%，汽车和电子产业投资双轮驱动，分别完成投资 737.57 亿元和 718.63 亿元，增长 28.6% 和 26.3%。制造业年完成投资 10 亿元以上的项目有 25 个，是 2014 年的两倍，其中，有 10 个是汽车产业项目，比如长福马 6F15 自动变速箱工厂建设项目、北京现代汽车重庆项目、长安汽车城乘用车建设项目等，还有 7 个是电子产业项目，如京东方项目、卓美华视 3D 显示器系列项目等。2016 年全年实际使用外资金额 113.42 亿美元，比上年增长 5.4%。其中，外商直接投资 26.26 亿美元，下降了 30.4%。全市新签订外资项目 260 个，合同外资额 40.93 亿美元，分别下降了 17.5% 和 15.0%。全年实际利用内资项目 3.56 万个，下降了 3.2%。实际利用内资金额 9345.04 亿元，增长 9.6%。截至 2016 年年底，累计有 272 家世界 500 强企业落户重庆。

根据海关统计，2016 年全年我国外贸进出口总值 24.33 万亿元人民币，比 2015 年下降 0.9%。其中，出口 13.84 万亿元，下降 2%；进口 10.49 万亿元，增长 0.6%；贸易顺差 3.35 万亿元，收窄 9.1%。2016 年全年重庆市外贸进出口总值 4115.1 亿元人民币，较 2015 年下降 10.8%。其中，出口 2652.7 亿元，下降 22.4%；进口 1462.4 亿元，增长 22.1%。

按美元计价，2016 年重庆货物实现进出口 627.71 亿美元，比上年下降 15.7%。其中，出口 406.94 亿美元，下降 26.3%；进口 220.77 亿美元，增长 14.5%。

2016 年，重庆市加工贸易进出口值 1667.8 亿元，下降 6.6%。其中加工贸易出口 1447.4 亿元，下降 6.9%；加工贸易进口 220.4 亿元，下降 4.7%。占同期重庆市外贸进出口总值比重为 40.5%，增加 1.8 个百分点。

未来重庆在加工贸易发展迅速的基础上，将大力创新发展垂直整合新模式加工贸易，促进发展方式转变，优化产业经济结构。未来五年建设 50 个产值达百亿元的"整机＋配套"综合产业集群，发展培养高科技产业，构建 2 亿台级产能的全球电子信息业智能终端生产基地。至 2020 年，将重庆建设成为长江上游经济中心、科技教育中心、金融中心和内陆地区开放高地。

第四节　几点经验

重庆加工贸易快速发展的前提，是国家的大力支持，离不开国家政策和地方政策的积极推动。国家《关于支持中西部地区承接加工贸易梯度转移工作的意见》文件中指出，对加工贸易梯度转移承接地所认定的加工贸易项目，国家在短期贷款、长期贷款和技术贷款等方面给予支撑。在国家的大力支持下，重庆地方政府解放思想，改革创新，转变作风，努力营造适合加工贸易发展的环境条件。

一是组织模式创新。改变传统加工贸易的"水平分工"模式。传统加工贸易具备"多头在外、一头在内、大进大出"的特征，即生产研发、原材料、零部件生产、物流销售等环节在国外，装配整机制造在国内。传统组织模式的远距离运输、大规模调度，造成高额的物流费用，这种模式下的物流成本高达销售额的 20% 以上。重庆加工贸易新模式旨在打造集设计研发、零部件加工、物流销售、整机组装、贸易结算于一体的"五位一体"内陆加工新模式，创建"多头在内、一头在外、小进大出"的垂直整合新模式，发展建设内陆加工贸易基地。

二是努力构建国际贸易物流大通道。重庆积极构建面向"一江两翼三洋"的水陆空三管齐下的立体交通国际枢纽，拓宽航空通道、增强航空运输能力；疏通铁海联运南线大通道，开通重庆至深圳盐田港的"定点、定线、定时、定价、定车次"的集装箱货运班次，实现南线的铁海联运；打通"渝新欧"铁路联运大通道，通过兰渝铁路由新疆阿拉山口出境，打通欧亚大通道，连通太平洋和大西洋，开通"渝新欧"铁路集装箱"五定"班列。

三是在国家支持下创新保税监管与通关模式。在国家海关总署等部委支持下，重庆设立了两个保税区，拥有"空港""水港"合一的两路寸滩保税港区，西永综合保税区是全国最大的保税区。同时，创新加工贸易监管模式，与边境海关建立通关互认，在内陆首先实现"安智贸"海关商检运行体系，实现"一次报关、一次申请、一次验放"。进口货物可直接到重庆保税区查验，出口货物经重庆保税区验放后即可直接放行，进入保税区的货物一律享受境内关外的优惠。推行特殊监管区域"分批送货、集中申报"、进口分类通关、无纸化通关等业务改革，实现快速通关、低成本通关。通关模式的创新使货物通关效率和安全性大大提高，使重庆的国际物流聚散功能不断增强。

四是发展贸易结算与离岸金融。在国际政策大力支持下，重庆积极创新金融、外汇监管方式，拓展加工贸易结算和离岸金融业务。宏碁、华硕等在重庆设立的结算中心及中国第二营运总部，惠普亚太结算中心迁至重庆的战略转移，重庆与阿里巴巴、京东、贝宝等第三方电子商务支付平台的合作，还建立了重庆品牌"易极付"第三方交易支付平台，为重庆发展贸易结算和离岸金融提供便利，促使重庆成为国际电子商务结算中心。

五是创造"五低成本"发展环境。充分利用西部大开发的政策优势，借鉴工业 15% 的税率，调整服务业税率为 15%。放宽中小企业贷款政策，降低中小企业贷款利率，为微型企业及个体户等降低或减免税费，营造积极的税收环境。取消二级高速公路收费政策，对省外至重庆保税区港口、机场的集装箱货物实行高速公路费、装卸搬运费、港口货物吞吐费等费用减半的优惠政策，创造低物流成本环境。通过银行贷款、非银行融资、争取政策补贴、社保基金，为企业融资需求提供保障，创造低融通成本环境。通过加强房地产行业管控，促使房地产市场健康良性发展，保持房地产价格的经济性等举措，创造低土地房产成本环境。

六是创新社会管理，改革农民工户籍制度。坚持农民自愿原则基础，鼓励引导农民转户进城，保证农民进城后的就业、养老、医疗、教育、住房等政策优惠"一步到位"，秉承原有承包地、宅基地及土地自愿、有偿、弹性的原则退出。自农民工户籍制度改革以来，有近400万农民转户进城。建设公共租赁房。实行住房政策的"双轨制"模式，住房总量的70%由市场配置，30%由政府保障，坚持"低端有保障""高端有约束""中端有市场"的城市住房调节机制，大力建设公租房。公租房建设过程中，政府免收土地出让金、配套及相关税费用，控制租金在同比条件下房租的60%以内。不断完善经济适用房、廉租房、一般公租房齐全的"三位一体"住房保障体系，有效解决大学生、农民工和低收入人群的住房问题。工业园区建设的同时建立相应服务配套设施、社区，规划职工宿舍和生活区，实现园区和社区的紧密相连，建立健全生活设施，完善城市配套服务，实现员工走出厂区进入社区，工作、生活、娱乐功能齐全，促使个体充分融入集体，有效规避员工、企业与社会隔离的潜在威胁。大力发展职业教育，建立人力资源供应体系，满足加工贸易发展需求。目前，重庆每年有20万大学生和20万职业技术学校学生毕业，为加工贸易发展提供可靠的人力资源保障。

第五节　本章小结

本章结合重庆市发展加工贸易的经验，归纳出重庆加工贸易的"垂直整合模式"，其具有"整机＋配套""生产＋研发""加工＋结算""基地＋总部""笔电＋相关"和"制造＋服务"等显著特点，简述了目前重庆市加工贸易的发展成就，并梳理了重庆加工贸易快速发展的几点经验，分别是：组织模式创新、努力构建国际贸易物流大通道、在国家支持下创新保税监管与通关模式、发展贸易结算与离岸金融、创造"五低成本"发展环境、创新社会管理等，为内陆地区发展加工贸易提供借鉴。

第十一章　结论

本书研究的主要结论如下：

（1）加工贸易是社会化大生产的表现形式，是经济全球化、生产专业化和分工精细化的必然产物，是经济发展效率最优化、效益最大化的组织形式。

（2）探索我国内陆地区加工贸易新模式，大力发展内陆地区加工贸易，使加工贸易成为促进内陆地区经济社会发展的新增长极，是实现国家经济社会发展战略目标的重要任务。

（3）内陆地区发展加工贸易，是产业经济发展的重要创新，包括思路、方法、理论和模式的创新。这一切创新所要实现的实际目的，在于最大限度地延长加工贸易的产业链和价值链，这既是方法手段，也是目标目的。

（4）产品内分工的内陆加工贸易，有两个理论要点：一是产品内分工，二是内陆开放型。前者属于产业经济理论范畴，后者属于区域经济理论范畴。基于产品内分工的内陆加工贸易新模式，是我们广泛学习借鉴、深入调查研究的基础，理论结合实际，思路创新、方法创新、理论创新的结果。

（5）开放型经济下的内陆加工贸易新模式，将加工贸易产业的布局结构从传统的"水平整合"转变为"垂直整合"，从"多头在外、一头在内、大进大出"转变为"多头在内、一头在外、小进小出"。实现工业化和信息化与现代服务业深度融合，产业链"微笑曲线"全流程协调发展；实现研发设计、零部件加工、整机组装、产品销售、贸易结算"五位一体"，使成本最低化、效益最大化、风险最小化。

（6）开放型经济下的内陆加工贸易新模式，能够充分发挥内陆地区资源、市场、生产要素综合成本、政策等优势，通过建设完善保税和物流体系，凝聚加工贸易产业集群，形成宏大的产业工人队伍，建设先进的技术创新平台体系，垂直整合加工贸易全产业链，延伸加工贸易产业链和价值链。以加工贸易的发展促进经济转型和产业结构优化，增强产业核心竞争力，促进国家和地区的经济社会发展。

（7）在对典型模式的发展共性及规律深入研究的基础上，我们提出构建基于产品内分工的内陆加工贸易新模式，并运用这一模式引导、推动、促进加工贸易产业发展，并经历培育期、成长期和产业成熟期三个阶段。这三个阶段，是一个主要推动力量、重点任务有所不同，逐步持续发展的过程，是一个必然的不可错位、不可超越的发展过程。我们划分这样三个阶段，在揭示政府力量与市场力量交互融合推动加工贸易产业发展的同时，也揭示或者提醒政府、企业明确自身职能作用，以及各自在不同阶段的重点任务。

（8）我们认为，基于产品内分工的内陆加工贸易新模式，是内陆地区跨越式发展加工贸易的最优模式和正确途径，值得广大内陆地区推广实验实施。

附　　录

附录 1　内陆保税体系调查问卷

内陆保税体系调查问卷

尊敬的女士/先生：

您好！我们正在做一份有关内陆保税体系的调查问卷。本问卷将采用匿名方式，所获得的数据仅供学术研究之用，不会用于任何商业用途。您的回答与评价结果不会对您和机构带来负面影响，请客观评价。非常感谢您的合作和支持！

重庆大学加工贸易课题组

2012 年 11 月

一、基本情况

1. 贵机构全称：_____

2. 贵机构所在地：_____

3. 贵公司性质：

A. 跨国公司及中国台湾、香港公司

B. 沿海公司（上海、广东、福建、江苏）

C. 内陆的本土企业

D. 其他

4. 贵机构在该地的资产规模：

A. 100 万元以上　　　　　B. 1000 万元以上　　　　C. 1 亿元以上

D. 10 亿元以上　　　　　E. 100 亿元以上

5. 贵机构在该地的人员规模：

A. 50 人以下　　　　　　B. 50—100 人　　　　　　C. 101—200 人

D. 201—300 人　　　　　E. 300 人以上

6. 贵机构落户重庆的年限：

A. 1 年以下　　　　　　　B. 1—2 年　　　　　　　　C. 2—3 年

D. 3—4 年　　　　　　　　E. 4 年以上

二、内陆保税体系重要度及满意度评价

请分别对影响内陆保税体系相关因素进行重要度及满意度评价，并在左右两边相应选项的分值上打"√"。

重要度评价					影响因素		满意度评价				
非常重要	比较重要	一般重要	较不重要	很不重要			很好	较好	一般	较差	很差
5	4	3	2	1	一	优惠政策	5	4	3	2	1
5	4	3	2	1	X1	关税优惠	5	4	3	2	1
5	4	3	2	1	X2	地税优惠	5	4	3	2	1
5	4	3	2	1	X3	通关服务性优惠	5	4	3	2	1
5	4	3	2	1	X4	外汇管理	5	4	3	2	1
5	4	3	2	1	X5	加工贸易优惠	5	4	3	2	1
5	4	3	2	1	二	要素成本	5	4	3	2	1
5	4	3	2	1	X16	劳动力成本	5	4	3	2	1
5	4	3	2	1	X17	土地成本	5	4	3	2	1
5	4	3	2	1	X18	原材料成本	5	4	3	2	1
5	4	3	2	1	X19	能源成本	5	4	3	2	1
5	4	3	2	1	三	保税基础环境	5	4	3	2	1
5	4	3	2	1	X6	保税仓	5	4	3	2	1
5	4	3	2	1	X7	出口监管仓	5	4	3	2	1
5	4	3	2	1	X8	保税港	5	4	3	2	1

续表

重要度评价					影响因素		满意度评价				
非常重要	比较重要	一般重要	较不重要	很不重要			很好	较好	一般	较差	很差
5	4	3	2	1	X9	保税物流园区	5	4	3	2	1
5	4	3	2	1	X10	保税区	5	4	3	2	1
5	4	3	2	1	X11	出口加工区	5	4	3	2	1
5	4	3	2	1	X12	信息化建设	5	4	3	2	1
5	4	3	2	1	四	保税监管环境	5	4	3	2	1
5	4	3	2	1	X13	海关监管机制	5	4	3	2	1
5	4	3	2	1	X14	监管工作效率	5	4	3	2	1
5	4	3	2	1	X15	监管效能	5	4	3	2	1
5	4	3	2	1	五	内陆开放程度	5	4	3	2	1
5	4	3	2	1	X20	对外依存度	5	4	3	2	1
5	4	3	2	1	X21	外资投资比重	5	4	3	2	1
5	4	3	2	1	X22	开放支撑	5	4	3	2	1
					六	现状整体评价	5	4	3	2	1

三、开放性问题

1. 您觉得除了以上这些因素以外，还能影响保税的其他因素有哪些？请分别列出。

_____

_____

_____

2. 与东部沿海城市相比，您认为重庆市保税环境有哪些优势和劣势？请分别列出。

_____

_____

_____

3. 您对完善重庆市保税环境以吸引更多企业机构落户重庆，有什么建议？请分别列出。

_____

_____

_____

4. 如果您希望针对这份调查问卷中的相关话题发表其他见解，请将您的意见写在下列空白处。

_____

_____

_____

再次感谢您的参与！

附录2　内陆物流水平调查问卷

内陆物流水平调查问卷

尊敬的女士/先生：

您好！我们正在做一份有关内陆物流水平的调查问卷。本问卷将采用匿名方式，所获得的数据仅供学术研究之用，不会用于任何商业用途。您的回答与评价结果不会对您和机构带来负面影响，请客观评价。非常感谢您的合作和支持！

重庆大学加工贸易课题组

2012 年 11 月

一、基本情况

1. 贵机构全称：＿＿＿＿＿＿＿＿＿＿＿＿＿＿＿＿＿＿＿＿＿＿＿

2. 贵机构所在地：＿＿＿＿＿＿＿＿＿＿＿＿＿＿＿＿＿＿＿＿＿

3. 贵公司性质：

A. 跨国公司及中国台湾、香港公司

B. 沿海公司（上海、广东、福建、江苏）

C. 内陆的本土企业

D. 其他

4. 贵机构在该地的资产规模：

A. 100 万元以上　　　　B. 1000 万元以上　　　　C. 1 亿元以上

D. 10 亿元以上　　　　E. 100 亿元以上

5. 贵机构在该地的人员规模：

A. 50 人以下　　　　B. 50—100 人　　　　C. 101—200 人

D. 201—300 人　　　　E. 300 人以上

6. 贵机构落户重庆的年限：

A. 1 年以下   B. 1—2 年   C. 2—3 年

D. 3—4 年   E. 4 年以上

二、内陆物流水平重要度及满意度评价

请分别对影响内陆物流水平相关因素进行重要度及满意度评价，并在左右两边相应选项的分值上打"√"。

重要度评价					影响因素		满意度评价				
非常重要	比较重要	一般重要	较不重要	很不重要			很好	较好	一般	较差	很差
5	4	3	2	1	一	内陆物流基础设施	5	4	3	2	1
5	4	3	2	1	X1	公路运输	5	4	3	2	1
5	4	3	2	1	X2	铁路运输	5	4	3	2	1
5	4	3	2	1	X3	航空运输	5	4	3	2	1
5	4	3	2	1	X4	物流园区建设	5	4	3	2	1
5	4	3	2	1	二	运输成本与时间	5	4	3	2	1
5	4	3	2	1	X5	运输成本	5	4	3	2	1
5	4	3	2	1	X6	仓储成本	5	4	3	2	1
5	4	3	2	1	X7	运输时间	5	4	3	2	1
5	4	3	2	1	三	物流环境	5	4	3	2	1
5	4	3	2	1	X8	物流优惠政策	5	4	3	2	1
5	4	3	2	1	X9	公共物流信息平台	5	4	3	2	1
5	4	3	2	1	X10	物流企业发展水平	5	4	3	2	1
5	4	3	2	1	X11	物流专业人才供给	5	4	3	2	1
5	4	3	2	1	四	国际物流通道完善程度	5	4	3	2	1
5	4	3	2	1	X12	水路运输	5	4	3	2	1
5	4	3	2	1	X13	铁路运输	5	4	3	2	1
5	4	3	2	1	X14	航空运输	5	4	3	2	1
5	4	3	2	1	X15	公路运输	5	4	3	2	1
					五	现状整体评价	5	4	3	2	1

三、开放性问题

1. 您觉得除了以上这些因素以外，还能影响物流的其他因素有哪些？请分别列出。

_____

_____

_____

2. 与东部沿海城市相比，您认为重庆市物流环境有哪些优势和劣势？请分别列出。

_____

_____

_____

3. 您对完善重庆市物流环境以吸引更多企业机构落户重庆，有什么建议？请分别列出。

_____

_____

_____

4. 如果您希望针对这份调查问卷中的相关话题发表其他见解，请将您的意见写在下列空白处。

_____

_____

_____

再次感谢您的参与！

附录3 电子信息加工制造企业生产基地满意度调查问卷

电子信息加工制造企业生产基地满意度调查问卷

（问卷调查对象：加工贸易企业负责人）

尊敬的朋友：

您好！我们正开展一项关于电子信息加工制造企业产地满意度的调查，请您结合贵公司的实际情况填写本问卷。请打"√"选择答案，或者在空白处填写。感谢您的支持和参与！

重庆大学加工贸易课题组

2012 年 11 月

一、基本情况

1. 贵公司全球总部所在城市：_____；中国大陆总部所在城市：_____。

2. 贵公司在以下哪些内陆地区拥有生产基地（请选择，可多选）：

A. 重庆（　）　　　　B. 西安（　）　　　　C. 郑州（　）

D. 武汉（　）　　　　E. 长沙（　）　　　　F. 成都（　）

G. 太原（　）　　　　其他（请填写：　　　　　　　）

3. 贵公司性质：

A. 跨国公司及中国台湾、香港公司

B. 沿海公司（上海、广东、福建、江苏）

C. 内陆的本土企业

D. 其他

4. 贵公司在内陆地区（或者入驻内陆地区）的年限：

A. 1 年以下　　　　　B. 1—2 年　　　　　C. 2—3 年

D. 3—4 年　　　　　E. 4 年以上

5. 按产品性质分类，贵公司属于：

A. 品牌商　　　　　　B. 代工商

C. 零部件生产商　　　D. 原材料制造商

（若贵公司属于零部件生产商，请继续回来问题 5.1 和问题 5.2）

5.1　贵公司生产的产品是：

（若包含多种产品，请均填写，可多选）

A. 外围设备　　　　　B. 显示器　　　　　C. 连接器

D. 机构件　　　　　　E. 光电产品　　　　F. 适配器

G. 模具　　　　　　　H. 散热设备　　　　I. 芯片

J. 硬盘、存储　　　　K. 电子部件　　　　L. PCB 主板

5.2　贵公司生产的零部件类型是：

A. 通用零部件　　　　B. 核心零部件

C. 专用零部件　　　　D. 组合零部件（零部件模块）

6. 贵公司在重庆生产基地的规模：

A. 50 人以下　　　　　B. 51—200 人　　　　C. 201—500 人

D. 501—1000 人　　　E. 1000 人以上

二、生产基地选择影响因素的重要度及满意度评价

请分别对电子信息产业生产制造企业落户重庆影响因素进行重要度及满意度评价，并在左右两边相应选项的分值上打"√"。

注：您的评价结果不会对您和机构带来负面影响，请客观评价。

重要度评价						影响因素	满意度评价				
非常重要	比较重要	一般重要	较不重要	很不重要			很好	较好	一般	较差	很差
5	4	3	2	1	一	人力资源	5	4	3	2	1
5	4	3	2	1	X1	科技人才供给情况	5	4	3	2	1
5	4	3	2	1	X2	产业工人供给情况	5	4	3	2	1

续表

重要度评价						影响因素	满意度评价				
非常重要	比较重要	一般重要	较不重要	很不重要			很好	较好	一般	较差	很差
5	4	3	2	1	X3	产业工人招聘难度	5	4	3	2	1
5	4	3	2	1	X4	产业工人技能水平	5	4	3	2	1
5	4	3	2	1	X5	一线管理人员供给情况	5	4	3	2	1
5	4	3	2	1	X6	一线管理人员综合素质	5	4	3	2	1
5	4	3	2	1	X7	当地工资水平	5	4	3	2	1
5	4	3	2	1	X8	地方政府的人才培训扶持力度	5	4	3	2	1
5	4	3	2	1	二	产业发展基础	5	4	3	2	1
5	4	3	2	1	X9	电子信息产业在当地的重要性	5	4	3	2	1
5	4	3	2	1	X10	电子信息产业在当地发展前景	5	4	3	2	1
5	4	3	2	1	X11	电子信息产业集群发展水平	5	4	3	2	1
5	4	3	2	1	X12	产业链上游配套完善程度	5	4	3	2	1
5	4	3	2	1	X13	产业链下游配套完善程度	5	4	3	2	1
5	4	3	2	1	X14	上下游企业当地落户情况	5	4	3	2	1
5	4	3	2	1	X15	竞争对手落户当地的情况	5	4	3	2	1
5	4	3	2	1	X16	当地电子信息产业科研实力	5	4	3	2	1
5	4	3	2	1	三	经营成本	5	4	3	2	1
5	4	3	2	1	X17	水电气和通信等综合成本	5	4	3	2	1
5	4	3	2	1	X18	当地商务成本	5	4	3	2	1
5	4	3	2	1	四	地方政府政策扶持	5	4	3	2	1
5	4	3	2	1	X19	工业用地成本	5	4	3	2	1
5	4	3	2	1	X20	工业用地供给	5	4	3	2	1
5	4	3	2	1	X21	工业园区总体建设水平	5	4	3	2	1
5	4	3	2	1	X22	厂房设施供给	5	4	3	2	1
5	4	3	2	1	X23	高端科技研发人才扶持政策	5	4	3	2	1
5	4	3	2	1	X24	高层管理人才扶持政策	5	4	3	2	1
5	4	3	2	1	X25	税收优惠政策	5	4	3	2	1
5	4	3	2	1	X26	金融扶持政策	5	4	3	2	1
5	4	3	2	1	X27	专项财政补贴政策	5	4	3	2	1

续表

重要度评价					影响因素		满意度评价				
非常重要	比较重要	一般重要	较不重要	很不重要			很好	较好	一般	较差	很差
5	4	3	2	1	X28	知识产权保护政策	5	4	3	2	1
5	4	3	2	1	X29	地方政府对该产业的重视程度	5	4	3	2	1
5	4	3	2	1	X30	地方政府对外来企业的重视程度	5	4	3	2	1
5	4	3	2	1	X31	当地政府对加工贸易企业的重视程度	5	4	3	2	1
5	4	3	2	1	五	地方的宜居环境	5	4	3	2	1
5	4	3	2	1	X32	当地治安状况	5	4	3	2	1
5	4	3	2	1	X33	文化教育水平	5	4	3	2	1
5	4	3	2	1	X34	公用设施(购物、医疗、娱乐、健身等)	5	4	3	2	1
5	4	3	2	1	X35	气候环境	5	4	3	2	1
5	4	3	2	1	X36	生活水平	5	4	3	2	1
					六	现状整体评价	5	4	3	2	1

三、开放性问题

1. 您觉得除了以上这些因素以外，还能影响贵公司在生产基地选择决策的其他因素有哪些?

_____

_____

2. 您对完善重庆电子信息产业投资环境的建议是：

_____

_____

再次感谢您的参与！

附录4　产业工人需求满足调查问卷

产业工人需求满足调查问卷

尊敬的朋友：

您好！我们正开展一项关于产业工人的调查，请把您真实情况与想法告诉我们。在您所选择答案相应的选项上打"√"，或者在空白处填写。感谢您的支持和参与！

重庆大学加工贸易课题组

2012 年 11 月

一、个人基本情况

1	你的性别	（1）男　　（2）女
2	你的婚姻状况	（1）未婚　（2）已婚　（3）离婚　（4）丧偶
3	你的年龄为____岁；务工有____年；你是____省（市）____县（市）的人	
4	你的受教育程度	（1）小学及以下　（2）初中　（3）高中或中专 （4）大专及以上
5	你的务工情况	（1）一直在重庆务工 （2）一直在沿海务工 （3）原在沿海务工现回到重庆务工 （4）原在重庆务工现回到沿海务工 （5）其他
6	你的健康状况	（1）非常好　（2）很好　（3）一般　（4）不太好　（5）非常不好
7	你有几个小孩	（1）0个　（2）1个　（3）2个　（4）3个 （5）4个以上
8	你需要赡养几位老人	（1）0个　（2）1个　（3）2个　（4）3个 （5）4个以上

9	你在重庆主城区是否有亲属	（1）是（2）否
10	你从事的工作是否需要专业技能	（1）是（2）否
11	你是否有专业技术职称或上岗证书	（1）是（2）否
12	平均来讲，你每月收入水平	（1）2000 元以下　　（2）2000—3000 元 （3）3001—4000 元　　（4）4001—5000 元 （5）5001—6000 元　　（6）6001 元及以上

二、工作地持续工作意愿影响因素重要度和满意度评价

请分别对产业工人工作地持续工作意愿影响因素进行重要度及满意度评价，并在左右两边相应选项的分值上打"√"。

重要度评价						影响因素	满意度评价				
非常重要	比较重要	一般重要	较不重要	很不重要			很好	较好	一般	较差	很差
5	4	3	2	1	一	生存需求	5	4	3	2	1
5	4	3	2	1	X1	工作地的租房成本	5	4	3	2	1
5	4	3	2	1	X2	工作地的商品房价格水平	5	4	3	2	1
5	4	3	2	1	X3	工作地的保障性住房供给情况	5	4	3	2	1
5	4	3	2	1	X4	工作地的收入水平	5	4	3	2	1
5	4	3	2	1	X5	工作地的消费物价水平	5	4	3	2	1
5	4	3	2	1	X6	工作地的交通便利性	5	4	3	2	1
5	4	3	2	1	X7	工作地到老家的距离远近程度	5	4	3	2	1
5	4	3	2	1	二	职业发展需求	5	4	3	2	1
5	4	3	2	1	X8	工作地人才市场的发展水平	5	4	3	2	1
5	4	3	2	1	X9	工作地对产业工人的需求量	5	4	3	2	1
5	4	3	2	1	X10	工作地用工信息的获取难度	5	4	3	2	1
5	4	3	2	1	X11	工作地找到（新）工作所用时间	5	4	3	2	1
5	4	3	2	1	X12	工作地工资按时发放情况	5	4	3	2	1
5	4	3	2	1	X13	工作地劳动合同及用工制度的规范性	5	4	3	2	1
5	4	3	2	1	X14	工作地的职业发展前景	5	4	3	2	1

续表

重要度评价						影响因素	满意度评价				
非常重要	比较重要	一般重要	较不重要	很不重要			很好	较好	一般	较差	很差
5	4	3	2	1	X15	工作地公司的技能培训开展情况	5	4	3	2	1
5	4	3	2	1	X16	工作地政府的技能培训	5	4	3	2	1
5	4	3	2	1	X17	工作地政府对产业工人权益保护水平	5	4	3	2	1
5	4	3	2	1	X18	工作地的整体劳动强度	5	4	3	2	1
5	4	3	2	1	X19	工作地的整体劳动时间	5	4	3	2	1
5	4	3	2	1	三	社会需求	5	4	3	2	2
5	4	3	2	1	X20	工作地的工伤保险完善程度	5	4	3	2	1
5	4	3	2	1	X21	工作地的养老保险完善程度	5	4	3	2	1
5	4	3	2	1	X22	工作地的医疗保险完善程度	5	4	3	2	1
5	4	3	2	1	X23	工作地的住房保险完善程度	5	4	3	2	1
5	4	3	2	1	X24	工作地的就医难度	5	4	3	2	1
5	4	3	2	1	X25	工作地的医疗服务质量	5	4	3	2	1
5	4	3	2	1	X26	工作地的医疗费用高低	5	4	3	2	1
5	4	3	2	1	X27	工作地的产业工人子女的入学难度	5	4	3	2	1
5	4	3	2	1	X28	工作地的产业工人子女的教学质量	5	4	3	2	1
5	4	3	2	1	X29	工作地的产业工人子女的学费高低	5	4	3	2	1
5	4	3	2	1	X30	工作地建立朋友圈的难易程度	5	4	3	2	1
5	4	3	2	1	X31	工作地市民对产业工人的态度	5	4	3	2	1
5	4	3	2	1	X32	工作地政府对产业工人的重视程度	5	4	3	2	1
5	4	3	2	1	X33	工作地经济发展前景	5	4	3	2	1
5	4	3	2	1	X34	产业工人业余活动的丰富性	5	4	3	2	1
5	4	3	2	1	X35	对工作地的归属感	5	4	3	2	1
5	4	3	2	1	X36	对工作地的认同感	5	4	3	2	1
					四	现状整体评价	5	4	3	2	1

三、开放性问题

1. 您觉得除了以上这些因素以外，还有哪些因素影响产业工人需求满意度？

_____

_____

_____

2. 如果您希望针对这份调查问卷中的相关话题发表其他见解，请将您的意见写在下列空白处。

_____

_____

_____

再次感谢您的参与！

附录 5　电子信息产业研发机构落户重庆的影响因素及其现状调查问卷

电子信息产业研发机构落户重庆的影响因素及其现状调查问卷

（调查对象：重庆市电子信息产业研发机构，填写人为机构负责人）

尊敬的女士/先生：

　　您好！我们正在做一份有关电子信息产业研发机构落户重庆的问卷调查。本问卷将采用匿名方式，所获得的数据仅供学术研究之用，不会用于任何商业用途。您的回答与评价结果不会对您和机构带来负面影响，请客观评价。非常感谢您的合作和支持！

　　　　　　　　　　　　　　　　　重庆大学加工贸易课题组
　　　　　　　　　　　　　　　　　2012 年 11 月

一、基本情况

1. 贵机构全称：＿＿＿＿＿＿＿＿＿＿＿＿＿＿＿＿

2. 贵机构所在地：

A. 城区　　　　　　　　B. 区县　　　　　　　　C. 乡镇

3. 贵机构的性质是：

A. 独立研发机构　　　　B. 研发总部

C. 研发分支机构　　　　D. 其他

4. 目前，贵机构主要功能：（可多选）

A. 技术服务和支持（如产品测试）　B. 产品、工艺或设备改进

C. 新产品、新工艺的开发　　　　　D. 应用性质的基础研究

E. 技术咨询　　　　F. 技术培训　　　　　G. 其他

5. 贵机构在该地的人员规模：

A. 50 人以下　　　　　　B. 50—100 人　　　　　C. 101—200 人

D. 201—300 人　　　　　E. 300 人以上

6. 贵机构落户重庆的年限：

A. 1 年以下　　　　　B. 1—2 年　　　　　C. 2—3 年

D. 3—4 年　　　　　E. 4 年以上

二、影响因素的重要度和满意度评价

请分别对电子信息产业研发机构落户重庆市影响因素的重要度和满意度进行评价，并在左右两边相应选项的分值上打"√"。

重要度评价						影响因素	满意度评价				
非常重要	比较重要	一般重要	较不重要	很不重要			很好	较好	一般	较差	很差
5	4	3	2	1	一	科技人力资源	5	4	3	2	1
5	4	3	2	1	X1	研发人员总量	5	4	3	2	1
5	4	3	2	1	X2	研发人员总量年均增速	5	4	3	2	1
5	4	3	2	1	X3	研发人员全时当量[1]	5	4	3	2	1
5	4	3	2	1	X4	研究人员[2]所占比例	5	4	3	2	1
5	4	3	2	1	X5	科学家和工程师所占比例	5	4	3	2	1
5	4	3	2	1	X6	科技人力资源成本	5	4	3	2	1
5	4	3	2	1	二	研发服务与配套	5	4	3	2	1
5	4	3	2	1	X7	基础设施与仪器共享	5	4	3	2	1
5	4	3	2	1	X8	电子商务规范化	5	4	3	2	1
5	4	3	2	1	X9	信息和知识资源共享	5	4	3	2	1
5	4	3	2	1	X10	成果转化机构与资金支持	5	4	3	2	1
5	4	3	2	1	X11	技术咨询与服务	5	4	3	2	1
5	4	3	2	1	X12	成果交易市场完善程度	5	4	3	2	1
5	4	3	2	1	X13	研发机构覆盖率	5	4	3	2	1
5	4	3	2	1	X14	研发成本	5	4	3	2	1
5	4	3	2	1	X15	其他研发环境[3]	5	4	3	2	1
5	4	3	2	1	三	知识产权和专利保护	5	4	3	2	1
5	4	3	2	1	X16	知识产权服务信息化水平	5	4	3	2	1
5	4	3	2	1	X17	中介机构完善程度	5	4	3	2	1
5	4	3	2	1	X18	纠纷仲裁成本	5	4	3	2	1

续表

重要度评价						影响因素	满意度评价				
非常重要	比较重要	一般重要	较不重要	很不重要			很好	较好	一般	较差	很差
5	4	3	2	1	X19	专利审批效率	5	4	3	2	1
5	4	3	2	1	X20	专利密度[4]	5	4	3	2	1
5	4	3	2	1	X21	专利产业化比例	5	4	3	2	1
5	4	3	2	1	四	所属企业状况	5	4	3	2	1
5	4	3	2	1	X22	企业实力和规模	5	4	3	2	1
5	4	3	2	1	X23	企业长期发展战略	5	4	3	2	1
5	4	3	2	1	X24	研发重视程度	5	4	3	2	1
5	4	3	2	1	X25	企业竞争压力	5	4	3	2	1
5	4	3	2	1	X26	企业信誉和品牌影响力	5	4	3	2	1
5	4	3	2	1	五	政策扶持	5	4	3	2	1
5	4	3	2	1	X27	人才引进政策	5	4	3	2	1
5	4	3	2	1	X28	财税优惠政策	5	4	3	2	1
5	4	3	2	1	X29	金融扶持政策	5	4	3	2	1
5	4	3	2	1	X30	创新激励政策	5	4	3	2	1
5	4	3	2	1	X31	风险补贴政策	5	4	3	2	1
					六	现状整体评价	5	4	3	2	1

注：[1] 研发人员全时当量：指研发全时人员（全年从事研发活动累计工作时间占全部工作时间的90%及以上人员）工作量与非全时人员按实际工作时间折算的工作量之和。

例如：有2个研发全时人员（工作时间分别为0.9年和1年）和3个非研发全时人员（工作时间分别为0.2年、0.3年和0.7年），则研发人员全时当量 = 1 + 1 + 0.2 + 0.3 + 0.7 = 3.2（人·年）。

[2] 研究人员：研发人员中具备中级以上职称和博士学位的人员。

[3] 其他研发环境：指的是在内陆地区除基础设施与仪器共享、电子商务规范、信息知识资源共享、成果转化机构与资金支持、技术咨询与服务、成果交易市场完善程度这些研发环境外的其他一切研发环境，包括研发经费的投入、研发人员、自主品牌等研发环境问题。

[4] 专利密度：指专利申请数量（件）与地区人口数量（百万）的比值。

三、开放性问题

1. 除上述诸因素外，您认为还有其他因素影响电子信息产业研发机构落户重庆吗？若有，请按照重要性由高到低的顺序列出。

_____

2. 与郑州、成都、西安和武汉相比，您认为重庆市电子信息产业研发环境有哪些优势和劣势？

_____

3. 与东部沿海城市相比，您认为重庆市电子信息产业研发环境有哪些优势和劣势？

_____

4. 您对完善重庆市研发环境以吸引更多电子信息产业研发机构落户重庆，有什么建议？

_____

再次感谢您的大力支持！

附录 6 项总计统计量

测度项	均值	方差	校正的项总计相关系数	删除该项的克朗巴哈 α 值
租房成本	102.84	453.653	0.567	0.952
商品房价格	102.74	457.938	0.515	0.952
公租房供给	102.73	452.195	0.604	0.952
收入水平	102.76	459.036	0.560	0.952
物价水平	102.94	457.887	0.525	0.952
交通便利性	102.68	454.984	0.564	0.952
到老家距离	102.39	461.033	0.460	0.953
人才市场发展水平	102.43	460.223	0.563	0.952
对产业工人需求	102.19	461.653	0.504	0.952
用工信息获取难度	102.48	458.554	0.560	0.952
找到新工作时间	102.54	455.975	0.579	0.952
工资及时发放情况	101.52	470.376	0.262	0.954
劳动合同及用工制度	102.06	465.539	0.390	0.953
职业发展前景	102.43	458.933	0.613	0.952
公司技能培训情况	102.54	453.469	0.639	0.951
政府技能培训情况	102.75	452.937	0.654	0.951
对产业工人权益保护水平	102.59	450.933	0.726	0.951
整体劳动强度	102.42	454.880	0.662	0.951
整体劳动时间	102.42	456.744	0.569	0.952
工伤保险完善程度	102.16	458.711	0.599	0.952
养老保险完善程度	102.17	459.061	0.574	0.952
失业保险完善程度	102.32	467.516	0.466	0.952
医疗保险完善程度	102.19	458.163	0.600	0.952
住房保险完善程度	102.37	456.196	0.588	0.952
就医难度	102.49	457.041	0.638	0.951
医疗服务质量	102.64	454.224	0.658	0.951

续表

测度项	均值	方差	校正的项总计相关系数	删除该项的克朗巴哈 α 值
医疗费用高低	102.84	453.707	0.653	0.951
产业工人子女入学难度	102.54	456.178	0.660	0.951
产业工人子女教学质量	102.47	457.087	0.634	0.951
产业工人子女学费水平	102.53	454.564	0.682	0.951
建立朋友圈难易程度	102.22	459.507	0.539	0.952
市民对产业工人态度	102.38	457.755	0.609	0.952
政府对产业工人态度	102.47	456.519	0.609	0.951
经济发展前景	102.34	457.710	0.577	0.952
业余活动丰富程度	102.47	456.035	0.647	0.951
归属感	102.50	452.491	0.676	0.951
认同感	102.36	453.842	0.621	0.951

附录 7 测度项旋转因子载荷

测度项	公因子					
	1	2	3	4	5	6
租房成本	0.782	0.123	0.180	0.004	0.252	0.007
商品房价格	0.718	0.180	0.079	0.115	0.162	-0.088
公租房供给	0.633	0.146	0.077	0.255	0.232	0.124
收入水平	0.742	0.302	0.004	0.075	0.088	0.063
物价水平	0.743	0.137	0.053	0.186	0.112	-0.238
交通便利性	0.711	-0.009	0.134	0.185	0.191	0.137
到老家距离	0.594	0.158	0.221	0.141	-0.204	0.090
人才市场发展水平	0.497	0.487	0.065	0.168	-0.028	0.179
对产业工人需求	0.146	0.496	0.422	-0.035	0.003	0.320
用工信息获取难度	0.519	0.340	0.342	-0.160	0.142	0.249
找到新工作时间	0.429	0.509	0.214	0.087	0.015	0.257
工资及时发放情况	0.093	-0.008	0.137	0.118	0.051	0.847
劳动合同及用工制度	-0.081	0.385	0.060	0.203	0.098	0.597
职业发展前景	0.235	0.701	0.042	0.317	0.067	0.099
公司技能培训情况	0.326	0.607	0.103	0.135	0.199	0.127
政府技能培训情况	0.277	0.712	0.123	0.193	0.227	-0.168
对产业工人权益保护水平	0.309	0.565	0.395	0.151	0.249	-0.092
整体劳动强度	0.232	0.638	0.244	0.057	0.361	0.176
整体劳动时间	0.048	0.689	0.119	0.379	0.079	0.158
工伤保险完善程度	0.050	0.250	0.650	0.363	0.072	0.204
养老保险完善程度	0.109	0.212	0.749	0.048	0.157	0.232
失业保险完善程度	0.161	0.056	0.748	0.129	0.125	-0.181
医疗保险完善程度	0.149	0.074	0.705	0.290	0.220	0.112
住房保险完善程度	0.145	0.125	0.683	0.363	0.072	0.171
就医难度	0.367	0.236	0.280	0.171	0.559	0.072
医疗服务质量	0.395	0.190	0.335	0.225	0.496	-0.012

续表

测度项	公因子					
	1	2	3	4	5	6
医疗费用高低	0.469	0.365	0.184	0.285	0.381	-0.171
产业工人子女入学难度	0.273	0.332	0.428	0.403	0.223	0.066
产业工人子女教学质量	0.183	0.174	0.304	0.641	0.145	0.233
产业工人子女学费水平	0.297	0.238	0.337	0.609	0.194	0.098
建立朋友圈难易程度	0.020	0.142	0.247	0.436	0.303	0.488
市民对产业工人态度	0.229	0.267	0.183	0.139	0.668	0.212
政府对产业工人态度	0.076	0.561	0.272	0.268	0.388	-0.059
经济发展前景	0.128	0.507	0.087	0.321	0.458	0.128
业余活动丰富程度	0.222	0.281	0.220	0.479	0.480	0.135
归属感	0.171	0.300	0.308	0.649	0.228	0.079
认同感	0.229	0.273	0.149	0.754	0.047	0.055

提取方法：主成分分析法。

旋转法：具有 Kaiser 标准化的正交旋转法。

附录 8　未标准化负荷

	生存需求	职业发展需求	社会需求
租房成本	0.93	—	—
商品房价格	0.80	—	—
公租房供给	0.76	—	—
收入水平	0.71	—	—
物价水平	0.79	—	—
交通便利性	0.80	—	—
到老家距离	0.52	—	—
人才市场发展水平	—	0.54	—
对产业工人需求	—	0.50	—
用工信息获取难度	—	0.57	—
找到新工作时间	—	0.67	—
工资及时发放情况	—	0.23	—
劳动合同及用工制度	—	0.40	—
职业发展前景	—	0.61	—
公司技能培训情况	—	0.75	—
政府技能培训情况	—	0.75	—
产业工人权益保护水平	—	0.77	—
整体劳动强度	—	0.69	—
整体劳动时间	—	0.66	—
工伤保险完善程度	—	—	0.61
养老保险完善程度	—	—	0.57
失业保险完善程度	—	—	0.37
医疗保险完善程度	—	—	0.64
住房保险完善程度	—	—	0.67
就医难度	—	—	0.62
医疗服务质量	—	—	0.67
医疗费用高低	—	—	0.66

续表

	生存需求	职业发展需求	社会需求
产业工人子女入学难度	—	—	0.64
产业工人子女教学质量	—	—	0.63
产业工人子女学费水平	—	—	0.70
建立朋友圈难易程度	—	—	0.57
市民对产业工人态度	—	—	0.58
政府对产业工人态度	—	—	0.66
经济发展前景	—	—	0.63
业余活动丰富程度	—	—	0.68
归属感	—	—	0.78
认同感	—	—	0.74

附录9 标准化载荷、残差及 t 值路径图

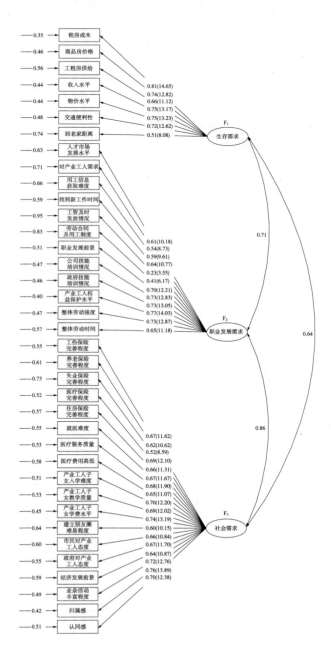

参考文献

[1] 中国加工贸易课题组：《中国加工贸易问题研究》，经济科学出版社 1999 年版。

[2] 邵祥林、王玉梁、任晓薇：《未来国际贸易的主流：加工贸易》，对外经济贸易大学出版社 2001 年版。

[3] 亚当·斯密：《国富论》，商务印书馆 1972 年版。

[4] 大卫·李嘉图：《政治经济学及赋税原理》，商务印书馆 1976 年版。

[5] 潘永源：《加工贸易之我见》，《经济学动态》1999 年第 8 期。

[6] 江小娟、王子先：《与巨人同行——促进外商在华跨国并购投资政策分析》，《国际贸易》2001 年第 3 期。

[7] 何正全：《我国加工贸易发展战略探讨》，《经济纵横》2005 年第 5 期。

[8] 王子先：《以竞争优势为导向——我国比较优势变化与外贸长期发展的思考》，《国际贸易》2000 年第 1 期。

[9] 隆国强：《对加工贸易的评价》，《经济研究参考》2003 年第 11 期。

[10] 潘悦：《在全球化产业链条中加速升级换代——我国加工贸易的产业升级状况分析》，《中国工业经济》2002 年第 6 期。

[11] 潘悦：《加工贸易产业升级和技术进步》，《经济研究参考》2003 年第 11 期。

[12] 孙楚仁、沈玉良、赵红军：《加工贸易和其他贸易对经济增长贡献率的估计》，《世界经济研究》2006 年第 3 期。

[13] 张海梅：《加工贸易的非均衡结构及其负效应》，《国际经济合

作》2002 年第 8 期。

[14] 徐剑明：《延长我国加工贸易国内价值链问题探析》，《国际贸易问题》2004 年第 11 期。

[15] 袁欣：《加工贸易与比较优势陷阱：来自广东的实证分析》，《宏观经济研究》2005 年第 9 期。

[16] 袁伟峰、余思勤：《关于我国加工贸易可持续发展的探讨》，《对外经济贸易大学学报》（国际商务版）2003 年第 2 期。

[17] 张旭宏：《我国加工贸易发展面临的挑战与对策》，《经济纵横》2004 年第 2 期。

[18] 卢锋：《产品内分工：一个分析框架》，《经济学》（季刊）2004 年第 4 期。

[19] 藤田昌久、蒂斯、刘峰、张雁、陈海威：《集聚经济学：城市产业区位与区域增长》，西南财经大学出版社 2004 年版。

[20] 吴敬琏：《当代中国经济改革》，上海远东出版社 2004 年版。

[21] 刘志彪：《全球化背景下中国制造业升级的路径与品牌战略》，《财经问题研究》2005 年第 5 期。

[22] 刘志彪、刘晓昶：《垂直专业化：经济全球化中的贸易和生产模式》，《经济理论与经济管理》2001 年第 18 期。

[23] 平新乔：《垂直专门化，产业内贸易与中美贸易关系》，CCER Working Paper Series，No. C2005005，2005。

[24] 张辉：《全球价值链动力机制与产业发展策略》，《中国工业经济》2006 年第 1 期。

[25] 张辉：《全球价值链理论与我国产业发展研究》，《中国工业经济》2004 年第 5 期。

[26] 田文：《产品内贸易模式的决定与利益分配研究》，《国际商务——对外经济贸易大学学报》2005 年第 5 期。

[27] 高越、高峰：《垂直专业化分工及我国的分工地位》，《国际贸易问题》2005 年第 3 期。

[28] 范爱军、高敬峰：《产品内分工视角下的中国制造业比较优势分析》，《国际经贸探索》2008 年第 3 期。

［29］ 罗建兵：《论中国加工贸易产业向中西部的转移》，《湖南财经高等专科学校学报》2002 年第 3 期。

［30］ 林毅夫、刘培林：《自生能力和国企改革》，《经济研究》2001年第 9 期。

［31］ 王东京：《中国经济观察》，中共中央党校出版社 2005 年版。

［32］ 张海梅：《广东企业海外投资的产业选择分析》，《南方经济》2005 年第 11 期。

［33］ 蒲璞：《中西部出口加工区发展研究》，《财经科学》2004 年第3 期。

［34］ 贺强、周罡：《我国加工贸易现状及发展策略分析》，《商场现代化》2010 年第 8 期。

［35］ 王旭：《比较研究视野的垂直整合加工贸易模式：一个直辖市例证》，《改革》2013 年第 8 期。

［36］ 蔡玉凤、胡华强：《综合保税区通关与监管模式研究》，《港口经济》2009 年第 8 期。

［37］ 何晓玲：《保税区优惠政策及区内企业税收筹划研究》，《商业时代》2013 年第 10 期。

［38］ 刘兴开、周晗：《保税区对腹地经济的拉动效应分析》，《商业时代》2012 年第 34 期。

［39］ 李金辉、白雪洁：《现代物流：产业结构演变的"润滑剂"》，《改革与战略》2002 年第 10 期。

［40］ 琚泽钧、张文杰、陈宝国等：《基于 BP 模型的海关运作对 IT 加工贸易领域供应链核心竞争力的影响分析》，《物流技术》2003年第 2 期。

［41］ 鞠颂东、琚泽钧：《系统动力学在加工贸易物流领域的应用》，《数量经济技术经济研究》2004 年第 9 期。

［42］ 王惠珍：《我国加工贸易转型升级的策略思考》，《华东经济管理》2005 年第 4 期。

［43］ 施永：《加工贸易企业物流存在的问题及应对策略》，《黑龙江对外经贸》2009 年第 12 期。

［44］孔原、刘览：《现代物流与我国进出口贸易的关系研究——基于
　　　VAR 模型的脉冲响应函数分析》，《价值工程》2009 年第 8 期。

［45］王爱虎、伍诗莹：《基于苏州市与东莞市保税物流与加工贸易
　　　关系的对比分析》，《华南理工大学学报》（社会科学版）2012
　　　年第 3 期。

［46］孔芳：《加工贸易企业物流模式的选择》，硕士学位论文，苏州
　　　大学，2012 年。

［47］魏守华、王缉慈、赵雅沁：《产业集群：新型区域经济发展理
　　　论》，《经济经纬》2002 年第 2 期。

［48］涂山峰、曹休宁：《基于产业集群的区域品牌与区域经济增
　　　长》，《中国软科学》2006 年第 12 期。

［49］惠宁：《分工深化促使产业集群成长的机理研究》，《经济学家》
　　　2006 年第 1 期。

［50］张涌：《产业集群与区域经济增长之间关系的研究》，硕士学位
　　　论文，大连理工大学，2009 年。

［51］赵军、时乐乐：《中国产业集群绩效评价——基于区域经济发展
　　　的视角》，《经济问题探索》2012 年第 9 期。

［52］保罗·克鲁格曼、藤田昌久、安东尼·J. 维纳布尔斯：《空间
　　　经济学：城市，区域与国际贸易》，中国人民大学出版社 2005
　　　年版。

［53］李平：《试论社会福利制度对劳动力市场的影响》，《华中科技
　　　大学学报》（社会科学版）2005 年第 4 期。

［54］史耀波、刘晓滨：《农村公共产品供给对农户公共福利的影响
　　　研究——来自陕西农村的经验数据》，《西北大学学报》（哲学
　　　社会科学版）2009 年第 1 期。

［55］李春林：《新农村建设中公共物品偏好显示机制分析》，《商业
　　　研究》2007 年第 7 期。

［56］严浩坤：《劳动力跨地区流动与地区差距》，《地理科学》2008
　　　年第 2 期。

［57］赵伟、李芬：《异质性劳动力流动与区域收入差距：新经济地

理学模型的扩展分析》，《中国人口科学》2007 年第 1 期。

[58] 许召元、李善同：《区域间劳动力迁移对经济增长和地区差距的影响》，《数量经济技术经济研究》2008 年第 2 期。

[59] 沈满洪、谢慧明：《公共物品问题及其解决思路》，《浙江大学学报》（人文社会科学版）2009 年第 6 期。

[60] 王子先、杨正位、宋刚：《促进落地生根——我国加工贸易转型升级的发展方向》，《国际贸易》2004 年第 2 期。

[61] 陈连莹：《中国在东亚产品内分工中的地位研究》，硕士学位论文，天津财经大学，2008 年。

[62] 袁畅彦、聂华：《我国加工国际贸易的产业链创新与科学发展》，《科学管理研究》2010 年第 2 期。

[63] 胡兵、张明：《中国加工贸易增值率影响因素的实证分析》，《财贸研究》2011 年第 4 期。

[64] 丁勇：《研发能力，规模与高新技术企业绩效》，《南开经济研究》2012 年第 4 期。

[65] Rybczynski T. M. , "Factor Endowment and Relative Commodity Prices", *Economica*, 1955, 22 (88): 336 – 341.

[66] Samuelson P. A. , "Factor – Price Equalization by Trade in Joint and Non – Joint Production", *Review of International Economics*, 1992, 1 (1): 1 – 9.

[67] Stolper W. F. , Samuelson P. A. , "Protection and Real Wages", *The Review of Economic Studies*, 1941, 9 (1): 58 – 73.

[68] Posner M. V. , "International Trade and Technical Change", *Oxford Economic Papers*, 1961, 13 (3): 323 – 341.

[69] Jones R. W. , Kierzkowski H. , "International Fragmentation and the New Economic Geography", *The North American Journal of Economics and Finance*, 2005, 16 (1): 1 – 10.

[70] Heckscher E. F. , *The Effect of Foreign Trade on the Distribution of Income*, Philadelphia: Readings in The Theory of International Trade, 1949.

[71] Ohlin B. , *Interregional and International Trade*, Boston: Harvard University Press, 1933.

[72] Porter M. E. , "Technology and Competitive Advantage", *Journal of Business Strategy*, 1985, 5 (3): 60 – 78.

[73] Vernon R. , "International Investment and International Trade in the Product Cycle", *Journal of Economics*, 1966, 80 (2): 190 – 207.

[74] Dunning J. H. , Buckley P. J. , "International Production and Alternative Models of Trade", *The Manchester School*, 1977, 45 (4): 392 – 403.

[75] Buckley P. J. , Casson M. , *The Future of the Multinational Enterprise*, London: The Macmilan Press, 1976.

[76] Rugman A. M. , *New Theories of the Multinational Enterprise*, Oxford: Cambridge University Press, 2013.

[77] Rugman A. M. , *Inside the Multinationals: The Economics of Internal Markets*, London: Croom Helm, 1981.

[78] Hummels D. , Rapoport D. , Yi K. – M. , "Vertical Specialization and the Changing Nature of World Trade", *Federal Reserve Bank of New York Economic Policy Review*, 1998, 4 (2): 79 – 99.

[79] Arndt S. W. , Kierzkowski H. , *Fragmentation: New Production Patterns in the World Economy: New Production Patterns in the World Economy*, Oxford: Oxford University Press, 2001.

[80] Arndt S. W. , "Super – Specialization and the Gains from Trade", *Contemporary Economic Policy*, 1998, 16 (4): 480 – 485.

[81] Jones R. W. , Kierzkowski H. , The Role of Services in Production and International Trade: A Theoretical Framework, University of Rochester – Center for Economic Research (RCER), 1988.

[82] Gereffi G. , Humphrey J. , Sturgeon T. , "The Governance of Global Value Chains", *Review of International Political Economy*, 2005, 12 (1): 78 – 104.

[83] Athukorala P. – c. , Yamashita N. , "Production Fragmentation and

Trade Integration: East Asia in a Global Context", *The North American Journal of Economics and Finance*, 2006, 17 (3): 233 – 256.

[84] Krugman P. R., "Increasing Returns, Monopolistic Competition, and International Trade", *Journal of International Economics*, 1979, 9 (4): 469 – 479.

[85] Krugman P. R., *Geography and Trade*, Cambridge: MIT Press, 1991.

[86] Poter M. E., *Competitive advantage*, New York: Simon & Schuster, 1985.

[87] Kogut B., *Designing Global Strategies: Profiting from Operational Flexibility*, Readings in International Business: A Decision Approach, 1993: 195 – 211.

[88] Gereffi G., Korzeniewicz M., *Commodity Chains and Global Capitalism*, Westport: Praeger, 1994.

[89] Gereffi G., Kaplinsky R., *The Value of Value Chains: Spreading the Gains from Globalisation*, Brighton: Institute of Development Studies, 2001.

[90] Kaplinsky R., Morris M., A Handbook for Value Chain Research, Ottawa: IDRC, 2001.

[91] Mathews J. A., Cho D. – S., *Tiger Technology: The Creation of A Semiconductor Industry in East Asia*, Oxford: Cambridge University Press, 2007.

[92] Deardorff A. V., "Determinants of Bilateral Trade: Does Gravity Work in A Neoclassical World", *The Regionalization of the World Economy*, 1998: 7 – 32.

[93] Deardorff A. V., "Fragmentation Across Cones", *in Fragmentation: New Production Patterns in the World Economy*, 2001: 35 – 51.

[94] Jones R. W., Kierzkowski H., *Horizontal Aspects of Vertical Fragmentation*, New York, Springer US, 2001.

[95] Ishii J. , Yi K. – M. , *The Growth of World Trade*, USA: Federal Reserve Bank of New York, 1997.

[96] Hummels D. , Ishii J. , Yi K. – M. , "The Nature and Growth of Vertical Specialization in World Trade", *Journal of International Economics*, 2001, 54 (1): 75 –96.

[97] Ge W. , *The Dynamics of Export – Processing Zones*, United Nations Conference on Trade and Development, 1999.

[98] Kimura F. , Ando M. , "Fragmentation and Agglomeration Matter: Japanese Multinationals in Latin America and East Asia", *The North American Journal of Economics and Finance*, 2003, 14 (3): 287 –317.

[99] Lewis W. A. , "Economic Development with Unlimited Supplies of Labor", *The Manchester School*, 1954, 22 (2): 139 – 191.

[100] Todaro M. P. , "A Model of Labor Migration and Urban Unemployment in Less Developed Countries", *The American Economic Review*, 1969, 59 (1): 138 – 148.

后　记

　　2011 年，作者在国家社会科学研究基金的资助下（项目号 11BGL006），开展基于产品内分工的内陆开放型加工贸易模式的研究。赵泉午教授、吴颖副教授等为主研人员，王振锋博士、王伟鑫博士和周亿、胡春燕、高佳等几位硕士先后参与了课题研究。课题研究成果于 2014 年 3 月获得重庆市社会科学优秀成果二等奖，课题于 2015 年 7 月顺利结题。

　　在此基础上，作者进一步深化拓展研究。在周福礼博士、李龙晓博士和黄禹鑫、吴永亮等几位研究生的共同参与，和阳碧玉博士等研究生的协助下，经过三年的努力，完成本书的写作。

　　没有国家社会科学研究基金项目的资助，就没有本课题的顺利结题；没有中国社会科学出版社的支持，就没有本书的顺利出版。谨向全国哲学社会科学工作办公室和中国社会科学出版社致以衷心的感谢！

　　本书在写作过程中，参考了许多专家学者的研究成果，借鉴了许多实际工作者的实践经验，所引用的文献已在本书参考文献栏中列出，此处恕不一一列名，谨向他们表达诚挚的敬谢之意。

　　理论指导实践，实践检验理论。今日之世界，科技发展一日千里，社会实践日新月异，社会科学理论必然亦当与时俱进，不断丰富，不断发展。本书是对基于产品内分工的内陆开放型加工贸易模式的阶段性研究，理论价值多大，实践指导作用如何，真诚期待读者评说指正。

王旭

2019 年 12 月